찾아보고 발견하며 배우고 즐기는
공룡 대백과사전!

DK | Penguin Random House

지은이 존 우드워드
논픽션 전문 작가이며, 어린이를 위한 과학 책을 많이 썼다. 공룡을 비롯한 동물과 지구, 환경에 관심이 많다. 지은 책으로 『숲 속의 건축가』, 『생생 클로즈업! 공룡 체험관』, 『상어 전쟁』, 『공룡 백과』, 『동물 대백과사전!』 등이 있다.

그린이 피터 미니스터, 에런 루이스, 앤드루 커, 피터 불, 블라드 콘스탄티노프, 제임스 쿠서

자문 대런 내쉬
고생물학자이자 과학 전문 작가이다. 공룡과 해양 파충류, 해양 포유류 등 동물에 대해 연구하고 글을 쓰며 강연을 하고 있다.

옮긴이 이한음
서울대학교에서 생물학을 공부했고, 과학 저술가이자 전문 번역가로 일하고 있다.

찾아보고 발견하며 배우고 즐기는
공룡 대백과사전!

1판 1쇄 펴냄 2022년 3월 31일 1판 3쇄 펴냄 2025년 3월 31일
지은이 존 우드워드
자문 대런 내시 **옮긴이** 이한음
펴낸이 박상희 **편집주간** 박지은 **편집** 김지호 **디자인** 이슬기
펴낸곳 ㈜비룡소 출판등록 1994.3.17.(제16-849호)
주소 06027 서울시 강남구 도산대로1길 62 강남출판문화센터 4층
전화 02)515-2000 **팩스** 02)515-2007 **홈페이지** www.bir.co.kr
제품명 어린이용 각양장 도서 **제조자명** Leo Paper Products **제조국명** 중국 **사용연령** 3세 이상

Original Title: Knowledge Encyclopedia Dinosaur!:
Over 60 Prehistoric Creatures as You've
Never Seen Them Before
First published in Great Britain in 2014 by
Dorling Kindersley Limited
One Embassy Gardens, 8 Viaduct Gardens, London, SW11 7BW

Copyright © Dorling Kindersley Limited, 2014, 2019
A Penguin Random House Company
All rights reserved.

Korean Translation Copyright © 2022 by BIR Publishing Co., Ltd.
This Korean translation edition is published by arrangement
with Dorling Kindersley Limited, London.

이 책의 한국어판 저작권은 저작권사와 독점 계약한 ㈜비룡소에 있습니다.
저작권법에 의해 한국 내에서 보호를 받는 저작물이므로 무단 전재와 무단 복제를 금합니다.
ISBN 978-89-491-5375-9 74450
ISBN 978-89-491-5371-1 (세트)

www.dk.com

DK

찾아보고 발견하며 배우고 즐기는

공룡 대백과사전!

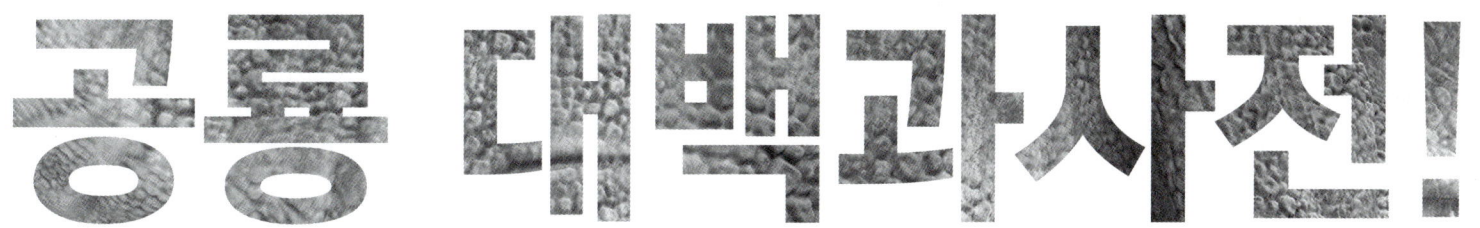

비룡소

차례

공룡

지구의 생명   8
- 등뼈가 있는 동물   10
- 공룡이란 무엇일까?   12
- 공룡의 다양성   14
- 중생대의 생명   16

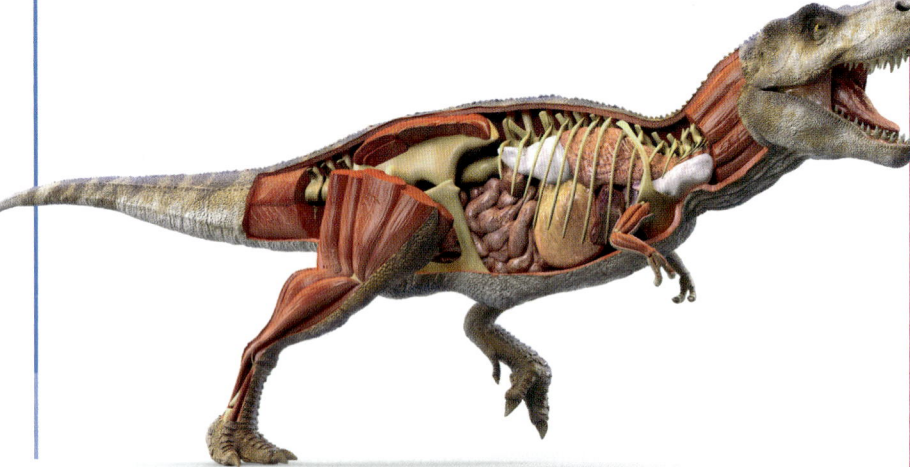

트라이아스기의 생명

트라이아스기 세계   20
- 노토사우루스   22
- 플라케리아스   24
- 에오랍토르   26
- 포스토수쿠스   28
- 가짜 경보   30
- 플라테오사우루스   32
- 에우디모르포돈   34
- 이사노사우루스   36
- 코엘로피시스   38

쥐라기의 생명

쥐라기 세계   42
- 메가조스트로돈   44
- 헤테로돈토사우루스   46
- 스켈리도사우루스   48
- 크리올로포사우루스   50
- 스테놉테리기우스   52
- 모놀로포사우루스   54
- 리오플레우로돈   56
- 안키오르니스   58
- 알로사우루스의 공격   60
- 람포린쿠스   62
- 켄트로사우루스   64
- 디플로도쿠스   66
- 프테로닥틸루스   68
- 스테고사우루스   70
- 알로사우루스   72
- 기라파티탄   74
- 시조새   76

백악기의 생명

백악기 세계	**80**
이구아노돈	82
시노사우롭테릭스	84
레페노마무스	86
힙실로포돈	88
콘푸키우소르니스	90
프시타코사우루스	92
무타부라사우루스	94
프테로다우스트로	96
사우로펠타	98
경계 경보	100
스피노사우루스	102
아르젠티노사우루스	104
프테라노돈	106
벨로키랍토르	108
알베르토넥테스	110
스트루티오미무스	112
키티파티	114
테리지노사우루스	116
데이노수쿠스	118
알을 깨고 나오다	120
네멕트바타르	122
에우오플로케팔루스	124
파라사우롤로푸스	126
살타사우루스	128
모사사우루스	130
에드몬토사우루스	132
파키케팔로사우루스	134
케찰코아틀루스	136
트리케라톱스	138
티라노사우루스	140

새로운 시대

신생대 세계	**144**
티타노보아	146
가스토르니스	148
이카로닉테리스	150
우인타테리움	152
다르위니우스	154
위험한 숲	156
안드레우사르쿠스	158
오토두스 메갈로돈	160
메가테리움	162
스밀로돈	164
털매머드	166

공룡의 과학	**168**
낱말 풀이	200
찾아보기	204

크기와 비교 기준

각 동물들은 가장 큰 개체들의 **평균값**으로 크기를 나타냈다. 성인 남성의 키, 손 길이의 평균값도 그림으로 함께 표시해 선사 시대 동물의 크기를 비교해 가늠할 수 있다.

 1.8m   18cm

공룡

살아 있는 세계에서 놀라울 정도로 다양한 생물들이 진화했다. 그러나 다양성이나 크기 면에서 진정으로 놀랍고 멋진 생물을 이야기할 때, 공룡을 따라올 만한 동물은 거의 없다. 공룡은 중생대에 1억 5000만 년 넘게 지구를 지배했고, 그 후손들은 지금도 우리 주변에서 살고 있다.

선캄브리아대

46억~5억 4100만 년 전

46억 년 전 지구가 형성된 뒤부터 최초의 동물이 진화할 때까지 이어진 기나긴 기간이다.

지구의 생명

중생대 공룡은 지금까지 살았던 동물 중에서 가장 경이롭다. 공룡들은 38억 년 전 지구에 최초로 생명이 출현하면서 시작된 진화 과정의 산물이었다. 그러나 생명이 단세포 미생물 상태를 벗어나기까지는 30억 년이 넘게 걸렸다. 최초의 다세포 생물은 약 6억 년 전에 바다에서 진화했고, 그 뒤로 온갖 경이로운 생물이 출현했다. 새로운 생물이 진화할 때, 기존 생물은 멸종하기도 했다. 때로 생명 세계 전체를 뒤흔드는 대재앙으로 대량 멸종이 일어나기도 했다.

데본기

4억 1900만~3억 5800만 년 전

새로운 종류의 어류가 많이 진화했다. 일부는 물 밖으로 기어 나와서 최초의 양서류가 되었다.

드레파나스피스
이 갑주어는 길이가 약 35센티미터이며, 머리가 넓고 납작했다.

틱타알릭
이 동물은 어류와 초기 양서류의 특징을 고루 지니고 있었다.

아르카이안투스
튤립나무의 조상인 이 작은 나무는 최초의 꽃식물 중 하나였다. 목련과 비슷한 꽃이 피었고, 백악기 중기인 약 1억 년 전에 살았다.

백악기

1억 4500만~6600만 년 전

꽃식물이 최초로 진화했고, 많은 새로운 공룡도 출현했다. 그러나 백악기는 대량 멸종으로 큰 공룡과 익룡이 사라지면서 끝이 났다. 중생대도 함께 끝났다.

쥐라기

2억 100만~1억 4500만 년 전

중생대의 두 번째 기에 공룡은 육지를 지배했다. 거대한 초식 공룡과 그들을 사냥하는 강력한 포식자들이 돌아다녔다.

크리올로포사우루스
이 볏이 달린 공룡은 수각류에 속한다. 모든 거대한 육식 공룡은 수각류다.

일러두기
- 초기 지구
- 고생대
- 중생대
- 신생대

지질 시대

생명의 역사는 진흙 같은 부드러운 퇴적물이 굳어서 생긴 암석에 화석으로 기록되어 있다. 퇴적암은 가장 오래된 층부터 가장 최근 층까지 층층이 쌓여 있다. 각 층은 지질 시대를 나타낸다. 지구의 지질 시대는 '기'라는 단위로 나뉜다. 기들은 모여서 '대'라는 단위를 이룬다.

벨로키랍토르
공룡은 백악기에 훨씬 다양해졌다. 몸이 깃털로 덮인 이 작고 날랜 사냥꾼은 조류로 이어지는 계통에 속했다.

고제3기(팔레오기)

6600만~2300만 년 전

중생대를 끝낸 대량 멸종으로 조류를 제외하고 공룡은 모두 사라졌다. 포유류가 점점 커지면서 공룡을 대신하게 되었다.

캄브리아기

5억 4100만~4억 8500만 년 전

고생대가 시작된 이 시기에 단단한 껍데기를 지닌 해양 생물의 화석이 처음으로 나타나기 시작했다.

마렐라 껍데기를 지닌 해양 동물

실루리아기

4억 4300만~4억 1900만 년 전

실루리아기에 아주 단순한 녹색식물이 육지에 처음으로 등장했다.

사카밤바스피스 갑주어

오르도비스기

4억 8500만~4억 4300만 년 전

삼엽충 같은 무척추동물과 함께 갑주어 같은 어류가 많이 진화했다.

석탄기

3억 5800만~2억 9800만 년 전

초기 나무, 양치류, 이끼, 쇠뜨기가 무성한 숲에서 생명이 번성하기 시작했다. 곤충과 거미가 진화해, 더 큰 양서류의 먹이가 되었다.

메가네우라 잠자리의 일종

레피도덴드론 이 초기 나무는 30미터 넘게 자랄 수 있었다.

페름기

2억 9800만~2억 5200만 년 전

페름기에는 파충류와 현대 포유류의 조상이 최초로 진화했다. 그러나 페름기는 생물 종의 96퍼센트가 사라지는 대량 멸종으로 끝이 났고, 고생대도 함께 끝났다.

쥐라기

에우디모르포돈 에우디모르포돈 같은 초기 익룡은 까마귀만 했지만, 꼬리가 길고 날카로운 이빨이 있었다.

트라이아스기

2억 5200만~2억 100만 년 전

생명이 페름기 멸종에서 회복되는 데는 수백만 년이 걸렸다. 트라이아스기가 끝날 무렵에는 공룡, 익룡, 포유류가 최초로 출현했다.

디메트로돈 등에 돛이 달린 이 기이한 동물은 파충류처럼 보이지만, 실제로는 페름기에 살던 포유류 조상의 친척이었다.

신제3기(네오기)

2300만~250만 년 전

오늘날 볼 수 있는 많은 새로운 포유류와 조류가 출현했다. 400만 년 전에는 동아프리카에서 두 발로 걷는 최초의 인류 조상이 출현했다.

우인타테리움 코뿔소만 했으며, 신생대 초기에 식물을 먹고 산 '거대 초식 동물'이었다.

제4기

250만 년 전~현재

긴 빙하기와 그 사이의 짧고 더 따뜻한 간빙기가 번갈아 이어졌다. 약 35만 년 전 아프리카에서 현생 인류가 진화하여 전 세계로 퍼졌다. 지금 우리는 간빙기에 살고 있다.

네안데르탈인 이 강인한 종은 추운 기후에 살도록 적응했다. 네안데르탈인은 약 3만 년 전에 멸종한 듯하다.

척추동물의 진화

모든 척추동물은 어류의 후손이다. 한 어류 집단은 다리로도 쓸 수 있는 살집 있는 지느러미를 지녔고, 이 어류 중 일부가 진화하여 다리가 네 개인 사지류 동물이 되었다. 최초의 사지류는 양서류였고, 더 뒤에 포유류와 파충류가 출현했다. 악어, 익룡, 공룡, 조류는 모두 '지배파충류'라는 집단에서 나왔다.

척추동물의 종류

척추동물은 대개 어류, 양서류, 파충류, 조류, 포유류로 나뉜다. 그러나 조류는 가장 가까운 친척이며 이미 멸종한 공룡과 함께 지배파충류 집단으로 묶일 수 있다. 즉 조류는 파충류라고도 볼 수 있다.

네멕트바타르

포유류
포유류는 털로 덮인 정온 동물이며, 젖을 먹여 새끼를 키운다. 이 작은 식충 동물은 약 1억 2500만 년 전에 살았다.

롤포스테우스

어류
어류는 사실 전혀 다른 세 집단으로 이루어져 있다. 원시적인 무악어류, 상어와 가오리, 전형적인 경골어류다.

스피노아이쿠알리스

파충류
약 3억 년 전에 스피노아이쿠알리스 같은 초기 파충류가 진화했다. 양서류와 달리 이들은 비늘로 덮인 방수가 되는 피부를 지녔다.

이크티오스테가

양서류
이크티오스테가는 최초의 양서류 중 하나다. 개구리 같은 양서류는 자라면 공기 호흡을 하지만, 대개 민물에서 번식을 한다.

카르카로돈토사우루스

지배파충류
이 파충류 집단에는 악어, 익룡, 공룡이 속해 있다. 조류도 속해 있다.

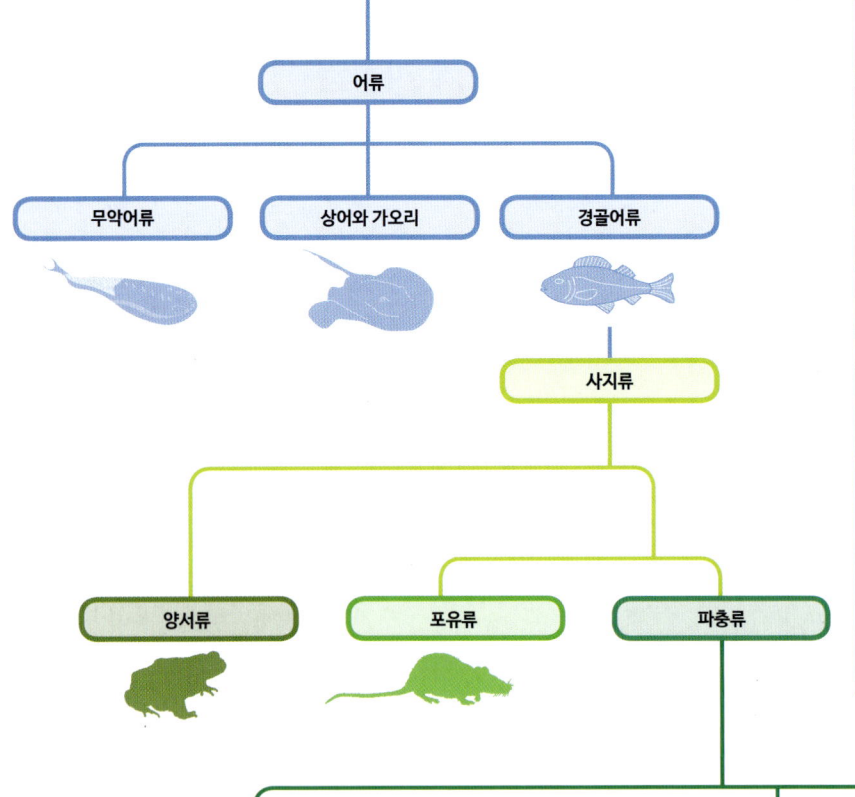

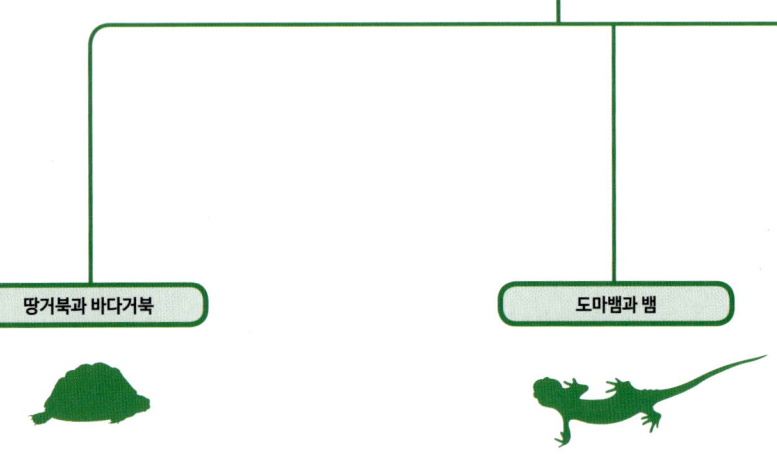

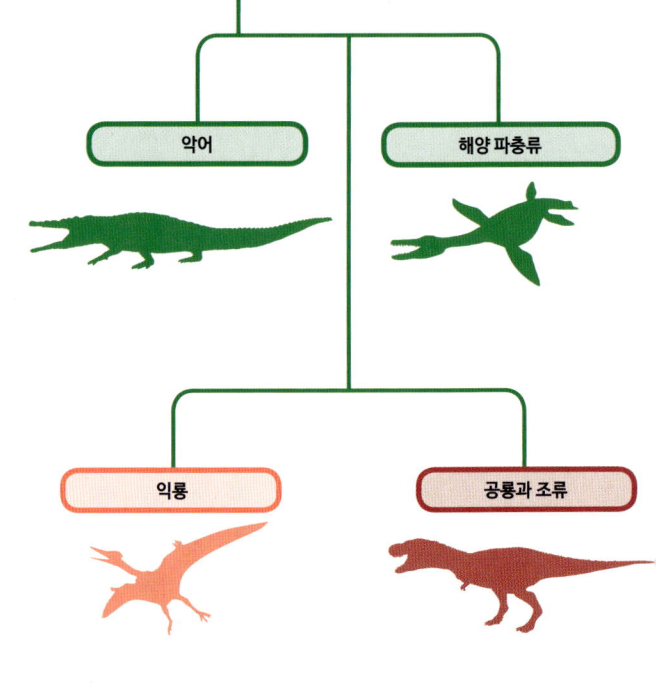

등뼈가 있는 동물

약 5억 3000만 년 전까지 지구의 동물은 모두 무척추동물이었다. 몸속에 뼈대가 없는 지렁이, 달팽이, 게 같은 동물들이었다. 그러다가 바다에서 새로운 종류의 동물이 출현했다. '척삭'이라는 튼튼한 막대로 몸을 지탱하는 동물이었다. 척삭은 등뼈로 진화했다. 등뼈는 척추뼈들이 죽 이어져 있는 것이다. 최초의 척추동물, 즉 등뼈가 있는 동물은 어류였다. 어류 중 일부는 양서류, 파충류, 조류, 포유류라는 다른 모든 척추동물의 조상이 되었다.

척추동물은 현생 동물 종의 **겨우 3퍼센트에** 불과하다.

사지류

현생 폐어 같은 몇몇 어류는 다리와 좀 비슷한 튼튼하고 살집 있는 지느러미를 네 개 지닌다. 약 3억 8000만 년 전, 민물 습지에 살던 이 총기어류 중 일부가 먹이를 찾아서 물 밖으로 기어 나오기 시작했다. 이 동물들이 최초의 사지류였다. 물 밖으로 나온 총기어류들은 대다수의 현생 양서류처럼 알을 낳을 때는 물로 돌아갔다. 총기어류는 모든 육상 척추동물의 조상이 되었다.

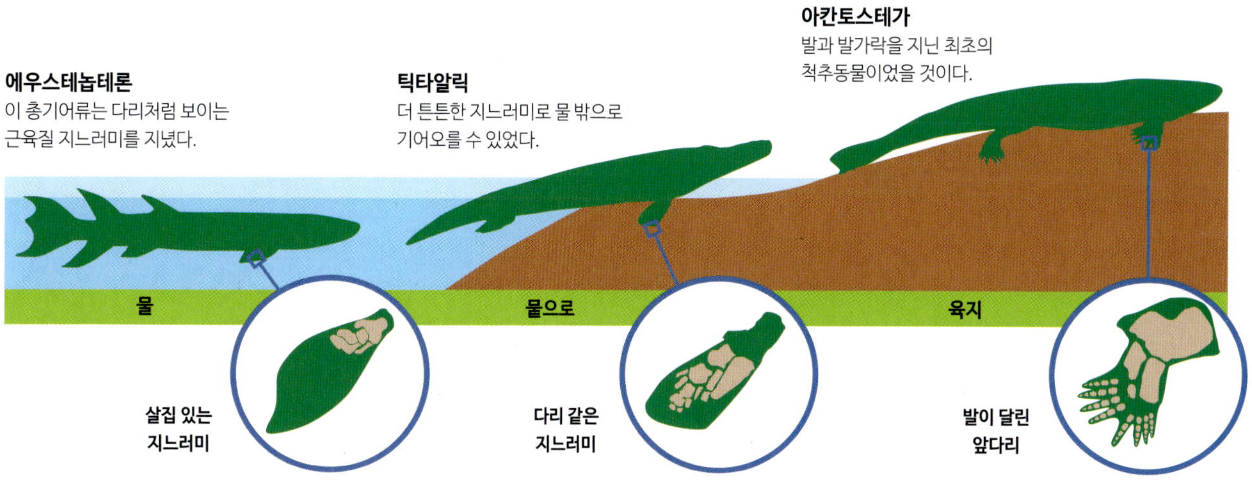

에우스테놉테론 이 총기어류는 다리처럼 보이는 근육질 지느러미를 지녔다.

틱타알릭 더 튼튼한 지느러미로 물 밖으로 기어오를 수 있었다.

아칸토스테가 발과 발가락을 지닌 최초의 척추동물이었을 것이다.

물 / 뭍으로 / 육지

살집 있는 지느러미 / 다리 같은 지느러미 / 발이 달린 앞다리

튼튼한 뼈대

해양 파충류 같은 수생 척추동물의 몸은 물이 받쳐 주므로, 뼈대는 주로 근육이 붙는 지점 역할을 한다. 즉 뼈대는 근육을 고정시키는 일을 한다. 그러나 육상 동물은 뼈대로 몸무게도 떠받쳐야 한다. 그래서 육상 동물의 뼈는 더 튼튼하고 몸무게를 견디는 관절로 연결되어 있다. 이런 적응 형질 덕분에 거대한 공룡 같은 육상 척추동물이 진화할 수 있었다.

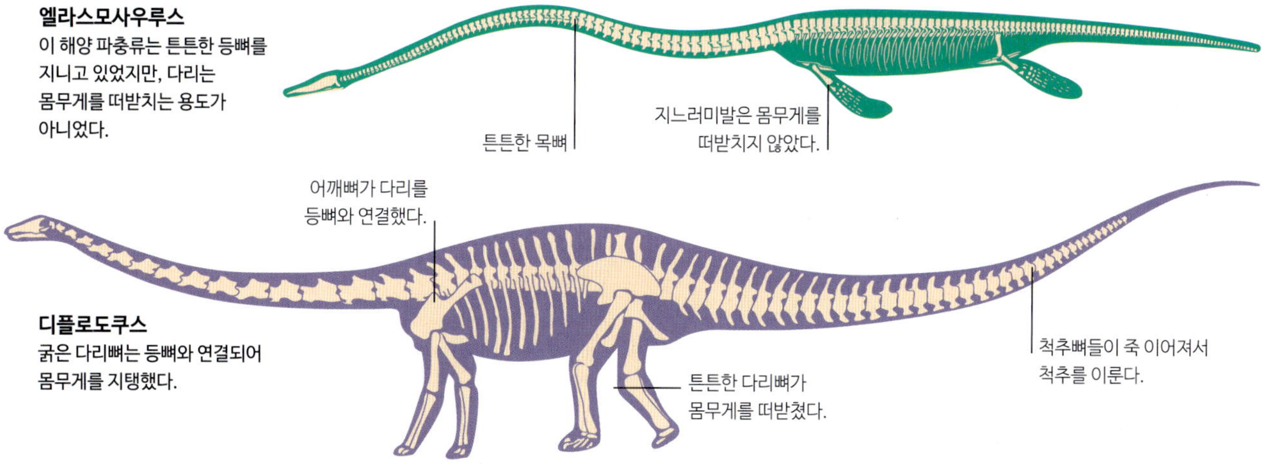

엘라스모사우루스 이 해양 파충류는 튼튼한 등뼈를 지니고 있었지만, 다리는 몸무게를 떠받치는 용도가 아니었다.

튼튼한 목뼈 / 지느러미발은 몸무게를 떠받치지 않았다.

디플로도쿠스 굵은 다리뼈는 등뼈와 연결되어 몸무게를 지탱했다.

어깨뼈가 다리를 등뼈와 연결했다. / 튼튼한 다리뼈가 몸무게를 떠받쳤다. / 척추뼈들이 죽 이어져서 척추를 이룬다.

거대한 동물

가장 큰 육상 동물은 모두 척추동물이었다. 튼튼한 속뼈대가 있어야 무거운 몸을 지탱할 수 있기 때문이다. 그러나 몸집은 한없이 커질 수 없으며, 거대한 공룡 아르젠티노사우루스가 아마 육상 동물이 커질 수 있는 최대 한계였을 것이다. 그보다 더 무거운 척추동물은 물에 사는 대왕고래뿐이다.

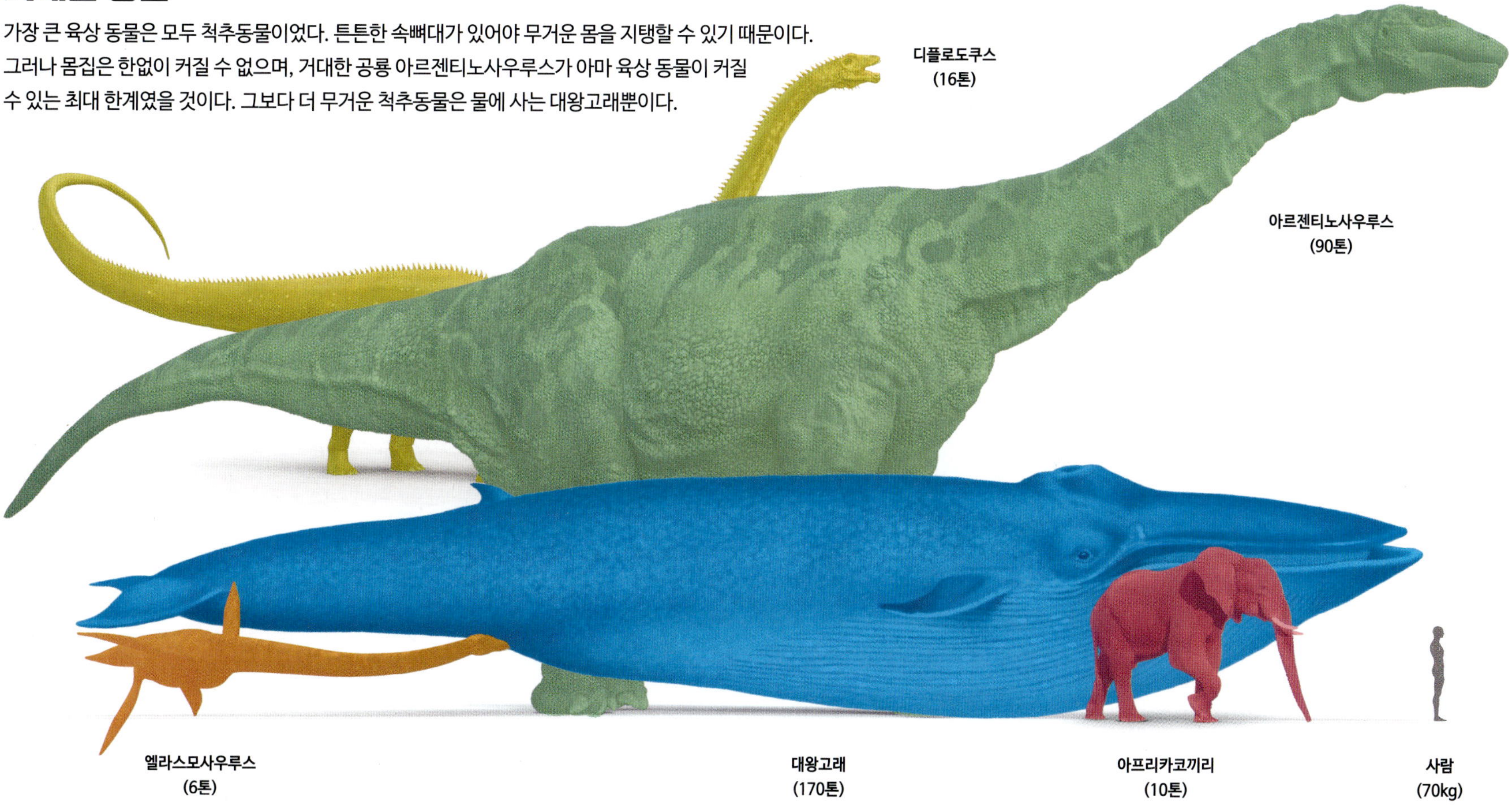

디플로도쿠스 (16톤)

아르젠티노사우루스 (90톤)

엘라스모사우루스 (6톤) / 대왕고래 (170톤) / 아프리카코끼리 (10톤) / 사람 (70kg)

공룡이란 무엇일까?

공룡은 트라이아스기 중기인 약 2억 3500만 년 전에 처음으로 출현했다. 공룡의 조상은 포유류처럼 몸 밑으로 뻗은 다리로 서서 걸은 작고 홀쭉한 지배파충류였다. 공룡은 몸통을 높이 들어 올린 채 걸을 수 있었다. 이런 자세 덕분에 많은 공룡은 아주 크게 자랄 수 있었다. 모든 육식 공룡과 다른 여러 공룡들은 긴 꼬리로 균형을 잡으면서 두 다리로 걸었다. 그러나 몸집이 큰 초식 공룡들은 네 다리로 걸었다. 공룡도 현생 척추동물이 지닌 모든 해부학적 특징들을 지니고 있었다.

공룡의 몸속

공룡이 아주 오래전 중생대에 살았기에 많은 사람들은 공룡이 원시적인 동물이라고 여긴다. 그러나 그 생각은 틀렸다. 공룡은 1억 7000만 년 동안 번성했고, 그 긴 세월 동안 진화를 통해 해부 구조를 최고 수준으로 다듬었다. 공룡의 뼈, 근육, 내장은 현대 동물의 것만큼 효율적이었다. 덕분에 티라노사우루스 렉스 같은 공룡은 지구 역사상 가장 놀라운 육상 동물로 진화할 수 있었다.

엉덩뼈
티라노사우루스의 골반은 무겁고 아주 튼튼했다.

피부
비늘로 덮여 있거나 깃털로 덮여 있었다.

꼬리
중생대 공룡은 대부분 뼈가 들어 있는 긴 근육질 꼬리를 지녔다.

허벅지 근육
현생 사냥꾼 동물의 근육만큼 효율적이었다.

종아리
종아리는 가늘어서, 커다란 동물치고는 날쌔게 발을 움직일 수 있었다.

높이 서서 걷기

모든 공룡의 뼈대 화석에는 공룡이 다리를 몸통 밑에 세워서 받친 채 걸었다는 것을 말해 주는 특징들이 많이 있다. 공룡은 발목 관절이 경첩처럼 움직였고, 사람처럼 허벅지뼈 위쪽 끝이 안쪽으로 휘어져서 엉덩뼈의 움푹 들어간 곳에 끼워져 있었다. 또 뼈에 힘센 근육이 붙어 있었다는 증거도 많이 있다.

도마뱀 자세
도마뱀은 다리가 몸통 양쪽으로 펼쳐진 자세라서, 몸무게를 잘 떠받치지 못한다. 그래서 배를 거의 땅에 댄 채로 걷는다.

악어 자세
악어는 도마뱀보다는 더 곧추선 자세이다. 빨리 움직일 때는 몸통을 더 높이 들어 올려 '높이 걷기' 자세로 더 효율적으로 움직인다.

공룡 자세
모든 공룡은 곧추선 다리로 몸무게를 완전히 떠받쳤다. 이 덕분에 공룡은 거대한 몸집을 가질 수 있었다.

이 티라노사우루스와 목이 긴 초식성
용각류 같은 공룡은 아주 거대했지만,
닭만큼 작은 공룡도 많았다.

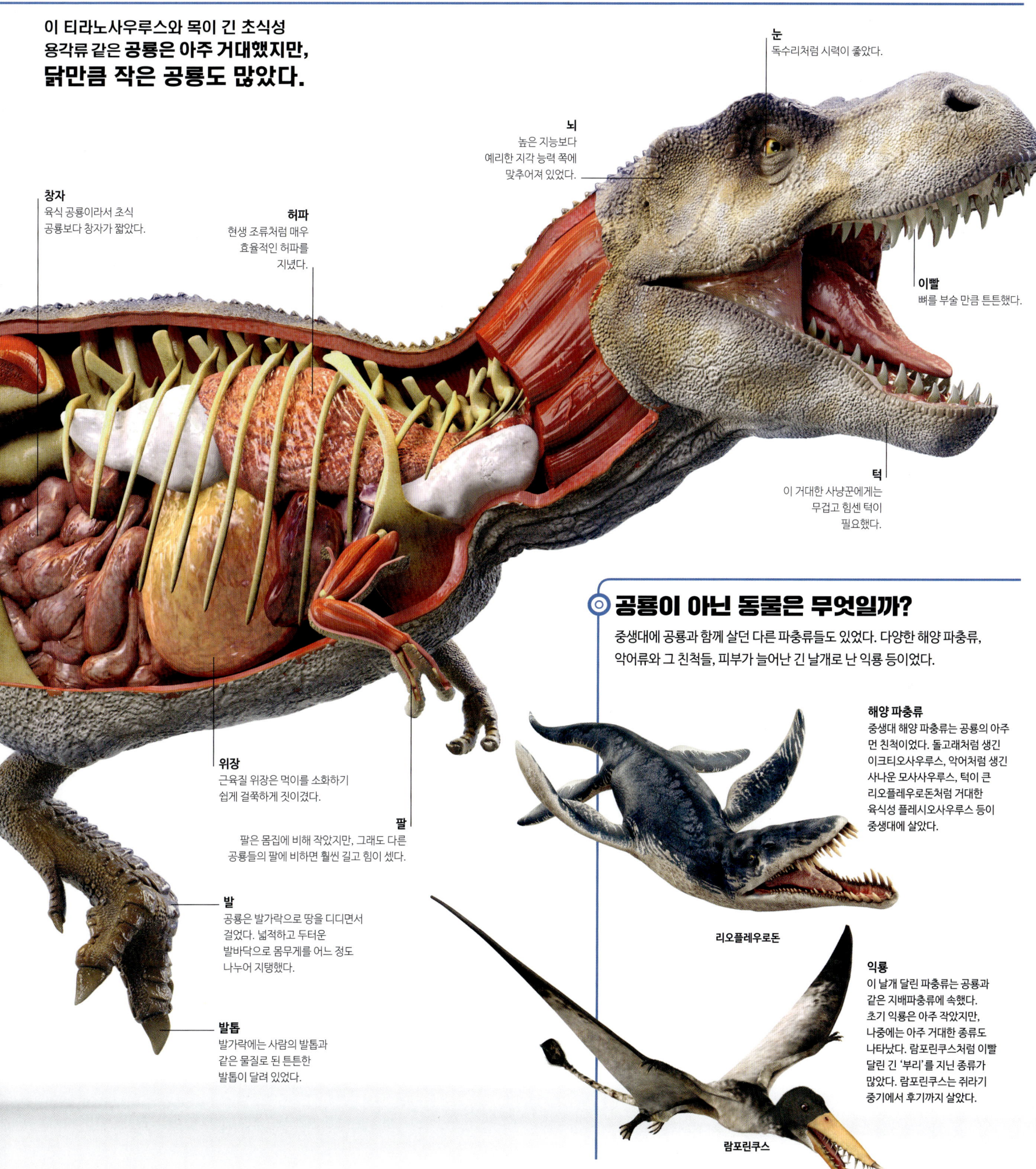

눈
독수리처럼 시력이 좋았다.

뇌
높은 지능보다 예리한 지각 능력 쪽에 맞추어져 있었다.

창자
육식 공룡이라서 초식 공룡보다 창자가 짧았다.

허파
현생 조류처럼 매우 효율적인 허파를 지녔다.

이빨
뼈를 부술 만큼 튼튼했다.

턱
이 거대한 사냥꾼에게는 무겁고 힘센 턱이 필요했다.

위장
근육질 위장은 먹이를 소화하기 쉽게 걸쭉하게 짓이겼다.

팔
팔은 몸집에 비해 작았지만, 그래도 다른 공룡들의 팔에 비하면 훨씬 길고 힘이 셌다.

발
공룡은 발가락으로 땅을 디디면서 걸었다. 넓적하고 두터운 발바닥으로 몸무게를 어느 정도 나누어 지탱했다.

발톱
발가락에는 사람의 발톱과 같은 물질로 된 튼튼한 발톱이 달려 있었다.

◎ 공룡이 아닌 동물은 무엇일까?

중생대에 공룡과 함께 살던 다른 파충류들도 있었다. 다양한 해양 파충류, 악어류와 그 친척들, 피부가 늘어난 긴 날개로 난 익룡 등이었다.

해양 파충류
중생대 해양 파충류는 공룡의 아주 먼 친척이었다. 돌고래처럼 생긴 이크티오사우루스, 악어처럼 생긴 사나운 모사사우루스, 턱이 큰 리오플레우로돈처럼 거대한 육식성 플레시오사우루스 등이 중생대에 살았다.

리오플레우로돈

익룡
이 날개 달린 파충류는 공룡과 같은 지배파충류에 속했다. 초기 익룡은 아주 작았지만, 나중에는 아주 거대한 종류도 나타났다. 람포린쿠스처럼 이빨 달린 긴 '부리'를 지닌 종류가 많았다. 람포린쿠스는 쥐라기 중기에서 후기까지 살았다.

람포린쿠스

공룡의 다양성

트라이아스기 중기에 처음 출현한 공룡은 얼마 지나지 않아서 두 주요 집단으로 나뉘었다. 용반목과 조반목이었다. 용반목에는 목이 긴 초식성 용각형류와 주로 육식성인 수각류가 속했다. 조반목은 세 주요 집단으로 이루어져 있었고, 이 세 집단은 다시 다섯 가지 유형으로 나뉘었다. 인상적인 모습의 스테고사우루스류, 갑옷을 입은 안킬로사우루스류, 부리가 있는 조각류, 뿔과 목 주름 장식이 달린 케라톱스류, 머리뼈가 두꺼운 파키케팔로사우루스류였다.

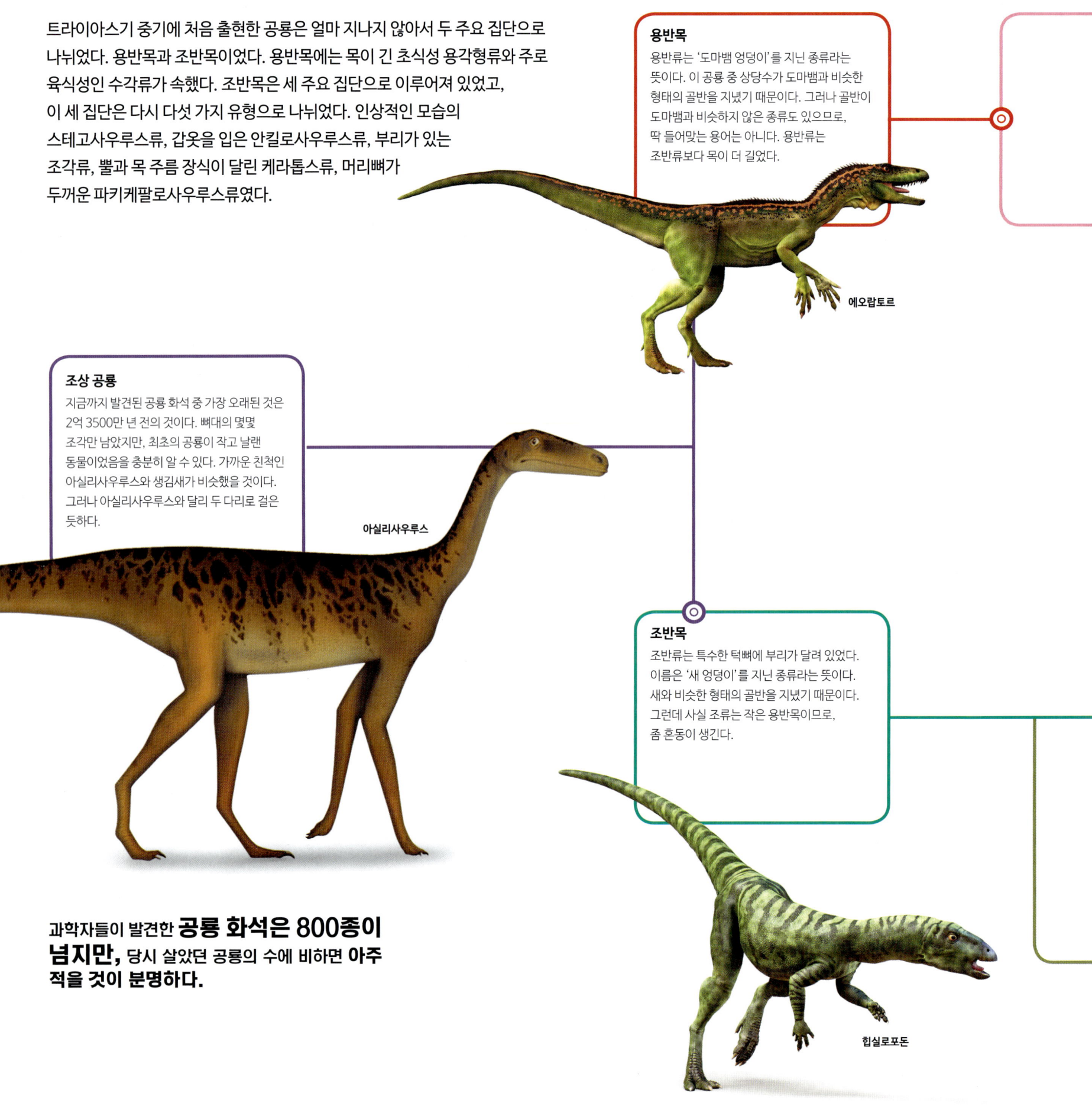

용반목
용반류는 '도마뱀 엉덩이'를 지닌 종류라는 뜻이다. 이 공룡 중 상당수가 도마뱀과 비슷한 형태의 골반을 지녔기 때문이다. 그러나 골반이 도마뱀과 비슷하지 않은 종류도 있으므로, 딱 들어맞는 용어는 아니다. 용반류는 조반류보다 목이 더 길었다.

에오랍토르

조상 공룡
지금까지 발견된 공룡 화석 중 가장 오래된 것은 2억 3500만 년 전의 것이다. 뼈대의 몇몇 조각만 남았지만, 최초의 공룡이 작고 날랜 동물이었음을 충분히 알 수 있다. 가까운 친척인 아실리사우루스와 생김새가 비슷했을 것이다. 그러나 아실리사우루스와 달리 두 다리로 걸은 듯하다.

아실리사우루스

조반목
조반류는 특수한 턱뼈에 부리가 달려 있었다. 이름은 '새 엉덩이'를 지닌 종류라는 뜻이다. 새와 비슷한 형태의 골반을 지녔기 때문이다. 그런데 사실 조류는 작은 용반목이므로, 좀 혼동이 생긴다.

힙실로포돈

과학자들이 발견한 **공룡 화석은 800종이 넘지만,** 당시 살았던 공룡의 수에 비하면 **아주 적을 것이 분명하다.**

수각류

수각류는 거의 다 사냥꾼 공룡이지만, 잡식성인 종도 있긴 하다. 수각류는 모두 뒷다리로 걸었고, 일부는 조류로 진화했다. 작고 깃털 달린 종류부터 티라노사우루스처럼 거대한 공룡까지 다양했다.

티라노사우루스

용각형류

디플로도쿠스는 목과 꼬리가 길고, 네 다리로 걸은 전형적인 용각류였다. 더 이전에 나타난 원시용각류도 생김새는 비슷했지만, 두 다리로 걸었다. 이 두 집단을 합쳐서 '용각형류'라고 부른다. '용각류처럼 생긴' 집단이라는 뜻이다. 모두 초식 공룡이었다.

디플로도쿠스

주식두류

파키케팔로사우루스류

이 기이한 '뼈머리' 공룡은 가장 수수께끼 같은 조반류에 속한다. 아주 두꺼운 머리뼈는 충격으로부터 뇌를 보호하도록 진화한 것처럼 보인다.

파키케팔로사우루스

케라톱스류

이 뿔 공룡은 주로 네 다리로 걸었고, 프로토케라톱스처럼 가벼운 종류부터 유명한 트리케라톱스처럼 거대한 종류까지 있었다. 머리뼈 뒤쪽으로 뼈로 된 긴 주름 장식이 뻗어 있었다.

프로토케라톱스

조각류

조반류 중 가장 성공한 집단에 속한다. 식물을 짓이기는 이빨이 수백 개 나 있는 코리토사우루스처럼 특수하게 고도로 분화한 종류도 있었다.

코리토사우루스

장순류

스테고사우루스류

등에 줄줄이 난 판과 가시로 쉽게 알아볼 수 있다. 쥐라기 초에 진화했고 백악기 무렵에는 대부분 사라졌다. 꼬리에 난 긴 가시로 몸을 방어했다.

후아양고사우루스

안킬로사우루스류

낮게 웅크린 모습이었고, 사냥꾼에 맞서는 방어 수단으로 뼈로 된 판과 가시가 몸을 덮고 있었다. 꼬리에 방어 무기로 쓸 무거운 곤봉이 달린 종류도 있었다.

가스토니아

중생대의 생명

공룡은 중생대의 트라이아스기 중반에 처음으로 진화했다. 중생대는 세 기로 이루어져 있는데 트라이아스기가 그중 첫 번째다. 공룡은 처음에는 그다지 눈에 띄지 않는 존재였다. 당시에는 포스토수쿠스(28~29쪽) 같은 더 크고 더 강력한 파충류들이 지구를 지배하고 있었다. 그러다가 트라이아스기 말에 대량 멸종으로 공룡의 주요 경쟁자들이 사라졌다. 그 뒤로 이어진 쥐라기와 백악기에 공룡은 빠르게 진화하여 가장 크고 가장 강력한 육상 동물이 되었다. 그러나 육지에 공룡만 있던 것은 아니었다. 그밖에도 다른 동물이 많이 있었고, 동물들의 먹이인 식물도 살아남았다. 이 동식물들은 오늘날의 생물 세계와 전혀 다른 생명의 그물, 즉 생태계를 이루었다.

기후 변화

중생대는 지금보다 평균 기온이 훨씬 높았다. 그러나 대륙들이 남쪽이나 북쪽으로 움직이고 쪼개짐에 따라서 기후가 끊임없이 변했고, 대규모 화산 분화 같은 사건들로 대기 조성도 변하곤 했다.

화산이 빚어낸 멋진 저녁놀
화산 분화로 뿜어나온 먼지는 대기의 햇빛을 차단해서 지구의 기온을 떨어뜨릴 수 있다. 하지만 이 먼지는 해 질 녘에 멋진 광경을 빚어내기도 한다.

대륙 이동

지구 깊숙한 곳에서 생기는 열 때문에 지각 밑의 뜨거운 암석은 끊임없이 움직인다. 움직이는 암석 때문에 지각은 끌려 내려가기도 하고, 쪼개지기도 하고, 밀려서 서로 붙기도 한다. 이 과정에서 지진과 화산 활동도 일어난다. 이런 과정을 통해서 대륙들이 이동하여 세계 지도는 끊임없이 변하고, 화산이 분출한 용암이 굳어져 만들어지는 화산암으로 새로운 대륙이 생기기도 한다.

화산 풍경
인도네시아의 자바섬은 수백만 년에 걸쳐서 화산이 무수히 분출하면서 생겨났다. 지금도 스메루산처럼 섬에서 화산이 뿜어지는 광경을 볼 수 있다.

공룡과 함께 산 동물들

중생대에는 공룡뿐 아니라 다양한 동물들이 번성했다. 육지에는 곤충과 거미 같은 작은 무척추동물, 개구리 같은 양서류, 도마뱀과 악어 같은 파충류, 작은 포유류, 하늘을 나는 익룡이 살았다. 바다에는 해양 무척추동물, 온갖 어류, 많은 놀라운 해양 파충류가 우글거렸다.

육상 무척추동물
중생대 숲에는 곤충을 비롯한 무척추동물이 가득했다. 또 무척추동물을 잡아먹는 도마뱀 같은 동물들도 우글거렸다. 이 잠자리 화석은 쥐라기에 만들어졌다.

리벨룰리움

육상 파충류
많은 악어류와 다른 파충류도 공룡과 함께 살았다. 특히 트라이아스기에 더 번성했다. 물고기를 먹는 이 피토사우루스류는 2미터까지 자랐다.

파라수쿠스

해양 동물
바다에는 상어의 친척인 키메라를 비롯하여 많은 어류가 살았다. 어류는 더 작은 어류와 조개류를 먹었고, 해양 파충류의 먹이가 되었다.

이스키오두스

하늘을 난 파충류
익룡은 트라이아스기에 진화했다. 소형 항공기만 한 것도 있었다. 익룡이 모두 잘 날 수 있었던 것은 아니었다. 에우디모르포돈은 가장 잘 날았다.

에우디모르포돈

연대표

공룡은 트라이아스기 중반에 출현하여 중생대 말까지 1억 6500만 년 동안 번성했다. 우리가 살고 있는 신생대는 아직 그 기간의 절반밖에 지나지 않았다. 그러니 공룡이 얼마나 성공한 집단이었는지를 잘 알 수 있다.

대		중 생 대
기	트라이아스기	쥐라기
시간	2억 5200만 년 전 — 2억 100만 년 전	1억 4500만 년 전

초록 행성

중생대 동물들이 살던 녹지는 오늘날의 녹지와 전혀 달랐다. 백악기가 오기 전까지는 풀도 꽃도 없었고, 활엽수도 거의 없었고, 겨울에 잎을 떨구는 나무도 거의 없었다. 중생대에는 탁 트인 초원도 없었고, 숲과 산림 지대에서 자라는 식물 중 상당수는 지금은 사라졌거나 희귀한 것들이었다.

고생대 생존자들
고생대에 살던 많은 식물은 중생대에도 번성했다. 이 쇠뜨기 같은 원시적인 단순한 식물들이 번성했다.

트라이아스기 석송류
이 플레우로메이아는 트라이아스기에 전 세계에 살았다. 석송 집단에 속했다.

쥐라기 소철류
쥐라기 식물 중에는 현재 멸종한 것들도 있다. 이 쥐라기 소철은 야자수처럼 보이지만 전혀 다른 식물이었다.

백악기 나무고사리
템프스키아는 삼나무처럼 줄기 옆에서 잎이 나는 특이한 종류의 나무고사리였다.

공룡의 나라
쥐라기 후기에 북아메리카 서부에는 무성한 숲이 있었다. 목이 긴 용각류들이 높이 자란 나무를 뜯어 먹었다. 용각류는 위 그림에서 왼쪽에 있는 알로사우루스 같은 사냥꾼들의 먹이가 되었다.

대격변

중생대는 거대한 공룡, 익룡, 그밖에 많은 동물이 사라지는 대량 멸종으로 끝이 났다. 아마도 중앙아메리카에 소행성이 충돌하면서 일어난 엄청난 폭발과 세계적인 혼란이 원인인 듯하다. 그러나 일부 포유류, 조류 등은 살아남아서 새로운 시대로 향했다. 바로 신생대가 시작되었다.

중생대에는 지구 역사상 가장 장엄한 생물들이 진화했다. 그들이 바로 공룡이다.

백악기	신생대
	6600만 년 전

트라이아스기의 생명

트라이아스기는 혼란 속에서 시작되었다. 수많은 지구 생물을 멸종시킨 세계적인 대격변을 겪은 뒤였기 때문이다. 살아남은 동물 중에서 일부는 최초의 공룡으로 진화했고, 익룡과 해양 파충류로 진화한 종도 있었다.

트라이아스기 세계

공룡은 중생대의 첫 기인 트라이아스기에 출현했다. 2억 5200만 년 전부터 2억 100만 년 전까지인 이 시기에 지구의 땅들은 대부분 모여서 하나의 거대한 초대륙을 이루고 있었다. 따라서 바다도 하나였다. 이 거대한 땅덩어리는 이전 시기인 페름기에 형성되었다. 페름기도 대량 멸종으로 끝이 났다. 모든 종의 96퍼센트가 사라졌고, 트라이아스기에 진화한 동물은 모두 그 생존자들의 후손이었다.

판게아는 트라이아스기에 지구의 북극에서 남극까지 뻗어 있던 C자 모양의 거대한 땅덩어리였다. 하지만 이때 남극점에는 대륙이 없었다.

북아메리카

태평양

남아메리카

초대륙

지구의 지각판들이 이동함에 따라서 대륙들은 끊임없이 떠돈다. 그러면서 합쳐졌다가 쪼개지기를 되풀이한다. 트라이아스기에는 대륙들이 다 뭉쳐서 '판게아'라는 거대한 초대륙이 되었다. 판게아는 약 3억 년 전에 생겼다가 트라이아스기 말에 테티스해가 열리면서 둘로 쪼개지기 시작했다.

이 초대륙은 우리가 알 수 없는 여러 개의 작은 대륙들로 이루어져 있었다. 지금과 같은 대륙 모습은 존재하지 않았다.

2억 5200만~2억 100만 년 전
트라이아스기의 대륙과 대양

환경

트라이아스기의 환경은 지금과 전혀 달랐다. 모든 땅덩어리가 모여서 하나의 초대륙이 되었기에 기후에 심각한 변화가 일어났고, 오늘날 우리가 으레 보는 많은 식물은 존재하지 않았다. 초기에 모든 생물은 고생대 말의 대량 멸종이 준 충격에서 회복되느라 바빴다.

기후
현재 세계 평균 기온은 약 14도인데, 당시는 훨씬 더 더웠다. 판게아의 중심부는 바다에서 아주 멀리 떨어져 있기에 비가 거의 내리지 않아 헐벗은 사막이었다. 동식물은 대부분 더 습하고 온화한 대륙 가장자리에 살았다.

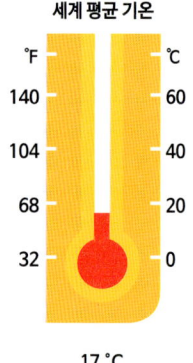

세계 평균 기온
17 °C

헐벗은 사막
트라이아스기의 암석 중에는 이런 사하라사막의 모래 등이 굳어서 생겨난 것이 많다. 초대륙의 메마른 내륙에서 형성된 암석이다.

온화한 해안 기후
해안 지역은 바다의 영향으로 비가 많이 오기 때문에 더 선선했다. 그래서 많은 생명이 번성했다.

대	중 생 대		
기	트라이아스기	쥐라기	
시간	2억 5200만 년 전	2억 100만 년 전	1억 4500만 년 전

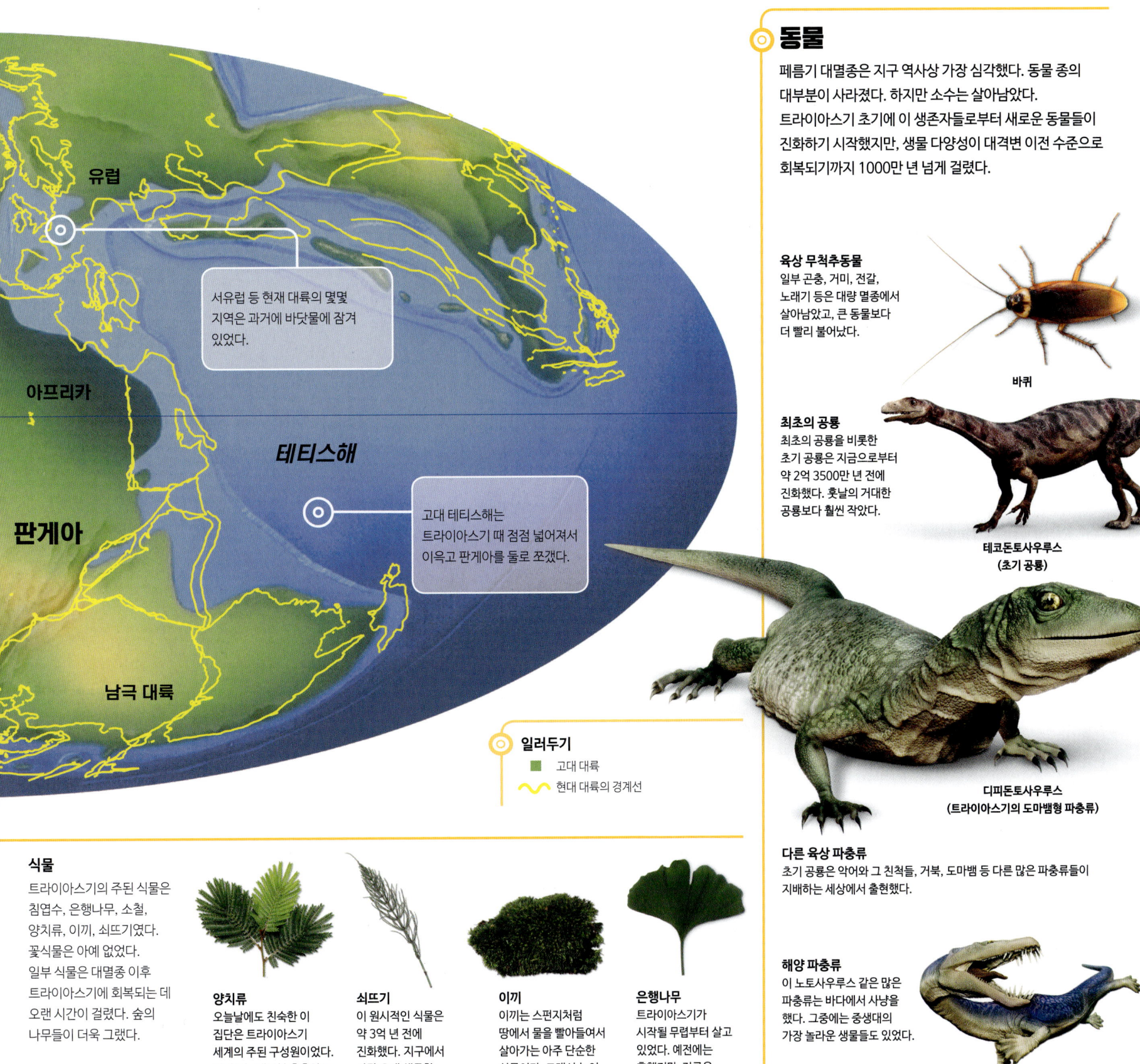

동물

페름기 대멸종은 지구 역사상 가장 심각했다. 동물 종의 대부분이 사라졌다. 하지만 소수는 살아남았다. 트라이아스기 초기에 이 생존자들로부터 새로운 동물들이 진화하기 시작했지만, 생물 다양성이 대격변 이전 수준으로 회복되기까지 1000만 년 넘게 걸렸다.

육상 무척추동물
일부 곤충, 거미, 전갈, 노래기 등은 대량 멸종에서 살아남았고, 큰 동물보다 더 빨리 불어났다.

바퀴

최초의 공룡
최초의 공룡을 비롯한 초기 공룡은 지금으로부터 약 2억 3500만 년 전에 진화했다. 훗날의 거대한 공룡보다 훨씬 작았다.

테코돈토사우루스
(초기 공룡)

디피돈토사우루스
(트라이아스기의 도마뱀형 파충류)

다른 육상 파충류
초기 공룡은 악어와 그 친척들, 거북, 도마뱀 등 다른 많은 파충류들이 지배하는 세상에서 출현했다.

해양 파충류
이 노토사우루스 같은 많은 파충류는 바다에서 사냥을 했다. 그중에는 중생대의 가장 놀라운 생물들도 있었다.

노토사우루스

서유럽 등 현재 대륙의 몇몇 지역은 과거에 바닷물에 잠겨 있었다.

고대 테티스해는 트라이아스기 때 점점 넓어져서 이윽고 판게아를 둘로 쪼갰다.

일러두기
- 고대 대륙
- 현대 대륙의 경계선

식물

트라이아스기의 주된 식물은 침엽수, 은행나무, 소철, 양치류, 이끼, 쇠뜨기였다. 꽃식물은 아예 없었다. 일부 식물은 대멸종 이후 트라이아스기에 회복되는 데 오랜 시간이 걸렸다. 숲의 나무들이 더욱 그랬다.

양치류
오늘날에도 친숙한 이 집단은 트라이아스기 세계의 주된 구성원이었다. 양치류는 대부분 축축하고 그늘진 곳에서 자란다.

쇠뜨기
이 원시적인 식물은 약 3억 년 전에 진화했다. 지구에서 가장 오래 생존한 식물에 속할 것이다.

이끼
이끼는 스펀지처럼 땅에서 물을 빨아들여서 살아가는 아주 단순한 식물이다. 그래서 높이 자랄 수 없다.

은행나무
트라이아스기가 시작될 무렵부터 살고 있었다. 예전에는 흔했지만, 지금은 한 종만 남아 있다.

백악기 | 신생대

6600만 년 전 | 0

트라이아스기의 생명 ○ 노토사우루스

이 동물의 화석은 **유럽**, **중동**, **중국**에서 발견되고 있다.

길쭉한 머리
아주 긴 턱이 달린 길고 납작한 머리는 현생 악어의 머리와 비슷했다.

유연한 목
노토사우루스는 물속에서 사냥할 때 목을 좌우로 휙 돌려서 물고기를 잡아챌 수 있었다.

노토사우루스

길고 유연한 목, 날카로운 이빨을 지닌 이 초기 해양 파충류는 트라이아스기의 해안가 얕은 물에서 물고기를 잡아먹고 살았다.

발톱
굵은 발톱은 해안의 미끄러운 바위 위를 돌아다니는 데 유용했다.

중생대 해양 파충류는 육지에서 공기 호흡을 하면서 네 다리로 걷던 동물의 후손이었다. 노토사우루스를 비롯한 노토사우루스류는 육지에 살던 조상과 기본 체형은 같았지만, 헤엄치는 데 유용한 길고 힘센 꼬리와 물갈퀴 달린 발을 지니고 있었다. 길고 뾰족한 이빨은 주된 먹이였을 미끈거리는 물고기를 잡는 데 알맞았다. 사냥하지 않을 때에는 물 밖 해변에서 주로 시간을 보냈을 것이다.

트라이아스기	쥐라기	백악기	신생대
2억 5200만 년 전	2억 100만 년 전	1억 4500만 년 전	6600만 년 전 → 0

120개 노토사우루스의 턱에 난 이빨 수.

해양 파충류
노토사우루스

- **생존 연대:** 2억 4500만~2억 2800만 년 전
- **사는 곳:** 얕은 바다
- **길이:** 1~3.5m
- **먹이:** 물고기와 오징어

바늘 같은 이빨
뾰족한 이빨은 물고기를 꽉 무는 데 적합했다. 씹는 용도는 아니었다.

먹이가 된 물고기
트라이아스기 바다에는 어류, 오징어 등의 먹이가 풍부했다.

긴 근육질 꼬리
힘센 꼬리로 추진력을 일으켜서 헤엄쳤을 것이다.

주변과 잘 어울리는 체색
적의 눈에 잘 띄지 않게 하는 위장 무늬가 있었을지도 모른다.

매끄러운 피부
피부는 비늘로 덮여 있었지만 매끄러웠고, 몸도 유선형이어서 헤엄치는 데 알맞았다.

트라이아스기의 바다사자
중생대 후기에 나타난 많은 해양 파충류와 달리, 노토사우루스는 튼튼한 네 다리가 달려 있었다. 그래서 육지에서는 오늘날의 바다사자와 비슷하게 걸을 수 있었다. 따라서 노토사우루스는 현생 바다사자처럼 물에서 사냥하고, 해변과 바위에서 쉬었을 수 있다. 아마 석호나 강어귀에서 알이 아니라 새끼를 낳았을 것이다.

> 초기 노토사우루스류는 **최초의 공룡이** 육지를 걷고 있던 시기에 바다에서 사냥을 했다.

물갈퀴 달린 발
네 다리는 짧고 튼튼했고, 발에는 다섯 개의 긴 발가락이 달려 있었다. 해달처럼 발가락 사이에 물갈퀴가 있었다. 물갈퀴 달린 발은 물뿐 아니라 육지에서도 유용했을 것이다.

트라이아스기의 생명 ○ 플라케리아스

무시무시한 포식자
포스토수쿠스(28~29쪽) 같은 사나운 포식자는 플라케리아스를 잡아먹었을 것이다.

식물을 잘라 먹는 동물
눈구멍 뒤쪽의 커다란 공간에는 아주 힘센 턱 근육이 붙어 있었다. 턱을 위아래뿐 아니라 앞뒤로 움직이면서 질긴 식물도 잘라 먹을 수 있었다.

엄니
두 개의 엄니가 어떤 용도로 쓰였는지는 불분명하지만, 아마 땅을 파는 데 쓰였을 것이다.

다부진 몸
튼튼한 네 다리로 짧고 단단한 몸을 떠받쳤다.

튼튼한 팔
건강하게 생긴 팔에는 튼튼한 손가락이 다섯 개 달려 있었다.

플라케리아스

생김새도 긴 엄니도 하마와 비슷한 이 통통한 초식 동물은 공룡이 최초로 출현한 시기인 트라이아스기 후기에 가장 흔했던 대형 동물 중 하나였다.

최초의 초식 공룡이 출현하기 전 수백만 년 동안 가장 성공한 초식 동물은 '디키노돈트(디키노돈류)'라는 동물 집단이었다. 디키노돈은 '두 개의 개 이빨'을 뜻한다. 위쪽 송곳니가 엄니처럼 튀어나와 있기 때문이다. 플라케리아스는 앵무새 같은 부리로 잎과 식물 줄기를 뜯어 먹었다. 몸무게는 작은 승용차만 했지만, 크기는 '리소위키아'라는 디키노돈트에 비하면 자그마했다. 리소위키아는 2018년에 발견되었는데 코끼리만 했다.

플라케리아스는 몸무게가 최대 2,000킬로그램에 달했을 수 있다.

40점 미국 애리조나의 한 곳에서 발견된 플라케리아스 뼈대의 수. 플라케리아스가 무리지어 살았다는 것을 나타낸다.

플라케리아스는 현생 하마와 비슷하게 많은 시간을 물에서 보냈을지 모른다.

> 플라케리아스는 **마지막으로 남은 디키노돈트** 중 하나였다. 이 집단은 트라이아스기 후기에 모두 사라졌다.

포유류의 조상
플라케리아스

- **생존 연대:** 2억 2000만~2억 1000만 년 전
- **사는 곳:** 평원
- **길이:** 2~3.5m
- **먹이:** 식물

굵고 짧은 꼬리
꼬리는 굵었지만, 전형적인 파충류의 꼬리보다 훨씬 짧았다.

강한 다리
플라케리아스는 아마 뒷다리로 서서 걸었을 것이다.

포유류의 조상

플라케리아스 같은 디키노돈트는 포유류의 조상이라고 불리곤 한다. 실제로 포유류는 디키노돈트의 친척인 키노돈트(키노돈류)에서 진화했다. 이들은 모두 단궁류라는 척추동물 집단에 속해 있다. 단궁류는 최초의 공룡이 진화하기 전인 약 2억 년 전 석탄기에 파충류와 갈라졌다.

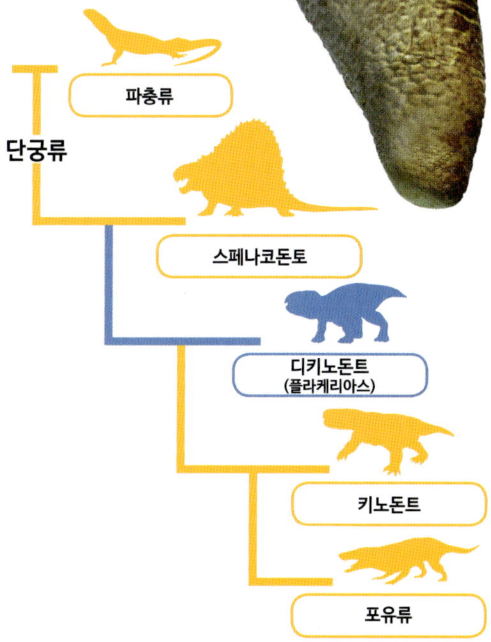

- 파충류
- 단궁류
  - 스페나코돈토
  - 디키노돈트 (플라케리아스)
  - 키노돈트
  - 포유류

트라이아스기의 생명 ○ 에오랍토르

트라이아스기	쥐라기	백악기	신생대
2억 5200만 년 전	2억 100만 년 전	1억 4500만 년 전	6600만 년 전 ─ 0

만능 이빨
에오랍토르의 이빨은 대부분 고기를 먹는 데 알맞게 뾰족하면서 굽은 칼날 모양이다. 하지만 턱 앞쪽의 이빨은 더 넓적해서 초식 공룡의 이빨에 가깝다. 따라서 에오랍토르는 식물과 동물을 다 먹었을 가능성이 높다.

10kg 에오랍토르의 몸무게 추정값. 작은 아이의 몸무게와 비슷하다. 뒤에 나올 거대한 공룡들에 비해 아주 가볍다!

폭넓은 시야
머리 양쪽에 달린 눈으로 아주 넓게 볼 수 있었다.

긴 목
긴 목은 용반류 공룡의 전형적인 특징이다.

먹이가 된 도마뱀
도마뱀 같은 작은 먹이를 쉽게 잡았을 것이다.

날카로운 손톱
손에는 날카로운 손톱이 달린 긴 손가락 세 개와 짧은 손가락 두 개가 달려 있었다.

튼튼한 발가락
튼튼한 발가락 세 개로 걸었지만, 발 뒤쪽에 발가락이 하나 더 있었다.

에오랍토르

최초의 공룡 중 하나였다. 여우만 한 작고 가볍고 날랜 동물이었고, 아마 생활 습성도 여우와 비슷했을 것이다. 이 시기의 공룡은 대부분 에오랍토르처럼 생겼다. 공룡은 시간이 더 흐른 뒤에야 다양한 형태로 진화했다.

이 동물의 뼈 화석은 1991년 아르헨티나의 트라이아스기 암석에서 발견되었다. 날카로운 이빨과 발톱을 가지고 있어서 곧 육식 공룡이란 걸 알 수 있었다. 이런 특징을 지닌 더 후대의 공룡은 대부분 수각류였기에, 발견자들은 에오랍토르도 수각류라고 생각했다. 즉 티라노사우루스 렉스 같은 거대한 사냥꾼들의 조상이라고 본 것이다. 그러나 에오랍토르 같은 초기 공룡이 더 후대의 공룡과 어떤 관계에 있는지를 놓고 전문가들 사이에는 지금도 의견이 갈린다. 이 작은 초기 공룡들이 목이 긴 거대한 초식성 용각류와 더 가깝다고 주장하는 이들도 있다.

에오랍토르는 '새벽 약탈자'라는 뜻이다. '새벽'은 아주 이른 아침 시간을 가리킨다.

공룡 진화 계통수에서 에오랍토르가 정확히 어디에 속하는지는 아직 불확실하다.

에오랍토르는 다리가 길어 빨리 달렸을 것이다.

공룡
에오랍토르

생존 연대: 2억 2800만~2억 1600만 년 전
사는 곳: 바위 사막
길이: 1m
먹이: 도마뱀, 작은 파충류, 식물

균형 잡는 꼬리
뒷다리로 달릴 때 긴 꼬리는 균형을 잡는 데 도움을 주었다.

흥분되는 발견
1993년, 폴 세레노 연구진은 첫 번째로 에오랍토르 표본을 발견하여 이름 붙였다. 세레노는 미국 고생물학자이자 화석 전문가로, 몇 차례 공룡 화석 탐사대를 이끈 바 있었다. 당시에 에오랍토르는 이제까지 발견된 화석 중 가장 오래된 공룡 화석이었다.

비늘 피부
대다수 파충류처럼 피부가 비늘로 덮여 있었을 것이다.

폴 세레노

저지르기 쉬운 실수
에오랍토르와 같은 시기에 같은 지역에 좀 더 큰 공룡인 헤레라사우루스도 살았다. 헤레라사우루스는 에오랍토르와 생김새가 아주 비슷했는데, 수각류였다. 그래서 에오랍토르 화석을 처음 조사한 과학자들은 에오랍토르도 수각류라고 생각했다. 이 시기에는 모든 공룡이 똑같이 두 다리로 걷는 형태였던 듯하다.

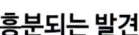 턱

 커다란 뒷다리

발톱 달린 발가락

헤레라사우루스 뼈대

달의 계곡
에오랍토르 화석들은 아르헨티나 이치괄라스토 국립공원에서 발견되었다. 헐벗은 암석의 단면이 그대로 드러나 있는 이 지역은 '달의 계곡'이라고 불린다. 꼭 달의 표면처럼 보이기 때문이다. 트라이아스기 후기에는 메마르고 혹독한 사막 같은 곳이었을 것이다.

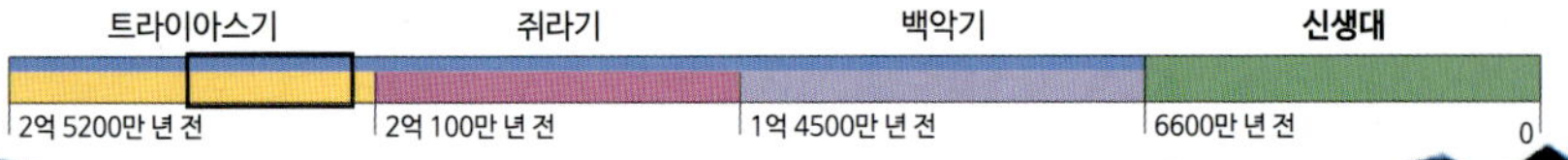

28 트라이아스기의 생명

좁은 주둥이
주둥이는 머리뼈 깊이에 비해서 유달리 좁았다.

무거운 머리뼈
힘센 근육이 붙어 있는 깊고 튼튼한 턱과 무거운 머리뼈를 지녔다. 대다수의 트라이아스기 육식 공룡보다 머리뼈가 훨씬 더 무거웠다.

계통수
포스토수쿠스 같은 라우이수쿠스류는 지배파충류 집단의 일부였다. 지배파충류는 익룡과 공룡도 속한 집단이다. 라우이수쿠스류는 지배파충류보다 먼저 출현했고, 크로커다일과 앨리게이터로 진화했다. 즉 현생 악어류의 가장 가까운 친척이었다.

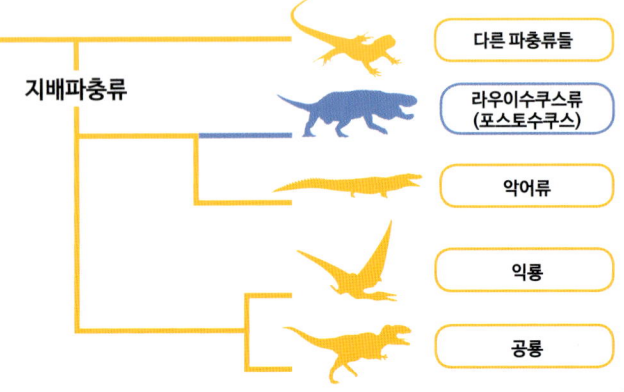

들쭉날쭉한 이빨
포스토수쿠스는 이빨들의 길이가 제각기 달랐다. 어느 정도는 이빨이 빠지고 계속 새로 나기 때문이기도 하다. 이빨은 빠질 때까지 계속 자라므로, 긴 이빨일수록 더 오래된 것이고, 짧을수록 새로 자란 것이다. 악어의 이빨(아래 사진)도 비슷한 방식으로 계속 새로 자란다.

바다악어

크고 날카로운 이빨
이빨은 고기를 자르기에 알맞게 날카롭고 톱니가 나 있었다.

짧은 팔
포스토수쿠스의 팔은 다리보다 짧고, 손에 손가락이 다섯 개 있었다.

포스토수쿠스

이 무시무시한 포식자는 공룡처럼 보이지만, 사실은 악어의 가까운 친척이다. 공룡 이전에 트라이아스기를 지배한 파충류 집단에 속했다.

트라이아스기 후기에 가장 크고 가장 강력한 육상 포식자는 '라우이수쿠스류'였다. 그중 포스토수쿠스는 가장 큰 편이었다. 아마 악어와 달리 육식 공룡과 비슷하게 뒷다리로 걸었을 것이고, 육식 공룡처럼 날랬을 수도 있다. 플라케리아스(24~25쪽) 같은 디키노돈트 등 눈에 보이는 모든 공룡을 잡아먹었을 것이다.

'포스토수쿠스'라는 이름은 '포스트에서 나온 악어'라는 뜻이다.
화석이 미국 텍사스 포스트 채석장에서 처음 발견되었기 때문이다.

300kg 포스토수쿠스 성체의 몸무게.
성인 남성 네 명의 몸무게와 비슷하다.

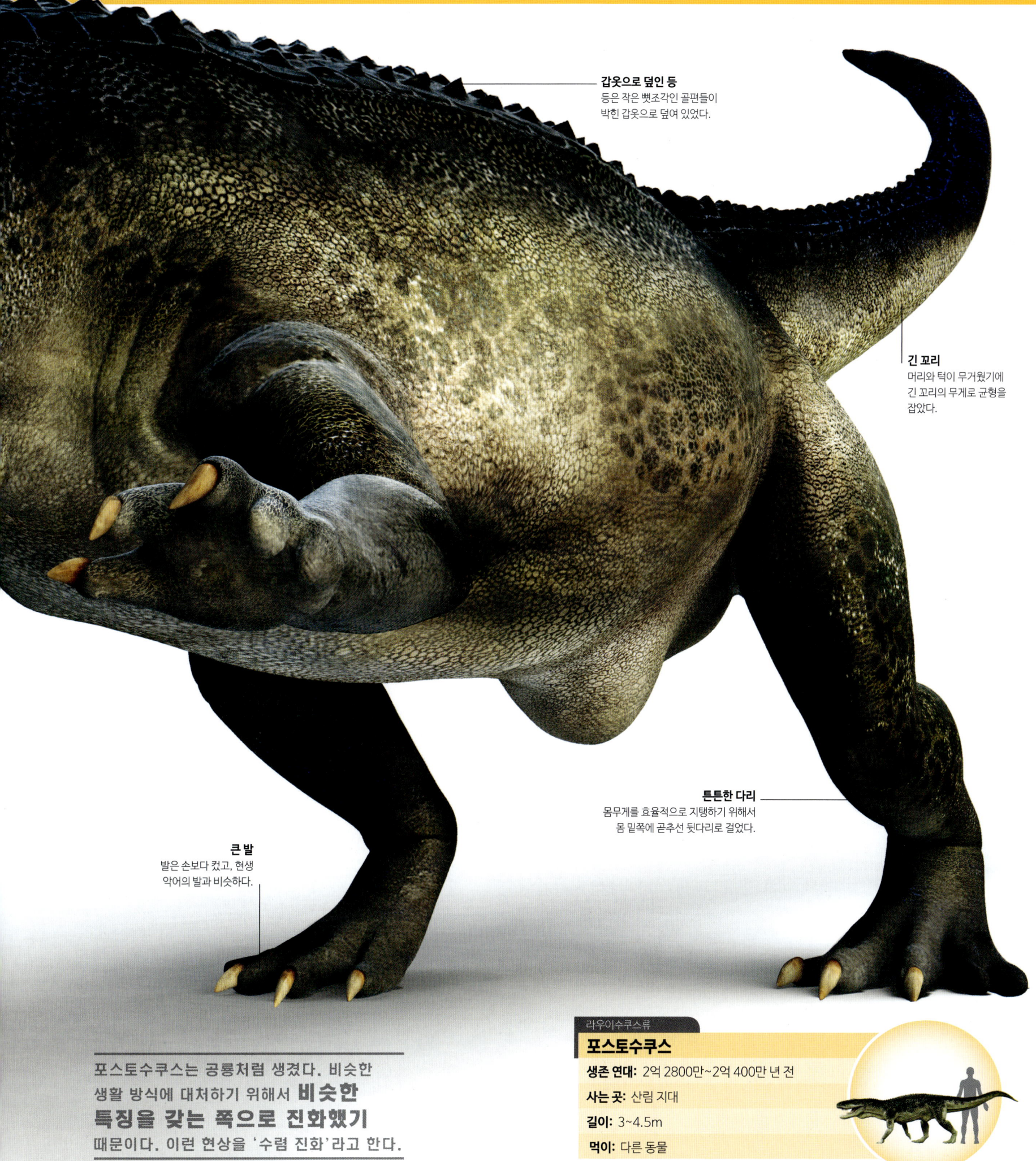

갑옷으로 덮인 등
등은 작은 뼛조각인 골편들이 박힌 갑옷으로 덮여 있었다.

긴 꼬리
머리와 턱이 무거웠기에 긴 꼬리의 무게로 균형을 잡았다.

튼튼한 다리
몸무게를 효율적으로 지탱하기 위해서 몸 밑쪽에 곧추선 뒷다리로 걸었다.

큰 발
발은 손보다 컸고, 현생 악어의 발과 비슷하다.

포스토수쿠스는 공룡처럼 생겼다. 비슷한 생활 방식에 대처하기 위해서 **비슷한 특징을 갖는 쪽으로 진화했기** 때문이다. 이런 현상을 '수렴 진화'라고 한다.

라우이수쿠스류
포스토수쿠스
생존 연대: 2억 2800만~2억 400만 년 전
사는 곳: 산림 지대
길이: 3~4.5m
먹이: 다른 동물

가짜 경보

나무 사이로 뚫고 들어온 빛줄기들이 숲 바닥을 환하게 비춘다. 거대한 용각류 한 마리가 뒷다리로 일어서서 나뭇잎을 한입 가득 뜯어 먹는다. 그 요란한 소리에 주변 동물들은 바짝 경계한다.

작은 포식자인 코엘로피시스는 소리가 어디에서 나는지 몰라서 겁을 먹는다. 코엘로피시스가 숨을 곳을 찾아 재빨리 달아나는 소리에 이끼 사이에서 곤충을 찾고 있던 작은 포유동물도 놀란다. 코엘로피시스는 육식 공룡이지만, 이 트라이아스기 숲을 어슬렁거리는 자신보다 더 큰 포식자와 마주치고 싶지는 않을 것이다.

넓은 시야
눈이 머리 양옆으로 높게 달려 있어서, 적이 오는지 잘 볼 수 있었다.

유연한 목
목이 길고 유연해서 높은 나무의 잎도 뜯을 수 있었다.

자르는 이빨
위턱의 나뭇잎 모양의 이빨은 아래턱의 가윗날 모양의 이빨과 겹치면서 식물을 잘랐다.

굳게 디딘 발
플라테오사우루스는 튼튼한 뒷다리의 발가락 다섯 개로 섰고, 아마 아주 빨리 달릴 수 있었을 것이다. 안쪽 발가락뼈가 훨씬 더 길고 튼튼했으며, 억센 발톱이 나 있었다.

35점 독일 남부의 한 채석장에서 발견된 거의 완전히 보존된 플라테오사우루스의 뼈대 수. 주위에 흩어진 뼈들도 조사한 결과, 같은 자리에서 적어도 70마리가 더 죽은 것으로 드러났다.

몇몇 플라테오사우루스 성체는 다른 개체들보다 **몸집이 두 배**나 더 컸다. 공룡에게는 매우 드문 일이다.

트라이아스기	쥐라기	백악기	신생대
2억 5200만 년 전	2억 100만 년 전	1억 4500만 년 전	6600만 년 전

공룡

플라테오사우루스

- **생존 연대:** 2억 1600만~2억 400만 년 전
- **사는 곳:** 숲과 습지
- **길이:** 10m
- **먹이:** 식물

소화계
커다란 몸통에는 식물을 소화하기 위해 커다란 소화계가 들어 있었다.

균형 잡는 꼬리
힘센 뒷다리로 걸을 때 크고 무거운 꼬리로 균형을 잡았다.

엄지

움켜쥐는 손
손은 몸무게를 지탱하기보다는 먹이를 움켜쥐는 쪽으로 적응했다. 손에는 손가락이 네 개 있었고, 세 개에는 손톱이 나 있었다. 엄지에는 유달리 강한 손톱이 나 있었는데, 방어 무기로 썼을 수도 있다.

진화
플라테오사우루스는 식물을 먹는 쪽으로 적응해 있었지만, 아마 에오랍토르(26~27쪽) 같은 작은 육식 공룡에서 진화했을 것이다. 에오랍토르의 두 다리로 선 자세, 짧은 팔, 잘 움직이는 손을 물려받았지만, 초식 공룡의 이빨과 소화계를 지녔다.

공룡 묘지
플라테오사우루스 화석은 유럽의 50여 곳에서 발견되었는데, 특히 세 곳에서는 엄청나게 많은 뼈가 나왔다. 왜 한곳에서 그렇게 많이 죽었는지 불분명하지만, 늪의 진흙에 빠졌다가 못 나왔을 가능성이 높다.

끈적거리는 덫
플라테오사우루스 무리는 늪에서 먹이를 찾다가 끈적거리는 깊은 진흙 구덩이에 빠진다.

운 좋은 탈출
가벼운 동물은 늪에서 탈출하지만, 더 크고 무거운 동물은 벗어날 수 없다. 몸부림을 칠수록, 더 깊이 가라앉는다.

화석화
진흙 속에 가라앉아 죽는 바람에 청소동물의 먹이가 되지 않는다. 수백만 년이 흐르는 동안 화석이 된다.

플라테오사우루스

최초로 발견된 공룡 화석에 속한다. 이 초식 공룡은 용각형류였다. 지구에 살았던 가장 큰 육상 동물인 목이 긴 용각류와 가장 가까운 집단에 속했다.

이런 초기 용각형류는 용각류보다 더 작고 가벼웠지만, 플라테오사우루스는 그중 가장 큰 편이었다. 플라테오사우루스는 뒷다리로 걸었고 손으로 먹이를 움켜쥐었다. 플라테오사우루스는 현재의 유럽 북부와 중부 지역에서 아주 흔했던 듯하다. 과학자들은 1834년 독일에서 첫 화석이 발견된 이래로 아주 잘 보존된 화석 뼈대를 100점 넘게 발견했다.

복잡한 이빨

에우디모르포돈은 턱 끝에 바늘 같은 이빨이 있었고, 그 옆으로 더 작고 끝이 여러 군데 삐죽 솟아 있는 먹이를 자르는 데 알맞은 긴 칼날 모양의 이빨들이 많이 나 있었다.

날카로운 손톱

손가락에는 날카로운 손톱이 나 있었다.

날개 구조

익룡의 날개는 피부를 많은 가늘고 유연하면서 뻣뻣한 섬유질로 보강한 형태다. 이 뻣뻣한 피부막에 근육이 판처럼 겹쳐져 있었다. 이 근육으로 날개의 모양을 바꾸면서 효율적으로 날 수 있었다. 또 근육에 에너지와 산소를 공급하는 혈관도 그물처럼 퍼져 있었다.

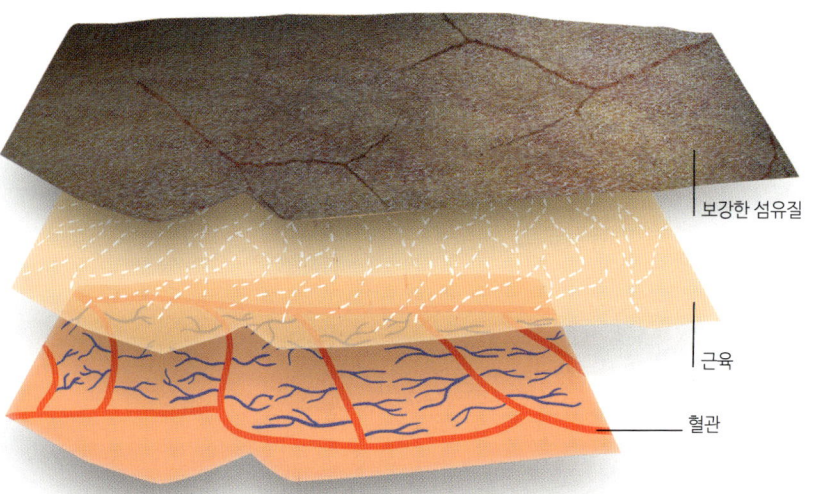

- 보강한 섬유질
- 근육
- 혈관

트라이아스기 어류인 디켈로피게의 화석

먹이가 된 물고기

익룡의 뾰족한 이빨은 펄떡이는 미끈거리는 물고기를 잡는 데 알맞았고, 에우디모르포돈 화석의 위장에는 트라이아스기 어류 화석에서 볼 수 있는 것과 매우 흡사한 비늘들이 있다. 물고기를 주로 먹었다는 뜻이다.

에우디모르포돈 화석은 1973년에 처음 발견되었다.

에우디모르포돈은 먹이를 통째로 삼키는 대신에 자르고 씹을 수 있었다.

110개 에우디모르포돈의 무시무시한 긴 턱에 난 이빨 수.

뼈로 된 긴 꼬리
모든 트라이아스기 익룡은 뼈로 된 긴 꼬리를 지녔다.

박쥐형 날개
생김새가 박쥐의 날개와 비슷하지만, 익룡의 날개는 더 복잡했고 아마 더 효율적이었을 것이다.

짧은 다리
다리가 아주 짧았기에, 아마 에우디모르포돈은 땅에서는 사냥하지 않았을 것이다.

꼬리 끝
꼬리 끝에 깃발처럼 달린 구조물은 과시용이었을지도 모른다.

익룡
에우디모르포돈

생존 연대: 2억 1600만~2억 300만 년 전
사는 곳: 연안 숲
날개폭: 1m
먹이: 물고기

에우디모르포돈

중생대에는 공룡뿐 아니라 '익룡'이라는 매우 흥미로운 동물도 살았다. 익룡은 하늘을 나는 파충류였다. 에우디모르포돈은 지금까지 발견된 하늘을 나는 사냥꾼 중 가장 오래된 종에 속한다.

에우디모르포돈은 까마귀만 했고, 뼈로 된 긴 꼬리와 날카로운 이빨이 가득한 긴 턱을 비롯하여 초기 익룡의 전형적인 특징을 갖추고 있었다. 다른 모든 익룡들처럼 늘어난 피부와 얇은 근육으로 이루어진 날개로 날았다. 날개는 팔뼈와 아주 길어진 한 개의 '날개 손가락', 그리고 빳빳한 섬유질로 지탱했다. 나머지 세 손가락은 날개가 굽는 부위에서 움켜쥘 수 있는 손을 만들었다. 날개가 길었으므로 잘 날면서 공중에서 사냥을 했을 수도 있다.

이사노사우루스

가장 유명한 공룡 중에는 네 다리로 엄청난 몸무게를 떠받치면서 걷는 목이 아주 긴 거대한 용각류도 있다. 이사노사우루스는 최초의 용각류 중 하나였다. 더 뒤에 나타난 거대한 종들에 비해 작긴 했지만, 기본적으로 몸의 형태는 같았다.

최초의 용각형류는 작고 민첩한 동물이었다. 초기 용각형류로부터 플라테오사우루스(32~33쪽) 같은 더 크고 더 무거운 초식 공룡이 진화했지만, 플라테오사우루스도 여전히 두 다리로 걸었다. 트라이아스기 말에야 원시용각류는 이사노사우루스 같은 진정한 용각류로 바뀌었다. 용각류는 네 다리로 걸었지만, 높은 곳의 먹이를 먹을 때에는 뒷다리로 일어설 수 있었다.

높이 치켜든 꼬리
꼬리뼈에 붙은 강한 힘줄로 꼬리를 땅에서 높이 치켜들었다.

다리뼈
이전의 원시용각류에 비해 허벅지뼈가 덜 굽어 있다. 이는 이사노사우루스가 뒷다리가 아니라 굵은 기둥 같은 네 다리로 걷는 쪽으로 적응했음을 말해 준다.

강한 다리
거대한 뒷다리로 몸무게를 대부분 지탱했다.

몸을 쭉
이사노사우루스는 네 다리로 걸은 것이 거의 확실하지만, 높이 달린 나뭇잎을 뜯어 먹기 위해서 굵은 뒷다리로 일어서기도 했을 것이다. 앞다리는 뒷다리보다 덜 무거웠으며, 몸을 지탱하기 위해서 나뭇가지를 움켜쥘 수 있는 손가락이 달려 있었다. 중생대 후기에 진화한 많은 용각류는 이렇게 일어서서 나뭇잎을 뜯어 먹곤 했다.

이사노사우루스의 화석은 뼈 몇 점밖에 발견되지 않았지만, 다리뼈는 이 공룡이 **네 다리로 걸었다고** 말해 준다.

이사노사우루스의 화석 표본은 한 점뿐인데 아직 덜 자란 개체였다. 그래서 얼마나 크게 자랐을지 알지 못한다.

이사노사우루스는 화석이 발견된 태국 북동부 이산 지역의 이름을 땄다.

공룡
이사노사우루스

- **생존 연대:** 2억 1900만~1억 9900만 년 전
- **사는 곳:** 산림 지대
- **길이:** 6m
- **먹이:** 나뭇잎

삐죽삐죽한 볏
등에 가시 같은 볏이 나 있었을 수도 있다.

짧은 목
더 나중에 출현한 용각류에 비해 목이 짧았다.

단순한 이빨
머리뼈와 턱뼈는 발견되지 않았지만, 아마 작고 단순한 이빨을 지녔을 것이다.

잘 움직이는 손가락
걷는 쪽으로 적응하긴 했지만, 여전히 손가락을 잘 움직였다.

굵은 몸통
거대한 몸통에는 먹이인 나뭇잎을 소화하는 커다란 소화계가 들어 있었을 것이다.

무리지어 다니기
발자국 보행렬 화석은 나중에 출현한 용각류 중 상당수가 현생 물소들처럼 무리지어 다녔음을 보여 준다. 이사노사우루스도 육식성 수각류 같은 적으로부터 서로를 보호하고자 무리를 지었을 것이다.

코엘로피시스는 닭처럼 Y자형 뼈인 차골을 지닌 공룡 중 가장 오래된 종류였다.

턱 끝
날카로운 이빨이 낚싯바늘처럼 안쪽으로 굽어 있어서, 작은 먹이를 잡는 데 딱 맞았다.

톱니가 난 이빨
이빨은 아주 작았지만, 스테이크 칼처럼 날카롭고 가장자리에 톱니가 나 있었다.

유연한 목
잘 움직이는 긴 목을 써서 턱을 어떤 방향으로도 돌릴 수 있었다.

좁은 머리뼈
코엘로피시스는 작은 동물을 사냥하는 데 알맞게 주둥이가 좁고 턱이 얕았다. 그러나 큰 먹이도 잡았다.

손가락
손에는 긴 손가락 세 개와 아주 짧은 네 번째 손가락이 있었다.

코엘로피시스

이 홀쭉하고 가벼운 사냥꾼은 최초의 수각류 중 하나였다. 수각류는 주로 육식 공룡으로 이루어진 집단으로서, 중생대의 가장 강력한 육상 포식자는 모두 수각류였다.

모든 수각류처럼 코엘로피시스도 뒷다리로 서서 달렸고, 체형이 날렵한 것으로 볼 때 아주 빨리 달릴 수 있었을 것이다. 팔은 먹이를 움켜쥐는 데 적응했고, 잘 움직이는 강한 손가락 세 개가 달린 손으로 먹이를 움켜쥘 수 있었다. 그러나 이 공룡은 먹이를 잡을 때 아마 길고 좁고 가벼운 턱을 주로 썼을 것이다. 턱이 도마뱀, 초기 포유류, 커다란 곤충 같은 작은 동물을 잡기에 알맞았다. 특히 위턱 끝에 난 이빨은 굴을 파는 작은 동물을 구멍에서 끌어내기 위해 적응한 것일 수도 있다.

고스트랜치 뼈층

코엘로피시스가 꽤 많이 알려진 이유는 1947년 미국 뉴멕시코 고스트랜치의 '뼈층'에서 수백 구의 뼈대가 함께 발견되었기 때문이다. 이곳에서 왜 그렇게 많은 코엘로피시스가 한꺼번에 죽었는지는 잘 모른다. 가뭄 때 코엘로피시스 무리가 샘을 찾았다가 갑작스럽게 찾아온 폭풍우로 홍수가 일어나면서 익사했을지도 모른다.

한곳에 모이다
뜨거운 여름날, 목마른 코엘로피시스 무리들이 아직 물이 남아 있는 곳에 모인다.

치명적인 물결
거대한 폭풍우로 폭우가 쏟아진다. 물이 밀려들면서 모든 공룡이 빠져 죽는다.

화석 증거
홍수로 밀려든 진흙에 공룡들이 묻힌다. 수백만 년 동안 진흙은 굳어서 암석이 되고, 뼈는 화석이 된다.

함께 사냥하기
고스트랜치 화석을 통해 알 수 있듯이, 코엘로피시스가 무리 지어 살았다면, 사냥을 함께해서 더 큰 먹이도 잡았을 수 있다. 예를 들어, 늑대 무리는 힘을 모아 위험한 사향소를 함께 공격한다. 혼자라면 감히 공격하지 못할 것이다. 그런데 늑대는 코엘로피시스보다 훨씬 영리하기에, 사냥 전술은 달랐을지 모른다.

트라이아스기	쥐라기	백악기	신생대
2억 5200만 년 전	2억 100만 년 전	1억 4500만 년 전	6600만 년 전 · 0

1998년 이 해에 **코엘로피시스의 머리뼈가** 우주 왕복선 **엔데버호에 실려서 우주로 향했다.**

500점
미국 뉴멕시코 고스트랜치에서 발굴된 코엘로피시스 뼈대의 수.

공룡
코엘로피시스
- **생존 연대**: 2억 1600만~2억 년 전
- **사는 곳**: 사막 평원
- **길이**: 3m
- **먹이**: 다른 동물들

위장 속
몇몇 코엘로피시스 뼈대 화석의 위장 부위에는 먹이의 잔해가 남아 있다. 어린 코엘로피시스의 뼈처럼 보이는 것도 있었는데, 처음에는 동족을 잡아먹은 증거로 보았다. 나중에야 악어형 파충류의 뼈임이 드러났지만, 그래도 코엘로피시스가 정말로 동족을 잡아먹었을 가능성은 있다. 2009년에 발견된 성체의 머리뼈 안에서 새끼 코엘로피시스의 뼈가 나오기도 했다.

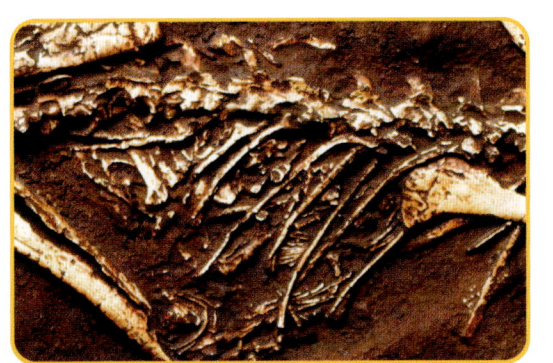

긴 꼬리
두 다리로 선 공룡들이 거의 다 그랬듯이, 코엘로피시스도 긴 꼬리로 균형을 잡았다.

질긴 피부
피부는 작은 보호 비늘로 덮여 있었을 것이다. 하지만 깃털을 지녔을지도 모른다.

졸졸 따라다니기
무리지어 사냥을 했기에 새끼는 부모 뒤를 졸졸 따라다니면서 배웠을 것이다.

튼튼한 발가락
코엘로피시스는 굵은 발톱이 달린 발가락 세 개로 섰다. 발 안쪽에 있는 훨씬 작은 네 번째 발가락은 땅에 닿지 않았다.

쥐라기의 생명

트라이아스기의 대부분 동안 공룡은 그다지 눈에 띄지 않는 야생 동물이었다.
그러나 쥐라기에는 땅을 뒤흔드는 거대한 공룡부터 깃털로 덮인 까마귀만 한
날랜 사냥꾼에 이르기까지, 공룡은 아주 다양한 형태로 진화했다.
이제 공룡이 온갖 동물로 가득한 세상을 지배하기에 이르렀다.

쥐라기 세계

중생대의 쥐라기는 2억 100만 년 전부터 1억 4500만 년 전까지 이어졌다. 이 시기에 초대륙 판게아가 둘로 쪼개지면서, 기후가 변하고 훨씬 더 많은 지역이 무성한 식생으로 뒤덮였다. 식물이 무성해지자, 식물을 먹는 다양한 동물들이 진화했다. 특히 공룡들이 수가 불어나면서 육지의 지배자가 되었다. 거대한 초식 공룡, 다른 동물을 잡아먹는 강력한 사냥꾼인 육식 공룡, 최초의 조류로 진화한 깃털 달린 작은 공룡 등이었다.

로라시아

북아메리카는 거의 바닷물에 둘러싸여 있었다. 바다가 로라시아를 곤드와나로부터 밀어내면서 북대서양이 열리고 있었다.

북아메리카

태평양

테티스해 서쪽으로 북아메리카와 아프리카 사이의 지각이 갈라져 열곡이 생겨나서 계속 벌어졌다. 그리하여 '원시 대서양'이 생겨났다.

남아메리카

곤드와나

곤드와나도 거대한 땅덩어리였고, 중앙에는 사막이 있었다. 이곳에서는 로라시아와 다른 방향으로 동물들이 진화했다.

두 개의 초대륙

초대륙 판게아는 트라이아스기에 쪼개지기 시작했고, 쥐라기에는 완전히 둘로 나뉘었다. 북쪽의 초대륙 로라시아와 남쪽의 초대륙 곤드와나가 되었다. 양쪽 사이에는 열대의 테티스해가 있었다. 바닷물이 대륙의 가장자리와 내륙까지 밀려들면서 수많은 섬이 생겨났다.

2억 100만~1억 4500만 년 전
쥐라기의 대륙과 대양

환경

트라이아스기는 대량 멸종으로 끝났다. 이전의 대량 멸종만큼 심각하지는 않았지만, 당시 살던 종의 약 절반이 죽었다. 멸종의 원인은 잘 모르지만, 환경에 미친 영향은 아주 오래 지속되지 않았다. 곧 육지와 바다에서 생명이 다시 번성하기 시작했다.

기후

판게아가 둘로 나뉘면서 기후에 극적인 변화가 일어났다. 바다를 접한 지역이 늘면서, 기후가 더 습하고 더 온화한 곳이 늘어났다. 쥐라기 전기와 중기는 아주 따뜻했지만, 후기에는 기온이 더 낮아졌다.

세계 평균 기온
16.5 °C

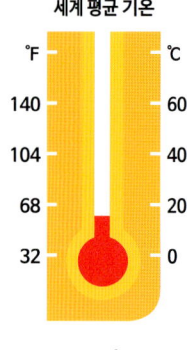

온대 우림
따뜻하고 습한 쥐라기에 숲은 대개 양치류가 무성하게 자란 형태였다. 숲은 이 시기에 진화한 대형 초식 공룡들에게 풍부한 먹이를 제공했다.

열대 섬
기후가 더 따뜻해지면서 해수면이 올라갔다. 대륙 중 일부가 따뜻한 얕은 바다에 잠기면서 열대 섬이 점점 생겨났다.

대		중 생 대	
기	트라이아스기	쥐라기	
시간	2억 5200만 년 전	2억 100만 년 전	1억 4500만 년 전

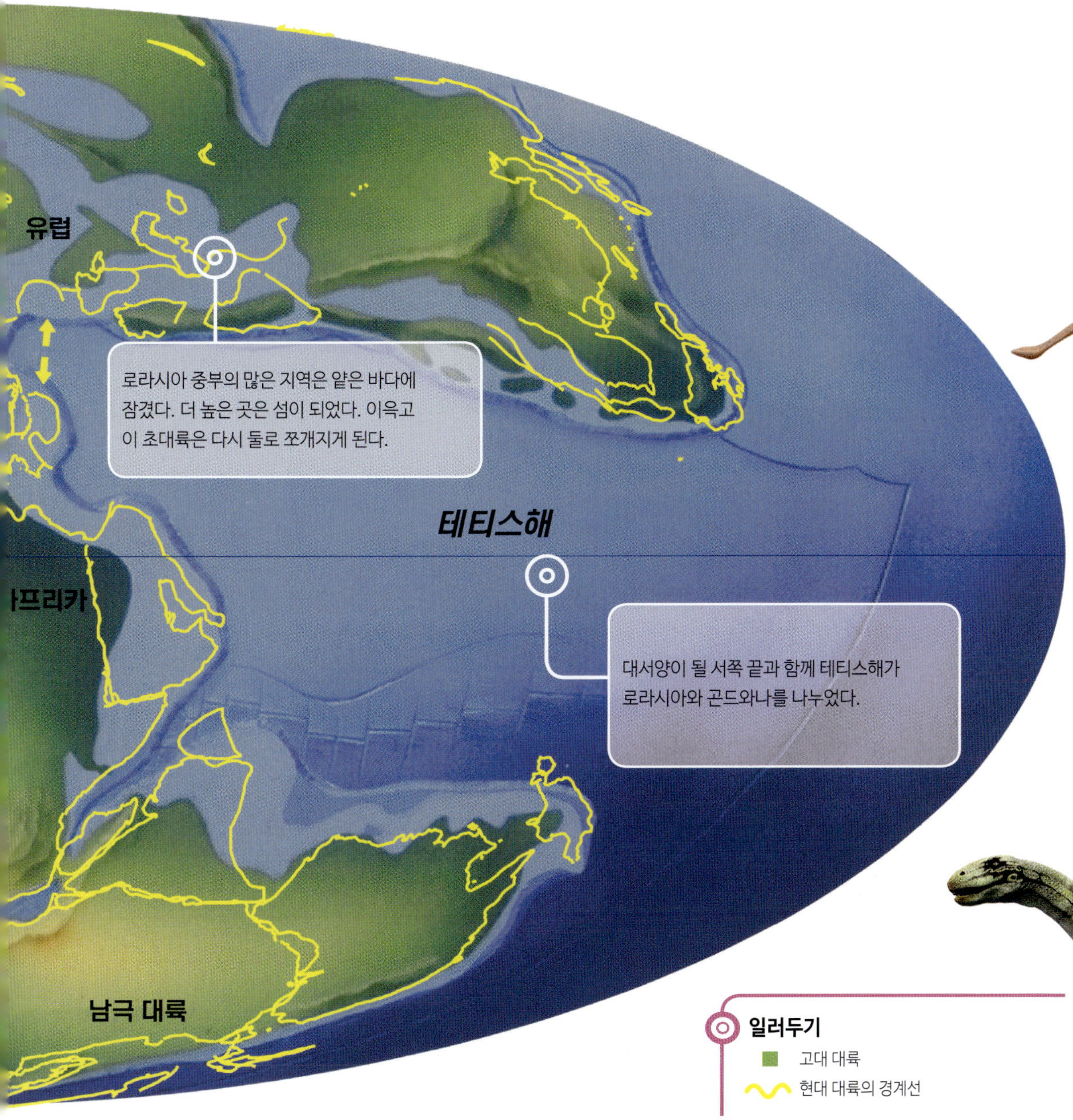

동물

트라이아스기 말의 멸종으로 많은 동물이 사라졌지만, 생존자들은 곧 따뜻하고 습한 기후에서 번성하기 시작했다. 특히 공룡은 주요 파충류 경쟁자들이 사라짐으로써 큰 이득을 보았다. 공룡은 곧 익룡과 함께 육지의 동물 세계를 지배하게 되었다.

킬린드로테우티스 (커다란 벨렘나이트)

해양 무척추동물
대륙 가장자리의 얕은 대륙붕은 암모나이트와 벨렘나이트(오징어의 멸종한 친척) 같은 해양 동물들이 우글거리는 서식지였다.

육상 무척추동물
잠자리 리벨룰리움 같은 곤충이 거미 같은 무척추동물들과 함께 쥐라기의 무성한 숲을 누볐다. 그러나 벌과 나비처럼 꽃꿀을 빠는 곤충은 아직 없었다.

리벨룰리움

거대한 공룡
공룡은 거대한 바라파사우루스 같은 거대한 용각류, 판으로 덮인 스테고사우루스류, 강력한 육식성 수각류, 최초의 원시 조류 등으로 다양하게 진화했다.

로라시아 중부의 많은 지역은 얕은 바다에 잠겼다. 더 높은 곳은 섬이 되었다. 이윽고 이 초대륙은 다시 둘로 쪼개지게 된다.

유럽

아프리카

테티스해

대서양이 될 서쪽 끝과 함께 테티스해가 로라시아와 곤드와나를 나누었다.

남극 대륙

일러두기
- 🟩 고대 대륙
- 〰️ 현대 대륙의 경계선

바라파사우루스

식물
트라이아스기보다 쥐라기에 식물은 더 무성해지고 더 널리 퍼졌지만, 그 외에는 달라진 것이 거의 없었다. 아직까지 꽃식물도 풀도 없었다. 다양한 은행나무, 소철, 침엽수가 드넓은 숲을 이루고 있었다.

양치류
따뜻하고 습한 쥐라기 기후는 그늘진 숲에서 번성하는 원시적이지만 잘 적응한 식물이 자라기에 딱 좋았다.

침엽수
키 큰 침엽수림이 드넓게 펼쳐져 있었다. 현재의 칠레소나무와 아주 비슷한 종류도 있었다.

소철류
야자수처럼 생긴 소철류는 쥐라기 숲에 흔했다. 많은 공룡 화석과 함께 발굴된다.

은행나무류
부채 모양의 잎 화석은 은행나무가 쥐라기 내내 널리 퍼져 있었음을 말해 준다.

해양 파충류
이크티오사우루스류, 플레시오사우루스류, 다코사우루스 같은 해양 파충류는 바다에 우글거리는 해양 동물들을 사냥했다. 다코사우루스는 악어의 먼 친척이다.

다코사우루스

백악기	신 생 대

6600만 년 전   0

쥐라기의 생명 ○ 메가조스트로돈

메가조스트로돈

생쥐만 한 이 동물은 최초의 포유류 중 하나였다. 쥐라기가 시작될 때, 즉 공룡이 육지의 지배자로 등장하기 시작할 때에 살았다.

메가조스트로돈은 초기 포유류였기에 일부 전문가는 이 종이 진정한 포유류와 키노돈트 조상의 연결 고리라고 본다. 그러나 이 종은 모양이 제각기 다르고 하는 일도 제각기 달라 자르고, 뚫고, 끊고, 씹을 수 있는 이빨 집합과 털을 지니는 등 진정한 포유류의 특징을 대부분 갖추고 있었다. 이 종은 지렁이, 곤충, 거미, 현생 땃쥐와 아주 비슷하게 생긴 작은 동물을 잡아먹었을 것이다.

어둠 속에서 보고 사냥하는 모든 포유류처럼, 메가조스트로돈도 아마 **색깔은 잘 보지 못했을** 수 있다.

예민한 귀
뇌의 구조는 메가조스트로돈이 청각이 뛰어났음을 보여 준다.

커다란 눈
적들이 잠자는 밤에 사냥하기 좋은 커다란 눈을 지녔다.

이빨
날카로운 이빨은 작은 동물을 물어뜯는 데 적합했다.

우리가 **이 종에 관해 아는 내용은** 대부분 **뇌의 모양을** 토대로 추정한 것이다.

이 작은 포유류는 낮에는 **굴속에서 숨어 지냈을 가능성이 높다.**

메가조스트로돈의 **주된 적은** 아마 **작은 육식 공룡이었을** 것이다.

털로 덮인 몸
두꺼운 털은 체온 손실을 막아서 생활하는 데 필요한 에너지를 절약하도록 돕는다.

위장색
적에게 들키지 않도록 잘 위장된 털 색깔을 지녔을 것이다.

분화한 이빨
턱에는 네 종류의 이빨이 났다. 끊는 앞니, 뾰족한 송곳니, 좀 큰 앞어금니, 먹이를 씹는 어금니였다.

앞니 　 앞어금니

송곳니 　 어금니 　 아래턱

알 낳는 포유류
메가조스트로돈은 포유류이긴 하지만, 껍데기가 가죽질인 알을 낳았을 것이다. 오스트레일리아의 오리너구리처럼 현생 포유류 중에도 알을 낳는 종류가 몇 종 있다. 알에서 깨어난 작고 이빨 없는 새끼는 어미의 젖을 먹었을 것이다.

발가락이 다섯 개인 발
날카로운 발톱이 달린 다섯 개의 발가락으로 먹이를 꽉 짓눌렀다.

낮게 웅크리기
메가조스트로돈은 땅에 낮게 웅크렸다가 펄쩍 뛰어올라서 위험에서 벗어나곤 했다.

비늘로 덮인 꼬리
메가조스트로돈은 현생 쥐와 비슷하게 털이 없이 비늘로 덮인 꼬리를 지녔을 것이다.

포유류
메가조스트로돈
- **생존 연대:** 1억 9900만~1억 9600만 년 전
- **사는 곳:** 산림 지대
- **길이:** 10cm
- **먹이:** 작은 동물

쥐라기의 생명

헤테로돈토사우루스

공룡보다 포유류에 더 가까운 이빨을 지닌 이 칠면조만 한 동물은 가장 수수께끼 같은 공룡 중 하나다. 과학자들은 이 공룡이 무엇을 먹었는지, 공룡 진화 역사의 어디에 끼워지는지도 아직 알지 못한다.

전형적인 공룡은 매우 비슷비슷하게 생긴 한 종류의 이빨만을 지니지만, 헤테로돈토사우루스는 포유류처럼 세 종류의 이빨을 지닌다. 위턱에 난 짧은 앞니, 두 쌍의 긴 송곳니, 끌 같은 여러 어금니다. 또 부리도 지녔다. 마치 작은 동물부터 질긴 식물에 이르기까지 모든 것을 먹기 위해서인 듯하다. 아마도 오늘날의 멧돼지와 비슷하게 먹이가 될 만한 것들은 닥치는 대로 다 먹었을 것이다. 그러나 긴 송곳니가 경쟁자와 영역 싸움을 할 때 무기로 쓰였을 가능성도 있다.

커다란 눈
눈이 큰 것으로 보아서, 더 안전한 밤에 주로 활동했을 듯하다.

튼튼한 다리
작고 가벼운 헤테로돈토사우루스는 빨리 달리는 데 알맞은 길고 튼튼한 뒷다리를 지녔다.

날카로운 이빨
아래턱 송곳니는 아주 길었고, 위턱 양옆에 그 송곳니가 끼워지는 특수한 홈까지 있었다. 어금니는 가윗날처럼 작용했고, 아마 식물을 자르는 데 적응했을 것이다.

이 공룡이 긴 이빨을 고대 흰개미 둥지를 부수는 데 썼을 가능성도 있다.

헤테로돈토사우루스는 '**다른 이빨을 지닌 도마뱀**'이라는 뜻이다.

헤테로돈토사우루스가 수각류처럼 날카로운 이빨로 **아주 큰 동물을 잡아서** 찢어 먹는 사냥꾼이라고 보는 이들도 있다.

긴 꼬리
이 날랜 동물은 뒷다리로 달릴 때 긴 꼬리로 균형을 잡았다.

센털
피부는 포유류의 털과 비슷한 거칠고 긴 센털로 덮여 있었을 것이다.

거의 완전한 화석
1976년 남아프리카에서 헤테로돈토사우루스의 거의 완전한 뼈대가 발견되었다. 거의 살아 있을 때 모습 그대로 모든 뼈들이 제자리에 놓인 채 발견된 가장 완벽한 공룡 화석 중 하나였다. 이처럼 '완벽하게 갖추어진' 화석 뼈는 아주 드물다. 이런 완벽한 뼈대는 과학자들이 그 동물과 그 친척들의 해부 구조를 이해하는 데 중요한 역할을 한다.

과시용 형질?
사향노루와 개코원숭이 같은 몇몇 현생 초식성 포유류 수컷들은 송곳니가 길다. 수컷들은 송곳니를 과시하면서 영역과 짝을 놓고 서로 싸운다. 헤테로돈토사우루스도 그랬을 수 있지만, 그렇다면 지금까지 발견된 화석이 모두 수컷이라는 의미가 될 수도 있다. 그렇다면 암컷은 어떤 모습이었을까?

움켜쥐는 손
유달리 긴 손은 움켜쥘 수 있었다. 다섯 개의 손가락에는 튼튼하고 굽은 손톱이 자랐다.

공룡
헤테로돈토사우루스
생존 연대: 2억~1억 9000만 년 전
사는 곳: 관목지
길이: 1m
먹이: 식물, 덩이줄기, 곤충

날카로운 부리
짧은 부리는 식물을 끊어내기 알맞게 끝이 날카로웠다.

이빨과 턱
더 후기의 장순류처럼, 이 공룡도 질긴 식물을 씹는 데 쓰이는 단순한 나뭇잎 모양의 어금니를 지녔다. 스켈리도사우루스는 턱관절도 짧아서 이빨을 위아래로만 움직일 수 있었다.

갑옷 피부
케라틴으로 덮인 뼈로 된 혹이 줄줄이 늘어서서 갑옷을 이루었다. 적이 공격했다가 이빨이 부러질 수 있었다.

트라이아스기	쥐라기	백악기	신생대
2억 5200만 년 전	2억 100만 년 전	1억 4500만 년 전	6600만 년 전 — 0

과학적으로 설명되고 이름이 붙여진 **최초의 공룡** 중 하나였다.

스켈리도사우루스

네발로 걷는 이 땅딸막한 공룡은 '장순류'라는 집단에 속했다. 장순류는 날카로운 이빨의 굶주린 포식자에 맞서 뼈로 된 딱딱한 방어 수단을 갖춘 부리 달린 초식 공룡이었다.

공룡
스켈리도사우루스
- **생존 연대:** 1억 9600만~1억 8300만 년 전
- **사는 곳:** 숲
- **길이:** 4m
- **먹이:** 낮게 자라는 식물

쥐라기 전기에 초식 공룡의 주된 적은 칼날처럼 가장자리가 날카로운 이빨을 갖춘 가벼운 사냥꾼들이었다. 그런 이빨은 부드러운 살을 가르는 데 알맞았지만, 단단한 뼈에 부딪히면 부러지기 쉬웠다. 그래서 피부에 '골편'이라는 작은 뼈판이 박혀 있는 공룡 집단이 진화하게 되었다. 스켈리도사우루스는 그런 갑옷 공룡 중 가장 먼저 출현한 종이다.

최초로 발견된 스켈리도사우루스 화석 뼈는 **100년 넘게** 단단한 석회암 안에 박힌 채 남아 있었다. 1960년대에 비로소 과학자들은 주변 암석을 산으로 녹이기로 결정했다.

뛰어난 시력
눈 위치가 높아서 넓게 잘 볼 수 있다.

가시 달린 꼬리
꼬리에 난 가장자리가 날카로운 뼈판은 유용한 방어 무기였다.

뭉툭한 발톱
뒷발에는 네 개의 긴 발가락이 있고, 발가락에는 단단한 발톱이 나 있었다. 발톱의 뼈로 된 심 부분만 화석으로 남았지만, 우리의 손톱을 이루는 물질인 케라틴이 그 위를 훨씬 더 길게 덮고 있었을 것이다.

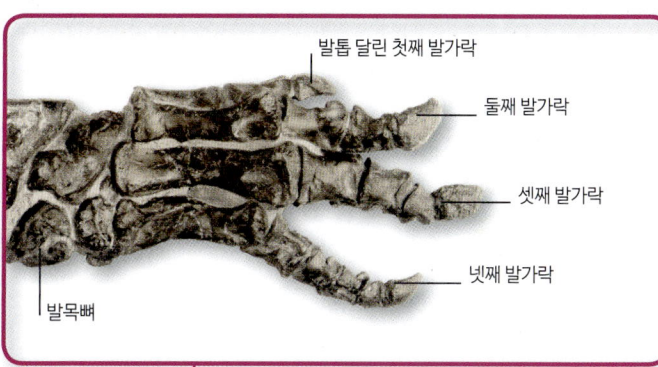

발톱 달린 첫째 발가락 / 둘째 발가락 / 셋째 발가락 / 넷째 발가락 / 발목뼈

굵은 앞다리
길고 튼튼한 앞다리는 이 동물이 네발로 걸었음을 보여 준다.

스쿠텔로사우루스 — 스켈리도사우루스

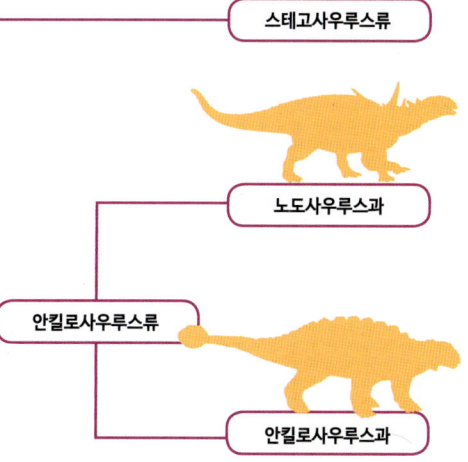

스테고사우루스류 / 노도사우루스과 / 안킬로사우루스류 / 안킬로사우루스과

장순류의 진화
스쿠텔로사우루스 같은 최초의 장순류는 두 다리로 걸었다. 시간이 흐르며 더 크고 더 무거운 종들이 나왔고, 스켈리도사우루스를 비롯한 나중 종들은 모두 네발로 걸었다. 어느 시점에는 두 집단으로 나뉘었다. 등에 줄줄이 판이 세워져 있는 스테고사우루스류와 무거운 갑옷으로 덮인 안킬로사우루스류였다. 안킬로사우루스류는 곤봉 꼬리를 지닌 안킬로사우루스과와 가시투성이 노도사우루스과를 포함한다. 스쿠텔로사우루스를 초기 안킬로사우루스류로 보기도 한다.

유연한 목
크리올로포사우루스는 목이 길어서 빠르게 움직이는 먹이를 날쌔게 낚아챌 수 있었다.

2점 지금까지 남극 대륙에서 발견된 표본 수.

톱니 이빨
이빨은 가죽과 살을 자르기에 알맞게 가장자리에 톱니가 나 있었다.

빳빳한 꼬리
꼬리 끝은 나이를 먹으면서 뼈로 변하는 튼튼한 힘줄 때문에 빳빳했을 것이다.

곧추선 자세
모든 수각류처럼, 크리올로포사우루스도 뒷다리로 섰다.

크리올로포사우루스

기이한 모양의 뼈볏으로 유명한 이 공룡은 최초의 대형 수각류 중 하나였다. 즉 다른 커다란 공룡들을 먹이로 삼는 강력한 사냥꾼이었다.

남극 대륙의 암석에서 발견된 화려한 볏 공룡, 크리올로포사우루스의 화석은 지금은 얼어붙은 대륙의 기후가 훨씬 따뜻했던 시대의 유물이다. 울창한 숲에 동물이 가득하던 시대였다. 크리올로포사우루스는 그 지역의 먹이 사슬에서 가장 꼭대기에 있는 포식자였다. 동족을 제외하면 적이 전혀 없었다. 볏은 싸우기보다는 서로 자랑하는 걸로 갈등을 해결하는 과시용 형질이었다. 그렇게 길고 날카로운 이빨을 지닌 동물들끼리 싸우면 서로 위험하기 때문일 것이다.

트라이아스기	쥐라기	백악기	신생대
2억 5200만 년 전	2억 100만 년 전	1억 4500만 년 전	6600만 년 전 0

지금까지 **일부 뼈만 발견되었고**, 화석이 단단한 암석에 박혀 있어서 **캐내기가 어렵다**.

공룡
크리올로포사우루스

- **생존 연대:** 1억 9000만~1억 8300만 년 전
- **사는 곳:** 숲과 평원
- **길이:** 6m
- **먹이:** 다른 동물

굽은 볏
뼈볏은 마치 부서지는 파도처럼 위쪽이 앞으로 굽어 있었다. 이 아마존 부채머리산적딱새의 깃털 달린 놀라운 볏처럼 화려한 색깔을 띠었을 가능성도 있다.

옆에 달린 눈
눈이 앞쪽에 달려 있지 않아서, 거리를 재는 능력은 좀 떨어졌다.

홀쭉한 몸
후대의 많은 수각류 사냥꾼에 비해, 크리올로포사우루스는 몸이 날렵하고 가벼웠다.

볏이 달린 친척은?
크리올로포사우루스는 여러 면에서 '딜로포사우루스'라고 하는 볏 달린 수각류와 생김새가 아주 비슷하다. 딜로포사우루스도 마른 편이고 손가락이 네 개다. 가까운 친척이었을 수도 있지만, 자세히 조사한 결과로는 크리올로포사우루스가 더 나중에 진화한 듯했다.

딜로포사우루스

튼튼한 다리
힘센 허벅지 근육으로 사냥에 필요한 속도를 낼 수 있었다.

네 손가락
손에는 손가락이 네 개였는데, 이는 원시적인 특징이다. 더 후기의 수각류는 대부분 손가락이 세 개였다.

남극 대륙의 숲
크리올로포사우루스는 남극 대륙에서 두꺼운 얼음에 덮이지 않은 몇몇 지역 중 하나인 남극횡단산맥에서 발견되었다. 쥐라기 전기에 남극 대륙은 점점 적도에 가까워졌고, 기후가 온화해지면서 지금의 중국 서부처럼 무성한 숲으로 덮였다. 그 뒤에 남극 대륙은 남쪽으로 옮겨가면서 점점 추워졌고, 지금은 지구에서 가장 추운 곳이 되었다.

이 동물의 머리뼈 화석을 처음 발견한 과학자들은 '엘비사우루스'라고 불렀다. 볏이 록 가수 **엘비스 프레슬리의 머리 모양과** 비슷했기 때문이다.

쥐라기의 생명 · 스테놉테리기우스

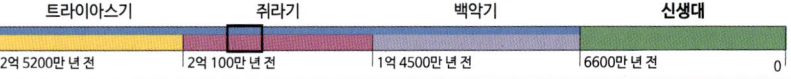

스테놉테리기우스

이크티오사우루스는 돌고래와 비슷한 생활 습성을 지녔던 해양 파충류였다. 날쌔게 헤엄치면서 물고기와 오징어를 잡아먹는 중생대 해양 생활에 완벽하게 적응한 사냥꾼이었다.

뾰족한 주둥이와 날렵한 몸 덕분에, 스테놉테리기우스는 물고기처럼 완벽한 유선형이었다. 현생 돌고래처럼 공기 호흡을 했지만, 그 점을 제외하면 완벽한 해양 동물이었다. 빠르게 헤엄치면서 어류와 오징어 같은 동물을 먹었을 것이다. 달아나는 먹잇감을 뒤쫓아서 날카로운 이빨이 달린 턱으로 덥석 물었을 것이다. 가족 집단을 이루어 사냥했을 수도 있다.

긴 주둥이
좁고 유선형의 주둥이로 미사일처럼 빠른 속도로 물속을 뚫고 나아갔다.

매끄러운 피부
피부는 밑에 두꺼운 지방층이 있고, 물속을 돌아다니기 좋게 아주 매끄러웠다. 스테놉테리기우스는 모습을 숨기기 좋도록 위쪽은 짙고 아래쪽은 옅은 색깔이었다.

등지느러미
놀라울 만치 잘 보존된 화석을 보면, 돌고래처럼 등지느러미가 살집이 있는 형태였다.

꼬리지느러미
꼬리는 현생 다랑어나 황새치처럼 고속으로 헤엄치는 쪽으로 적응했다.

뒷지느러미발
현생 돌고래와 달리, 이크티오사우루스는 뼈가 들어 있는 움직이는 지느러미발이 네 개였다.

보강된 눈
이크티오사우루스류는 물을 투과해서 들어오는 흐릿한 빛 속에서 잘 보기 위해 눈이 아주 컸다. 눈으로 사냥감을 찾았기 때문이다. 눈구멍에는 커다란 눈알을 받치는 '공막고리뼈'라는 고리 모양의 뼈판이 있었다. 물속에서 시야가 일그러지지 않고 뚜렷이 보이도록 눈알은 완벽한 공 모양이었다. 그래서 뼈판으로 눈알이 빠지지 않게 막았다.

새끼 출산
과학자들은 스테놉테리기우스가 알이 아니라 새끼를 낳았다는 것을 안다. 어미의 몸속에 새끼가 들어 있는 모습의 화석이 몇 점 발견되었기 때문이다. 출산 과정을 보여 주는 화석도 한 점 있다. 새끼 돌고래처럼 꼬리부터 먼저 나왔다. 머리부터 나오면 수면으로 올라와서 첫 호흡을 하기 전에 익사할 가능성이 있었다. 이크티오사우루스류는 육지로 돌아가는 일이 없는 완전한 해양 동물이었기에, 다른 파충류와 달리 알을 낳을 수가 없었다. 바다에서 출산을 해야 했고, 태어나자마자 스스로 살아갈 수 있는 새끼를 낳았다.

새끼 스테놉테리기우스의 뼈대

1억 5500만 년 이크티오사우르스가 바다에서 번성한 기간.

53

해양 파충류

스테놉테리기우스

- **생존 연대:** 1억 8300만~1억 7600만 년 전
- **사는 곳:** 얕은 바다
- **길이:** 2~4m
- **먹이:** 어류와 오징어

날카로운 이빨
좁은 턱에는 물고기를 잡는 데 알맞은 작고 날카로운 이빨이 가득했다.

앞지느러미발
지느러미발은 팔이나 다리가 변형된 것으로서, 납작한 판이 배열된 것처럼 많은 뼈가 들어 있다. 꼬리를 쳐서 물속을 나아갈 때 주로 방향타처럼 쓰였다.

스테놉테리기우스가 먹이를 뒤쫓아서 물속을 나아갈 때의 최대 속도는 **시속 50킬로미터**로 추정된다.

쥐라기의 생명 ○ 모놀로포사우루스

모놀로포사우루스

이 강력한 사냥꾼은 한 가지 특징을 빼고 다른 많은 수각류와 비슷했다. 주둥이 위에 커다란 혹 같은 볏이 있었다는 것이다. 볏의 뼈로 된 심은 속이 비어 있었으므로, 소리를 키우는 공명 상자 역할을 했을 수도 있다!

비록 쥐라기 중반에 살았지만, 모놀로포사우루스는 코엘로피시스(38~39쪽)와 그 트라이아스기 친척들보다는 나중에, 알로사우루스(72~73쪽) 같은 대형 쥐라기 사냥꾼보다는 앞서 진화한 집단에 속한 수각류의 초기 형태였다. 이 공룡은 1984년 중국에서 화석이 단 한 점 발견되었을 뿐이고, 진화 계통수에서 어디에 속하는지 판단하기 어렵게 만드는 기이한 특징을 몇 가지 지녔다. 그러나 인상적인 동물이었던 것은 틀림없으며, 당대에 가장 무시무시한 포식자였을 것이다.

가장자리가 날카로운 이빨
가장자리에 톱니가 난 날카로운 이빨로 고기를 잘랐다.

긴 목
움직이는 범위가 넓은 긴 목을 지녔다.

뼈볏 · 공기로 채워진 빈 공간 · 강한 턱

머리뼈와 볏
볏은 머리뼈의 일부였다. 주둥이의 뼈에 커다란 빈 공간이 있어서 훨씬 더 높이 솟아 있었다. 빈 공간은 무게를 줄이면서, 속이 빈 기타 몸통이 줄의 소리를 더 크게 울리는 것과 같은 방식으로 동물이 내는 소리를 공명시켰을 수도 있다.

모놀로포사우루스

- **생존 연대:** 1억 6700만~1억 6100만 년 전
- **사는 곳:** 숲
- **길이:** 6m
- **먹이:** 다른 동물

단단한 비늘
단단한 비늘이 피부를 덮어서 보호했다. 비늘은 서로 겹치지 않았다.

어린 모놀로포사우루스?
2006년 볏을 지닌 또 다른 쥐라기 수각류 화석이 중국에서 발견되었다. 이 구안롱은 모놀로포사우루스보다 훨씬 작았고, 볏도 모양이 달랐다. 대다수 과학자들은 구안롱이 티라노사우루스의 조상이라고 보지만, 일부 과학자는 모놀로포사우루스의 새끼라고 주장한다. 볏 모양이 자라면서 변한다는 것인데, 공룡에서는 흔한 일이었다. 그러나 그 뒤로 발견된 한 화석 표본은 전형적인 성체의 특징들을 보여 준다. 따라서 실제로는 전혀 다른 종이었던 듯하다.

구안롱

뻣뻣한 꼬리
모놀로포사우루스는 달릴 때 길고 뻣뻣한 꼬리를 높이 치켜들고서 균형을 잡았다.

볏 비교
쥐라기의 많은 수각류는 머리에 뼈로 된 볏이 있었다. 종마다 볏 모양이 달랐다. 종들이 서로 별개로 진화했기 때문이기도 하고, 볏이 같은 종인지 식별하는 데 쓰였기 때문이기도 하다.

크리올로포사우루스 머리뼈
특이하게도 이 사냥꾼은 볏이 주둥이의 좌우로 뻗어 있다(50~51쪽). 볏은 위쪽이 앞으로 굽어 있는 얇은 뼈판이었다.

딜로포사우루스 머리뼈
쥐라기 전기의 딜로포사우루스는 주둥이 위 양쪽으로 두 개의 납작한 뼈볏이 나란히 뻗어 있었다.

모놀로포사우루스 머리뼈
이 수각류는 주둥이 위에 볏이 하나 있었지만, 딜로포사우루스의 두 볏보다 훨씬 넓었다.

긴 손가락
손에는 겁먹고 몸부림치는 먹이를 꽉 누르는, 날카로운 손톱이 난 긴 손가락이 달려 있었다.

튼튼한 다리
모놀로포사우루스는 힘센 긴 뒷다리를 지녔고, 앞으로 향한 세 개의 튼튼한 발가락 끝으로 달렸다.

커다란 볏은 수컷의 특징이었을 수도 있지만, **표본이 한 점뿐이기에** 알 수 없다. 이 표본이 암컷일 수도 있다.

리오플레우로돈

가장 무시무시한 포식자들 중 일부는 육지가 아니라 바다에서 살았다. 바로 플리오사우루스류였다. 거대하고 엄청나게 강한 턱을 지닌 진정한 해양 괴물이었다.

리오플레우로돈 같은 플리오사우르스류는 알베르토넥테스(110~111쪽) 같은 목이 긴 플레시오사우르스류의 친척으로 턱이 아주 컸다. 플레시오사우르스류도 네 개의 지느러미발로 추진력을 일으키면서 헤엄쳤지만, 플리오사우르스류는 친척인 플레시오사우루스를 포함한 대형 동물을 사냥하는 전문가였다. 리오플레우로돈은 아마 바다 깊은 곳에 숨어 있다가 쑥 올라와서 이빨로 먹이를 꽉 잡고, 필요하다면 먹이를 찢어 조각내는 매복 포식자였을 것이다.

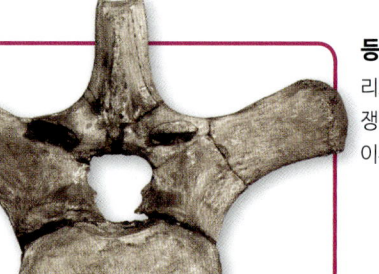

등뼈
리오플레우로돈의 척추는 쟁반만 한 거대한 척추뼈로 이루어져 있었다.

꼬리
꼬리는 아주 짧았으므로, 아마 헤엄치는 추진력을 일으키는 데 전혀 도움이 되지 않았을 것이다.

날쌘 수영선수
매끄러운 비늘 피부 밑에는 몸을 더 유선형으로 만들어서 효율적으로 헤엄칠 수 있게 해 주는 지방층이 있었다.

수영 방식
리오플레우로돈은 아마 현생 바다거북과 비슷하게 네 개의 긴 지느러미발을 위아래로 치면서 물속을 '날아갔을' 것이다. 네 개를 함께 내렸다가 올렸다가 하면서 나아갔을 것이다. 실험 결과 그렇게 헤엄칠 때 엄청난 가속을 내면서 먹이를 뒤쫓아 잡을 수 있다는 것이 드러났다.

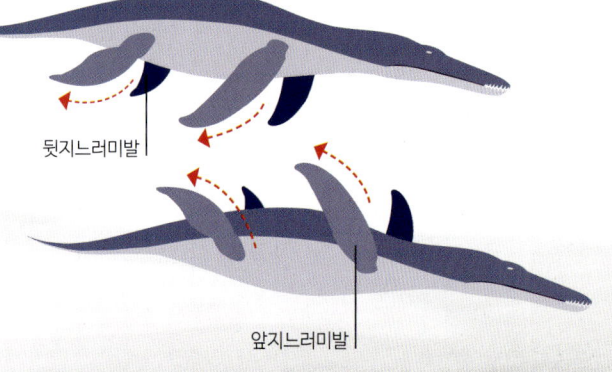

뒷지느러미발
앞지느러미발

1.5m 지금까지 발견된 가장 큰 리오플레우로돈의 머리뼈 길이. 머리뼈의 대부분은 턱이며, 턱에는 뿌리가 아주 깊은 커다란 못 같은 이빨이 빽빽했다.

15m 지금까지 알려진 **가장 큰 플리오사우르스의 몸길이**. 머리뼈 길이는 2.4미터에 달했다.

과학자들은 **수영 로봇**을 만들어서 플리오사우르스류의 수영 기술을 조사했다.

해양 파충류
리오플레우로돈
- 생존 연대: 1억 6500만~1억 6100만 년 전
- 사는 곳: 바다
- 길이: 7m
- 먹이: 어류, 오징어, 해양 파충류

지느러미발의 힘
리오플레우로돈은 길고 힘센 지느러미발로 거대한 몸을 추진한다.

위장색
배쪽은 색깔이 옅어서 먹이가 밑에서 올려다보면 위쪽의 밝은 수면과 어울려서 알아차리기 어렵다.

커다란 콧구멍
콧구멍에 있는 화학 물질 감지기는 물이 입으로 흘러들어서 콧구멍으로 빠져나갈 때 먹이의 냄새를 맡았다.

뾰족한 이빨
크고 튼튼하고 뾰족한 이빨은 먹이를 잡는 데 알맞지만, 먹이를 자르는 데에는 맞지 않았다.

목뼈
이 튀어나온 뼛조각처럼 등뼈에서 튀어나온 크고 튼튼한 뼈에는 힘센 목 근육들이 붙어 있었다. 이 근육으로 턱을 좌우로 흔들어서 먹이를 찢을 수 있었다.

빠른 먹이
돌고래처럼 생긴 이크티오사우루스류는 유혹적인 먹이지만, 잡아먹으려면 더 빨리 움직여야 했을 것이다.

트라이아스기	쥐라기	백악기	신생대
2억 5200만 년 전	2억 100만 년 전	1억 4500만 년 전	6600만 년 전 0

날개 깃털
팔 끝에는 빳빳한 깃가지가 달린 깃털들이 짧은 '날개'를 이루었다.

깃털로 덮인 볏
몇몇 화석에는 머리 깃털이 보존되어 있었는데, 덥수룩한 볏을 이루었을 수도 있다.

긴 팔
긴 깃털로 덮인 아주 긴 팔뼈 화석이 발견되었다. 손가락 중 세 개에는 굵은 손톱이 나 있었다.

이빨 난 턱
다른 많은 작은 수각류처럼 턱에 이빨이 나 있었다.

먹이가 된 곤충
바퀴 같은 작은 동물을 잡아먹었다.

안키오르니스

까마귀보다 가벼운 깃털 달린 수각류로서 지금까지 발견된 중생대 공룡 중 가장 작은 편에 속한다. 이 공룡이 발견되면서 깃털의 색깔과 비행의 기원에 관한 흥미진진한 연구가 이루어졌다.

중국 랴오닝의 쥐라기 후기 화석층에서 발견된 안키오르니스의 화석은 깃털이 미세한 수준까지 놀라울 만치 상세히 보존되어 있었다. 2010년 과학자들은 화석을 현미경으로 분석하여 이 공룡이 어떤 색깔이었는지 밝혀냈다고 주장했다. 대다수의 전문가는 아마 맞을 것이라고 받아들인다. 또 안키오르니스는 활공할 수 있었던 최초의 공룡 중 하나였다.

안키오르니스는 '새에 가까운'이라는 뜻이다. 특성을 잘 묘사한 이름이다.

공룡
안키오르니스

- **생존 연대:** 1억 6100만~1억 5500만 년 전
- **사는 곳:** 산림 지대
- **길이:** 50cm
- **먹이:** 작은 동물

255점
중국의 박물관에 있는 안키오르니스 화석 표본의 수.

상세한 부분까지
안키오르니스의 화석은 세부 부위까지 놀라울 만치 잘 보존되었지만, 화석화 과정을 통해 짓눌리고 납작해져 있었다. 그래서 세부 구조를 해석하기가 어렵다. 과학자들은 세부 구조를 이해하기 위해 지금도 애쓰고 있다.

활공
안키오르니스는 현생 날다람쥐와 비슷하게, 깃털 달린 짧은 날개를 펼쳐 활공하거나 낙하산처럼 땅에 내려왔을 수도 있다.

깃털로 덮인 다리
다리를 감싼 뻣뻣한 깃털의 가장자리는 활공에 도움을 주었을 수도 있다.

날카로운 발톱
깃털로 덮인 발에는 벨로키랍토르 (108~109쪽)의 발과 비슷하게 발가락에 날카로운 발톱이 나 있었다.

색깔 단서
화석에 있는 '멜라닌 소체' (왼쪽)라는 미세한 구조는 안키오르니스의 몸 색깔은 주로 회색과 흑색이었고, 머리 깃털은 붉은색, 날개 깃털은 검은 반점이 있는 흰색이었음을 알려 준다.

알로사우루스의 공격

평화롭게 부스럭거리면서 맛있는 솔잎을 뜯어 먹고 있는 스테고사우루스는 배고픈 알로사우루스가 슬그머니 다가오는 것을 너무 늦게야 알아차렸다.

알로사우루스는 쥐라기 범람원의 물가에 우거진 나무들 사이에서 와락 튀어나와 스테고사우루스를 공격한다. 스테고사우루스뿐 아니라 옆에 있던 시조새도 화들짝 놀란다. 그러나 스테고사우루스는 쉬운 먹잇감이 아니다. 긴 꼬리에 달린 가시는 치명적인 무기이며, 스테고사우루스는 그 무기를 쓰는 법을 잘 안다. 사냥꾼은 발을 잘못 딛는 순간, 오히려 몇 분 안에 죽을 수도 있다.

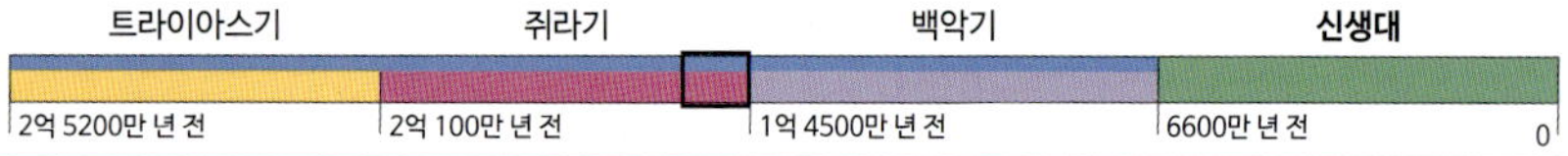

트라이아스기	쥐라기	백악기	신생대
2억 5200만 년 전	2억 100만 년 전	1억 4500만 년 전	6600만 년 전

세밀한 화석
독일 졸른호펜의 입자가 고운 석회암에서 놀랍도록 세세한 부위까지 보존된 화석이 발견되었다. 탄력 있는 지지대들이 방사상으로 뻗어 피부로 덮인 날개를 빳빳하게 만들어 주는 모양이 드러나 있다.

꽁지깃
꼬리 끝의 작은 깃은 람포린쿠스가 공중에서 빨리 회전하고 방향을 트는 데 도움을 주었을 수도 있고, 단순히 과시용이었을 수도 있다. 이 라켓꼬리벌새 수컷의 꽁지깃은 장식용이다.

물갈퀴 달린 발
람포린쿠스는 물갈퀴 달린 발을 방향타로 삼아서 헤엄을 쳤을 것이다.

죽음을 부르는 끌림
몇몇 화석의 위장에 어류 뼈가 들어 있으므로, 람포린쿠스가 물고기를 먹었음을 알 수 있다. 거의 자기 몸길이만 한 물고기가 들어 있는 화석도 한 점 발견되었다. 이는 아주 큰 먹이까지도 통째로 삼켰음을 보여 준다. 그러나 람포린쿠스와 맞서 싸우거나, 심지어 익룡을 삼키려고 한 어류도 있었다. 이 놀라운 화석에서는 '아스피도린쿠스'(오른쪽)라는 창 모양의 주둥이를 지닌 커다란 어류가 턱으로 람포린쿠스(왼쪽)의 날개를 물고 있다. 둘이 물속으로 가라앉을 때 익룡은 익사했고, 어류는 먹이와 얽혀서 빠져나올 수 없어서 함께 죽었다.

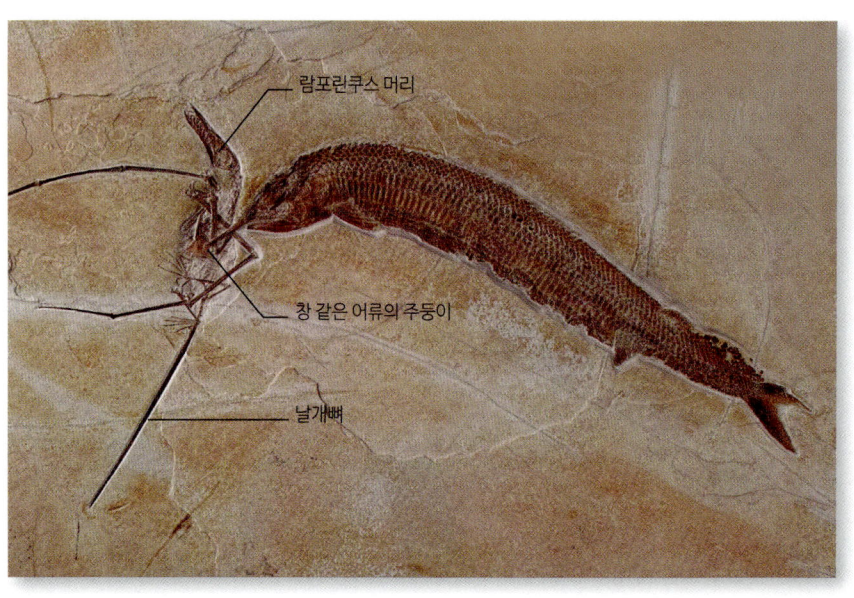

- 람포린쿠스 머리
- 창 같은 어류의 주둥이
- 날개뼈

100점
람포린쿠스 화석 표본은 100점 넘게 발견되었기에, 과학자들은 익룡 중에서 람포린쿠스를 가장 많이 알고 있다.

29cm 가장 작은 람포린쿠스의 **날개폭.** 참새의 날개폭과 비슷하다.

긴 날개
아주 긴 날개로 앨버트로스처럼 바람을 타고 날 수 있었다.

익룡
람포린쿠스
- 생존 연대: 1억 5500만~1억 4500만 년 전
- 사는 곳: 해안과 강둑
- 길이: 1.5m
- 먹이: 어류

커다란 눈
람포린쿠스는 눈을 사용하여 비행하고 사냥했다.

날개 근육
날개 근육은 조류의 것과 달랐지만, 조류처럼 튼튼했다.

날카로운 주둥이
낮게 날면서 길고 뾰족한 주둥이를 수면 아래로 담가서 물고기를 잡았을 것이다.

바늘 같은 이빨
길고 날카로운 이빨은 미끈거리는 물고기의 피부를 뚫어서 꽉 잡는 데 알맞았다.

람포린쿠스

쥐라기 후기에 살았던 가장 흔한 익룡 중 하나인 이 이빨 긴 사냥꾼은 당시 유럽의 많은 지역을 뒤덮고 있던 얕은 바다 상공에서 물고기를 덮쳐 잡았다.

익룡은 트라이아스기에 출현하여 쥐라기 내내 번성했다. 뼈로 된 긴 꼬리, 짧은 다리, 이빨이 가득한 턱을 갖추고 있었다. 람포린쿠스는 꼬리 긴 익룡 중 마지막까지 남아 있던 종류에 속했지만, 가장 성공한 집단에도 속했다. 갈매기처럼 날개가 좁고 길었고, 넓은 수면 위를 바람을 타고 빙빙 돌며 먹이를 찾았을 듯하다. 어류와 오징어를 주로 먹었고, 수면 위를 스치듯 날면서 날카로운 부리로 먹이를 낚아챘을 것이다.

켄트로사우루스

유명한 스테고사우루스의 친척이다. 쥐라기 후기의 이 공룡은 더 작은 편이었지만, 등을 따라 두 줄로 길고 날카로운 가시들이 나 있어서 더욱 인상적이었다.

쥐라기 중반에 스켈리도사우루스(48~49쪽) 같은 장순류는 두 집단으로 갈라졌다. 무거운 갑옷을 입은 안킬로사우루스류와 등에 뼈로 된 판과 가시가 달린 스테고사우루스류였다. 켄트로사우루스는 스테고사우루스류 중에서 가장 가시가 많았다. 동아프리카 탄자니아의 쥐라기 후기 암석에서 발견되었다. 길고 날카로운 가시는 아주 효과적인 방어 수단이고, 가시투성이 꼬리는 무시무시한 무기였을 것이 틀림없다. 그러나 이 판과 가시는 매우 인상적인 뽐내기 용이기도 했다.

등의 판
판과 가시는 피부에 박힌 골편이었고, 뼈대와 연결되어 있지 않았다. 이 복원한 모습에서는 강한 금속 막대로 받쳤다.

작은 머리
모든 스테고사우루스류처럼, 켄트로사우루스도 머리뼈가 작아서 뇌도 작았다. 이 공룡은 날카로운 부리로 잎을 뜯어 먹었다. 소화하기 쉽게 잎 모양의 이빨로 잘게 조각내어 삼켰다.

목
유연한 목으로 머리를 이리저리 움직이면서 먹이를 먹었다.

앞다리
여기서는 방어하기 위해 웅크리고 있지만, 대체로 다리를 펴고 걸었을 것이다.

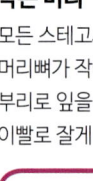

켄트로사우루스는 몸집이 말만 했지만, **뇌는 자두만 했다.**

1,200점 켄트로사우루스 뼈가 발견된 수. 현재 350점만 남아 있다.

어깨의 긴 가시는 사실은 **엉덩이**에서 튀어나온 것일 수도 있다.

공룡
켄트로사우루스
- **생존 연대:** 1억 5500만~1억 5100만 년 전
- **사는 곳:** 숲
- **길이:** 최대 5m
- **먹이:** 식물

가시 난 꼬리
나뭇잎을 따서 먹기 위해 뒷다리로 섰을 때 무거운 가시투성이 긴 꼬리로 균형을 잡았을 수 있다.

치명적인 방어
꼬리 뼈대는 40개의 뼈로 연결되어서 아주 유연했다. 켄트로사우루스는 꼬리를 넓게 휘면서 좌우로 빠르게 휘둘러서, 다가오는 어떤 적에게든 긴 꼬리 가시로 치명적인 공격을 가할 수 있었다. 머리를 맞은 공격자는 살아남기 어려웠을 것이다.

휜 꼬리

재구성한 뼈대
켄트로사우루스의 화석 뼈대는 온전히 다 발견된 것이 아니었고, 제2차 세계 대전 때 독일 박물관에서 사라진 것도 많았다. 남은 뼈들 중 일부는 이 뼈대를 구성하는 데 쓰였지만, 과학자들은 세세한 부분까지 맞는지는 아직 확신하지 못한다.

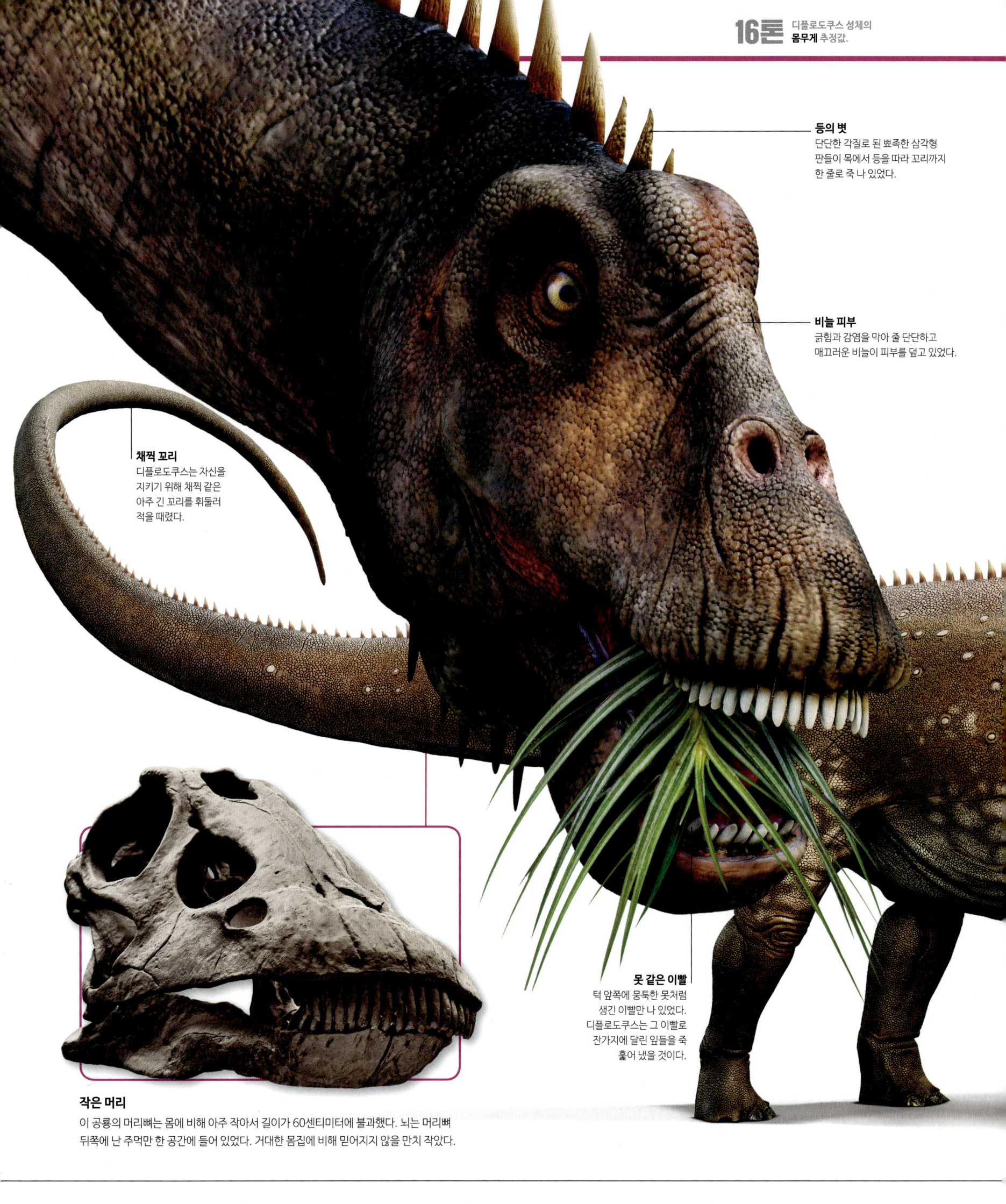

16톤 디플로도쿠스 성체의 **몸무게** 추정값.

등의 볏
단단한 각질로 된 뾰족한 삼각형 판들이 목에서 등을 따라 꼬리까지 한 줄로 죽 나 있었다.

비늘 피부
긁힘과 감염을 막아 줄 단단하고 매끄러운 비늘이 피부를 덮고 있었다.

채찍 꼬리
디플로도쿠스는 자신을 지키기 위해 채찍 같은 아주 긴 꼬리를 휘둘러 적을 때렸다.

못 같은 이빨
턱 앞쪽에 뭉툭한 못처럼 생긴 이빨만 나 있었다. 디플로도쿠스는 그 이빨로 잔가지에 달린 잎들을 죽 훑어 냈을 것이다.

작은 머리
이 공룡의 머리뼈는 몸에 비해 아주 작아서 길이가 60센티미터에 불과했다. 뇌는 머리뼈 뒤쪽에 난 주먹만 한 공간에 들어 있었다. 거대한 몸집에 비해 믿어지지 않을 만치 작았다.

트라이아스기	쥐라기	백악기	신생대
2억 5200만 년 전	2억 100만 년 전	1억 4500만 년 전	6600만 년 전 ~ 0

356개 디플로도쿠스 뼈대를 이루는 **뼈의 수**.

공룡
디플로도쿠스
- **생존 연대:** 1억 5400만~1억 5000만 년 전
- **사는 곳:** 높은 나무가 군데군데 자라는 평원
- **길이:** 33m
- **먹이:** 나뭇잎

디플로도쿠스

이 공룡은 믿어지지 않을 만치 길었지만, 그래도 지구에 살았던 용각류 중에 가장 큰 종류는 아니었다. 더욱 큰 종류들도 있었다. 그러나 디플로도쿠스는 지금까지 발견된 거대 용각류 중 가장 뼈대가 온전하게 남아 있다.

쥐라기에 진화한 목이 긴 용각류는 높은 나무 꼭대기의 잎을 따 먹는 데 적응한 대형 초식 공룡이었다. 이런 잎은 솔잎처럼 소화하기 어려웠지만, 용각류의 거대한 몸통에는 영양소를 추출할 수 있도록 장시간 소화하는 거대한 소화계가 들어 있었다. 소화계가 일을 아주 잘하기에, 디플로도쿠스는 먹을 수 있는 양을 늘리기 위해 아예 잎을 씹지 않고 삼켰다.

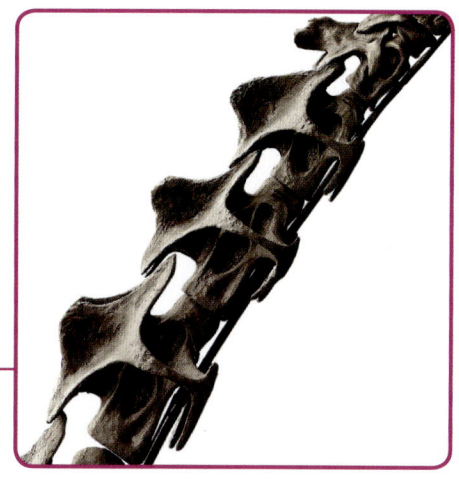

긴 목
긴 목은 적어도 15개의 척추뼈로 지탱했다. 디플로도쿠스는 아마 목을 45도로 들고 다녔겠지만, 나무 꼭대기의 잎을 따 먹을 때는 더 큰 각도로 높이 들어 올릴 수 있었다.

작은 머리
머리는 비교적 작았으며, 커다란 눈과 길고 납작한 아래턱이 특징이었다.

이렇게 무게가 엄청나도, 디플로도쿠스는 **뒷다리로 일어나서** 가장 높은 나뭇가지에 달린 잎까지 따 먹을 수 있었다.

몸무게를 받치는 다리
코끼리의 다리처럼 굵은 기둥 같은 다리 네 개로 몸무게를 받쳤다.

엄지발톱
앞발에는 커다란 발톱이 하나 달려 있었다.

놀라운 몸길이
온전한 디플로도쿠스 뼈대 중 가장 큰 것은 길이가 무려 27미터나 됐다. 그러나 33미터에 달했다고 추정되는 더욱 큰 디플로도쿠스 뼈 화석도 발견되었다. 스쿨버스 세 대를 늘어세운 길이와 비슷하다!

11미터 길이의 스쿨버스 / 디플로도쿠스

쥐라기의 생명 ○ 프테로닥틸루스

프테로닥틸은 그리스어로 **날개 손가락**을 뜻한다. 프테로닥틸루스의 네 번째 손가락이 길어져서 날개를 지탱했기 때문이다.

날카로운 이빨
독일의 입자가 고운 석회암에서 발견된 잘 보존된 화석은 프테로닥틸루스의 턱에 날카로운 이빨이 가득했음을 보여 준다. 주둥이 앞쪽은 이빨이 더 길었고, 작고 굽은 부리도 달려 있었다.

머리 볏
머리에는 피부가 단단해져서 생긴 길고 딱딱한 섬유질로 이루어진 볏이 있었다.

날개 손톱
날개의 굽은 부위에는 날카로운 손톱이 난 움직일 수 있는 짧은 손가락이 세 개 달려 있었다.

털로 뒤덮인 몸
몸은 털처럼 생긴 짧은 섬유질로 덮여 있었다. 체온 유지를 위해서였을 것이다.

프테로닥틸루스

과학계에 최초로 알려진 익룡이다. 1780년에 발견되었다. 그러나 과학자들이 이 동물의 유달리 긴 손가락뼈가 날개를 지탱했고, 이 동물이 날 수 있었다는 사실을 깨달은 것은 20년이 더 지나서였다.

쥐라기 후기에 람포린쿠스(62~63쪽) 같은 긴 꼬리 익룡들이 사라지고, 꼬리가 아주 짧고 목이 더 길고 이빨은 더 작거나 아예 없는 새로운 유형의 공룡들이 그 자리를 대신했다. 최초로 알려진 프테로닥틸루스의 이름을 따서 '프테로닥틸루스과'라고 한다. 길고 힘센 날개를 지닌 프테로닥틸루스는 비행 능력이 뛰어났지만, 튼튼한 다리와 커다란 발은 땅이나 얕은 물을 돌아다니면서 먹이를 찾았을 것임을 나타낸다.

27점
과학계에 보고된 잘 보존된 프테로닥틸루스 화석 표본 수.

긴 날개
날개는 늘어나는 피부, 탄력 있는 강화된 섬유질, 얇은 판처럼 배열된 근육으로 이루어졌다.

날개로 걷기
더 이전의 긴 꼬리 익룡들과 달리, 프테로닥틸루스와 그 친척들은 땅 위 생활에 잘 적응해 있었다. 갯벌에 찍힌 발자국 화석은 프테로닥틸루스가 네 팔다리로 걸었음을 보여 준다. 날개를 바깥쪽으로 산뜻하게 접어 올린 채, 손으로 몸 앞쪽을 지탱했다.

해변 생활
이 알락도요처럼, 익룡은 부드러운 모래 해변이나 갯벌, 또는 얕은 물에서 먹이를 찾았을 가능성이 높다. 턱 끝의 날카로운 이빨은 얕은 물에서 날쌔게 달아나려고 시도하는 작은 물고기, 새우 같은 먹이를 잡는 데 알맞았을 것이다.

먹이를 잡는 알락도요

짧은 꼬리
더 후대의 다른 모든 익룡처럼, 이 파충류도 꼬리가 아주 짧았다.

물갈퀴 발
가장 잘 보존된 화석은 바닷새처럼 프테로닥틸루스의 긴 발가락 사이에 물갈퀴가 있었음을 보여 준다. 그래서 프테로닥틸루스는 부드러운 갯벌 위를 발이 빠지지 않고 돌아다니고, 오리처럼 헤엄쳤을지도 모른다.

익룡
프테로닥틸루스
- 생존 연대: 1억 5500만~1억 4500만 년 전
- 사는 곳: 해안
- 날개폭: 1m
- 먹이: 작은 해양 동물

뼈판
스테고사우루스의 뼈판들은 두 줄로 번갈아 나 있으며, 뼈대에 붙어 있지 않고 피부에 박혀 있는 형태였다. 스테고사우루스 화석은 1870년대에 미국인 화석 사냥꾼 오스니얼 마시가 처음 발견했다. 마시는 스테고사우루스의 등에 판이 납작하게 누워 있는 모습으로 화석을 재구성했다.

꼬리 가시
가시 난 꼬리로 적을 공격함으로써 방어했다.

스테고사우루스

등에 크고 넓적한 뼈판이 줄줄이 늘어서 있는 모습으로 유명한 이 공룡은 스테고사우루스류 중에서 가장 큰 편에 속한다. 이 방어 무기 덕분에 사냥꾼이 덮쳤다가 위험에 빠질 수도 있었다.

몸집이 더 작은 친척인 켄트로사우루스(64~65쪽)처럼, 이 유명한 공룡도 등에 놀라운 판과 가시가 나 있었다. 가시가 방어용으로 쓰인 것은 틀림없지만, 이 거대한 판들은 과시용이었을 가능성이 더 높다. 지위와 영역을 놓고 서로 경쟁할 때 썼을 것이다. 날카로운 부리로 양치류를 비롯한 키 작은 식물을 뜯어 먹었지만, 나뭇잎을 뜯거나 위험을 살필 때 뒷다리로 일어설 수 있었을 것이다.

그리 영리하지 않은
스테고사우루스는 코끼리만 했지만, 뇌는 개만 했다. 아마 그리 영리하지는 않았겠지만, 단순한 초식 생활에는 어려운 판단을 내릴 일이 별로 없었을 것이다.

스테고사우루스 머리뼈 / 뇌 공간

80점 지금까지 미국 중서부에서 발견된 스테고사우루스 화석 수.

17개 스테고사우루스의 등에 난 뼈판의 수.

71

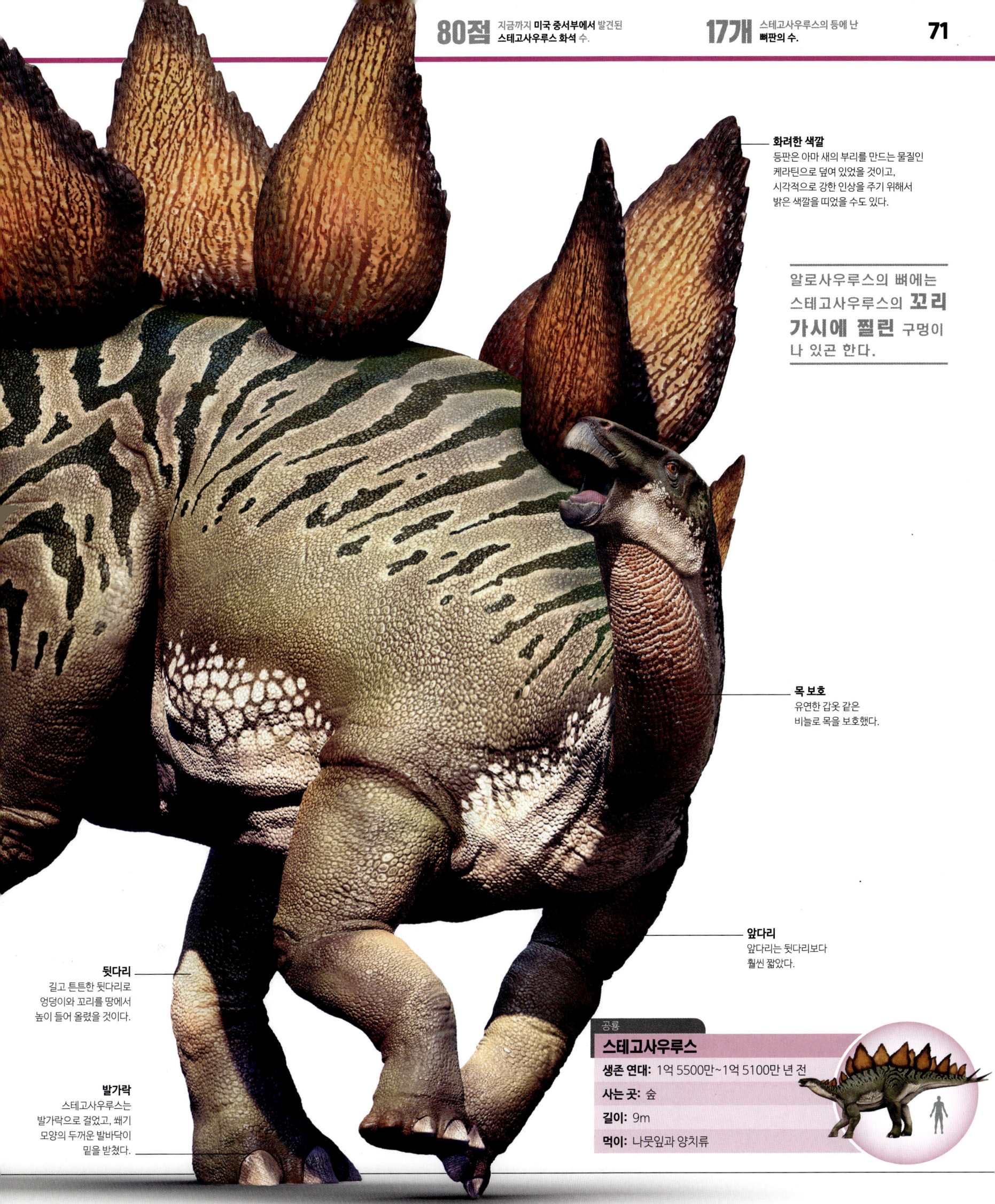

화려한 색깔
등판은 아마 새의 부리를 만드는 물질인 케라틴으로 덮여 있었을 것이고, 시각적으로 강한 인상을 주기 위해서 밝은 색깔을 띠었을 수도 있다.

알로사우루스의 뼈에는 스테고사우루스의 **꼬리 가시에 찔린** 구멍이 나 있곤 한다.

목 보호
유연한 갑옷 같은 비늘로 목을 보호했다.

앞다리
앞다리는 뒷다리보다 훨씬 짧았다.

뒷다리
길고 튼튼한 뒷다리로 엉덩이와 꼬리를 땅에서 높이 들어 올렸을 것이다.

발가락
스테고사우루스는 발가락으로 걸었고, 쐐기 모양의 두꺼운 발바닥이 밑을 받쳤다.

공룡
스테고사우루스
생존 연대: 1억 5500만~1억 5100만 년 전
사는 곳: 숲
길이: 9m
먹이: 나뭇잎과 양치류

쥐라기의 생명 ○ 알로사우루스

짧은 뿔
눈 앞쪽 위로 뼈가 불룩한 부위에는 짧은 뿔이 나 있었을 것이다.

양쪽을 보는 눈
비록 알로사우루스의 눈은 주로 옆을 향해 있었지만, 사냥하기 충분할 만큼 앞쪽도 시야에 들어왔다.

칼처럼 날카로운 이빨
튼튼하지만 좁은 머리뼈에는 이빨이 70개 이상 붙어 있었고, 이빨은 스테이크 칼처럼 가장자리가 날카롭고 톱니가 나 있었다. 이빨은 계속 빠지고 새로 자랐기에, 닳아서 무뎌질 일이 없었다.

알로사우루스

이 무시무시한 사냥꾼은 쥐라기 후기 북아메리카에 가장 흔했던 대형 포식자 중 하나였다. 살을 찢는 날카로운 이빨로 무장한 이 공룡은 코뿔소만 한 스테고사우루스(70~71쪽)에게 치명적인 적이었고, 디플로도쿠스(66~67쪽) 같은 거대한 용각류의 새끼도 공격했을 것이다.

가장 큰 초식 공룡들이 쥐라기에 점점 더 커지는 쪽으로 진화할 때, 포식자들도 점점 커졌다. 알로사우루스는 가장 강력한 포식자에 속했고, 아주 큰 먹이를 잡아먹는 쪽으로 진화한 것이 분명하다. 그런 대형 공룡들의 뼈에 나 있는 알로사우루스의 이빨 자국들이 확실한 증거다. 그러나 정확히 어떻게 먹이를 잡았는지는 아직 잘 모른다. 또 화석은 먹잇감이 맞서 싸웠다는 증거도 보여 준다. 즉 사냥할 때마다 생사를 가르는 싸움이 벌어졌을 것이다.

강력한 발톱
손가락 세 개에 날카롭게 굽은 커다란 손톱이 나 있는 것으로 볼 때, 몸부림치는 먹이를 손으로 꽉 눌러서 달아나지 못하게 했을 것이다.

몇몇 알로사우루스의 뼈에 난 이빨 자국을 볼 때, 알로사우루스는 때로 서로를 잡아먹기도 했다.

46점 미국 유타의 한 채석장에서 발견된 알로사우루스 표본의 수.

가벼운 몸
커다란 동물이긴 하지만, 유명한 티라노사우루스보다는 훨씬 가벼웠다.

무거운 꼬리
길고 무겁고 뻣뻣한 꼬리는 균형을 잡기 위해 쭉 뻗어 있었다. 두 발로 빠르게 달릴 때 매우 중요했다.

긴 다리
튼튼한 다리는 숨어 있다가 먹이를 뒤쫓아 달릴 수 있게 속도를 낼 수 있었다.

튼튼한 발가락
알로사우루스는 튼튼한 발가락 세 개로 달렸지만, 안쪽에 훨씬 작은 네 번째 발가락이 있었다.

공룡
알로사우루스
- **생존 연대:** 1억 5500만~1억 4500만 년 전
- **사는 곳:** 탁 트인 산림 지대
- **길이:** 12m
- **먹이:** 대형 초식 공룡

한 스테고사우루스의 등판에는 알로사우루스의 턱 모양과 정확히 일치하는 U자형 이빨 자국이 나 있다. 이 사냥꾼이 **위험한 먹이를 좋아했다는** 증거다.

입을 쩍 벌린 알로사우루스는 위턱 이빨로 먹이를 난도질할 수 있었다.

자귀질
알로사우루스는 턱을 놀라울 만치 넓게 벌릴 수 있었다. 먹이를 물거나 고깃덩어리를 뜯어 먹는 데 필요한 수준보다 더 넓게 벌릴 수 있었다. 일부 과학자들은 알로사우루스가 공격할 때 턱을 쩍 벌려서 마치 톱니가 난 자귀를 쓰듯이, 위턱의 이빨로 먹이를 찍었을 것이라고 본다. 이 생각에 반대하는 의견도 있다. 아무튼 먹이는 이 공룡의 톱니가 난 이빨에 심한 부상을 입어 피를 많이 흘려서 죽었을 것이 분명하다.

이 거대한 용각류는 **몸무게가 코끼리 여섯 마리와 비슷했다.**

가벼운 목
목은 아주 길었지만, 뼈에 빈 공간이 그물처럼 퍼져 있어서 아주 가벼웠다. 목이 긴 용각류는 모두 균형을 잡는 데 도움이 되는 이 적응 형질을 지녔다.

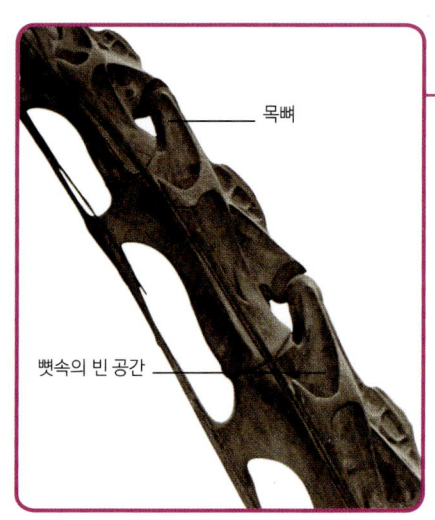

목뼈

뼛속의 빈 공간

기라파티탄

이 거대한 초식 공룡의 이름은 모습을 완벽하게 묘사한다. 거대한 기린처럼 생겼기 때문이다. 땅에서 발을 떼지 않은 채 아주 높이 자라는 쥐라기 나무 꼭대기의 잎을 뜯어 먹을 수 있었다.

기라파티탄은 디플로도쿠스(66~67쪽)처럼 용각류였지만, 진화한 계통이 다르다. 뒷다리로 일어서서 나무 꼭대기의 잎을 따 먹는 대신에, 아주 긴 앞다리로 선 채로 아주 긴 목을 뻗어서 뜯을 수 있다. 지구 역사상 가장 키가 큰 공룡 중 하나였다. 아메리카의 브라키오사우루스를 닮은 아프리카에 살았던 친척이었다. 머리뼈 화석에 이빨도 남아 있어서, 이 거대한 동물이 어떻게 먹었을지 짐작할 수 있다.

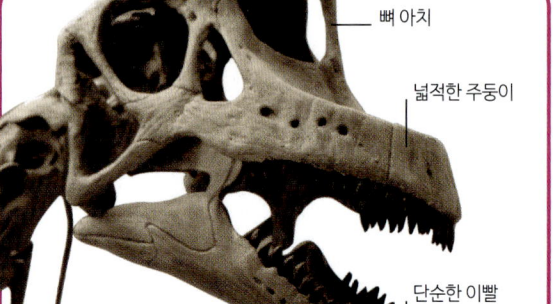

머리뼈 모양
이 공룡은 주둥이가 넓적하고 나뭇잎을 뜯기 좋게 약간 숟가락 모양으로 굽은 단순한 이빨을 지녔다. 주둥이 위에 높이 솟은 뼈 아치는 코의 부드러운 조직을 보호했다.

뼈 아치

넓적한 주둥이

단순한 이빨

높고 장엄하게
아주 긴 목과 쭉 뻗은 앞다리로 지상 15미터까지 어리고 부드러운 잎을 따 먹을 수 있었다. 이 공룡의 눈을 마주 보려면 소방 사다리차가 필요할 것이다. '사우로포세이돈'이라는 비슷한 용각류는 키가 더 컸을지도 모르지만, 화석이 너무 적어서 확실하지 않다.

높은 자세로 걷기
현생 기린은 높은 나무 꼭대기에 있는 잎을 따서 먹는 쪽으로 진화했다. 긴 목과 긴 다리 덕분에 기린은 다른 초식 동물이 접근할 수 없는 높이 5미터에 달린 잎도 먹을 수 있다. 기라파티탄도 기본적인 적응 형질은 같지만, 앞다리가 뒷다리보다 더 길어서 어깨높이가 더 높았기에, 가장 높은 곳까지 닿을 수 있었다.

트라이아스기	쥐라기	백악기	신생대
2억 5200만 년 전	2억 100만 년 전	1억 4500만 년 전	6600만 년 전 0

공룡

기라파티탄

- **생존 연대:** 1억 5500만~1억 4500만 년 전
- **사는 곳:** 산림 지대
- **길이:** 26m
- **먹이:** 잎

기라파티탄의 **거대한 목은** 몸길이의 절반을 차지했다.

비늘 피부
피부를 보호하는 매끄러운 비늘이 덮여 있었다.

짧은 꼬리
대다수의 대형 용각류에 비해 꼬리가 훨씬 짧았다.

넓적한 발
코끼리의 발을 확대한 것 같은 넓적한 둥근 발을 지녔다.

트라이아스기	쥐라기	백악기	신생대
2억 5200만 년 전	2억 100만 년 전	1억 4500만 년 전	6600만 년 전 — 0

완벽한 화석
이 시조새는 죽어서 부드러운 진흙에 묻혔다. 수백만 년이 흐르는 동안 진흙은 굳어서 독일 남부의 입자가 아주 고운 졸른호펜 석회암이 되었다. 이 암석에는 뼈대뿐 아니라 깃털의 자국까지 아주 상세히 보존되어 있다. 최초로 발견된 깃털 화석이었다.

뼈로 된 꼬리
깃털로 덮인 꼬리에는 전형적인 수각류의 꼬리처럼 뼈가 길게 뻗어 있었다.

발가락과 발톱
대다수의 수각류처럼 시조새는 발가락이 네 개이며, 발의 안쪽에 난 첫째 발가락이 다른 발가락들보다 훨씬 짧았다. 발톱은 달리는 데 알맞은 모양이었다. 아마 나무를 기어오르고 나뭇가지에 앉아 있는 데 주로 쓰였겠지만, 도마뱀이나 큰 곤충 같은 먹이를 꽉 누르는 데에도 쓰였을 것이다.

깃털로 덮인 다리
다리가 긴 '비행 깃털'로 덮여 있었다는 새로운 연구 결과가 나왔다.

치명적인 발톱
유달리 날카로운 발톱이 달린 둘째 발가락을 치켜올린 모습이 벨로키랍토르(108~109쪽)의 발과 비슷했다.

시조새 화석

시조새는 **데이노니쿠스와 벨로키랍토르** 같은 빠르고 날랜 사냥꾼의 먼 친척이었다.

시조새의 영어 이름인 아르카이옵테릭스는 '**고대 날개**'라는 뜻이다.

짧은 날개
날개는 아주 짧지만, 짧게 비행할 수 있었을 것이다.

날개 손톱
당시의 대다수 수각류 공룡처럼, 시조새도 튼튼한 손톱이 세 개 달린 손을 지니고 있었다. 이 손으로 나뭇가지를 헤치고 지나가거나 먹이를 잡았을 수도 있다.

공룡
시조새

- **생존 연대:** 1억 5100만~1억 4600만 년 전
- **사는 곳:** 숲이 있는 섬
- **길이:** 45cm
- **먹이:** 곤충과 작은 파충류

뼈로 된 턱
이빨이 난 턱은 현생 조류의 부리보다 무거웠다.

날카로운 이빨
작고 뾰족한 이빨은 작은 동물을 잡는 데 알맞았다.

비행 근육
가슴뼈가 납작한 것으로 볼 때, 시조새는 비행 근육이 아주 작았을 것이 틀림없다.

하늘을 나는 먹이
이 하루살이처럼 느리게 나는 곤충은 먹이가 되었을 것이다.

시조새

이 동물의 화석은 1861년에 처음 발견되었다. 분명히 새 같은 깃털을 지니고 있었지만, 뼈는 중생대의 많은 작은 공룡들의 것과 다를 바 없었다.

현생 조류와 달리, 시조새는 이빨, 날개에 손톱, 뼈로 된 꼬리가 있었다. 최근에 중국에서 발견된 깃털이 있지만 날지 못하는 많은 수각류와 아주 비슷했다. 시조새의 날개가 더 길고, 날개 깃털이 하늘을 나는 새의 깃털과 기본 형태가 같다는 점만 달랐다. 시조새는 아마 잘 날지는 못했겠지만 그래도 날 수 있었을 것이고, 그래서 최초로 발견된 비행 공룡이라는 영예를 얻었다. 시조새가 조류 계통수의 정확히 어디에 끼워질지는 불분명하지만, 대다수 과학자가 조류의 계통수에 속한다는 데에는 동의한다.

10점 지금까지 발견된 시조새 화석 수.

백악기의 생명

중생대의 마지막 시기인 백악기는 공룡의 전성기였다. 앞선 쥐라기에 초대륙이 더 작은 여러 대륙으로 쪼개지면서, 공룡은 더욱 다양해지고 놀라운 모습으로 분화했다. 백악기에는 지구 역사상 가장 큰 비행 동물도 진화했다.

백악기 세계

약 1억 4500만 년 전 쥐라기는 많은 해양 동물을 멸종시킨 사건으로 끝이 났지만, 육상 동물은 영향을 덜 받았다. 쥐라기가 끝난 뒤 시작된 백악기는 6600만 년 전까지 이어졌다. 이 긴 세월 동안 대륙들은 더욱 쪼개졌고, 생명은 각 대륙에서 서로 다르게 진화했다. 그럼으로써 종 다양성은 점점 커졌고, 특히 새롭고 다양한 공룡들이 많이 진화했다.

북극해
북아메리카
북아메리카는 현재의 초원 지대가 남북으로 가로지르는 바다에 잠겨서 둘로 나뉘어 있었다.
북대서양
태평양
북아메리카와 남아메리카는 카리브해로 나뉘어 있었고, 한 곳도 전혀 이어져 있지 않았다.
남아메리카
남대서양이 열리면서 남아메리카와 아프리카를 점점 더 멀리 떼어놓았다.
남대서양

1억 4500만~6600만 년 전
백악기의 대륙과 대양

변하는 세계

로라시아와 곤드와나는 백악기에 더 작게 쪼개지기 시작했다. 대서양이 열리면서 아메리카는 아시아 및 아프리카와 멀어졌고, 인도도 홀로 떨어진 대륙이 되었다. 처음에는 해수면이 높아서 대륙들의 곳곳이 물에 잠겼기에, 대륙의 윤곽이 지금과 달랐다. 백악기 말이 되자 대륙들은 지금과 비슷한 모습을 갖추었다.

환경

백악기에 대륙들이 쪼개지면서 더욱 다양한 환경이 생겨났다. 열대에서 극지방에 이르기까지, 각 대륙은 저마다 독특한 물리적 특성과 기후 조건을 지니게 되었다. 그 결과 각 대륙에 고립된 동식물들은 서로 다른 방향으로 새로운 종으로 진화했다.

기후

백악기는 기후가 주로 따뜻하고 온화한 시대였고, 멀리 북쪽 알래스카까지 야자나무가 자랐다. 그러나 말기로 갈수록 지구 평균 기온이 낮아졌다. 아마 일부 대륙 지역이 남북극에 더 가까이 다가갔기 때문일 수도 있다.

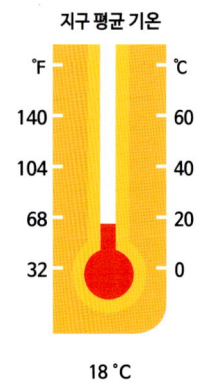
지구 평균 기온
18 °C

산림 지대
울창한 열대림과 더 트여 있는 산림 지대가 널리 퍼져 있었다. 우점종인 침엽수 사이에서 새로운 유형의 나무들과 더 작은 식물들이 자랐다.

건조 관목지
아시아의 중심부 같은 지역은 관목이 흩어져 자라는 사막과 반사막이었다. 이런 지역들의 가장자리는 이윽고 초원이 되었다.

대	중생대		
기	트라이아스기	쥐라기	
시간	2억 5200만 년 전	2억 100만 년 전	1억 4500만 년 전

동물

백악기도 쥐라기와 동물은 비슷했다. 그러나 대륙들이 쪼개지면서 동물 집단 사이의 교배가 중단되자, 동물은 점점 다양해져 갔다. 그 결과 많은 다양한 종류의 공룡이 진화했다. 더 작은 새로운 유형의 동물들, 특히 꽃에서 먹이를 얻는 곤충도 출현했다.

아시아는 시계 방향으로 회전하고, 아프리카는 북쪽으로 이동하면서 두 대륙은 점점 가까워져 갔다.

오스트레일리아는 아직 남극 대륙에 붙어 있었고, 함께 남극점을 향해 다가갔다.

육상 무척추동물
달콤한 꽃꿀을 지닌 꽃이 진화하자 나비와 벌 등 꽃꿀을 빠는 동물들도 많이 진화했다. 거미를 비롯한 작은 동물들도 많았다.

호박에 보존된 거미

포유류
작은 포유동물들은 트라이아스기 때부터 존재했지만, 백악기에는 최초의 태반 포유류가 진화했다. 포유류는 현재 가장 흔한 동물 집단이다.

에오마이아 (태반 포유류)

공룡
알사사우루스 같은 다양한 깃털 달린 수각류 등 많은 유형의 공룡이 진화했다.

알사사우루스

일러두기
- 고대 대륙
- 현대 대륙의 경계선

식물
백악기에 식물도 극적인 변화를 겪었다. 꽃식물이 나타났고 더 나아가 풀이 진화했다. 그러나 백악기가 끝날 때까지 꽃식물은 쥐라기부터 살아온 침엽수, 양치류, 석송류, 은행나무류에 비하면 그 수가 아주 적었다.

양치식물
이 음지 식물은 숲에 풍부했고, 다양한 초식 공룡의 중요한 먹이가 되었다.

침엽수
세쿼이아처럼 바늘잎이 달린 침엽수가 주류였지만, 활엽수도 서서히 늘어나고 있었다.

은행나무
활엽수를 포함한 꽃식물이 백악기 말에 늘어날 때, 은행나무류와 석송류는 점점 줄어들었다.

꽃식물
백악기 말에 목련과 수련 같은 초기 꽃식물들의 꽃이 점점 풍경을 장식하고 있었다.

해양 동물
대형 해양 파충류는 여전히 바다의 최상위 포식자였지만, 히보두스 같은 상어 등 다른 사냥꾼들에게 도전을 받았다. 상어는 어류와 암모나이트 같은 다양한 무척추동물을 먹었다.

히보두스

백악기의 생명 ○ 이구아노돈

트라이아스기	쥐라기	백악기	신생대
2억 5200만 년 전	2억 100만 년 전	1억 4500만 년 전	6600만 년 전

단순한 이빨
초기 초식 공룡은 대개 나뭇잎 모양의 이빨을 지니고 있었다. 날카로운 부리로 뜯은 식물을 씹었다.

- 날카로운 가장자리
- 닳은 이빨

비늘 피부
피부의 굽힘과 감염을 막는 단단한 비늘이 몸을 덮고 있었다.

좁은 머리
머리뼈는 높고 폭이 아주 좁았으며, 눈이 높이 달려서 멀리까지 볼 수 있었다.

단단한 케라틴으로 이루어진 부리.

이구아노돈

이 코끼리만 한 초식 공룡은 이름이 붙여진 최초의 공룡 중 하나였다.
그때가 1825년으로, 대다수 과학자가 그런 동물이 살았다는 것조차 모르던 시절이었다.

1822년 영국 아마추어 지질학자 기디언 맨텔은 거대한 도마뱀의 것처럼 보이는 이빨 화석을 몇 점 발견했다. 아주 큰 이구아나의 이빨처럼 보였고, 1825년에 그 동물에 정식으로 '이구아노돈'이라는 이름이 붙었다. 이름이 붙은 최초의 공룡 중 하나였다. 1878년에는 비슷한 이빨을 지닌 훨씬 더 온전한 뼈대가 벨기에에서 발견되었다. 화석은 이구아노돈이 대개 네 다리로 걸으면서 쇠뜨기, 석송, 침엽수 같은 식물을 먹는 커다란 조각류 공룡임을 보여 주었다.

만능 손
비록 팔에 더 가깝지만, 앞다리는 몸무게의 일부를 지탱할 수 있을 만치 길었다. 가운데에 있는 손가락 세 개로 몸을 받쳤다. 엄지에는 날카로운 가시가 나 있었고, 새끼손가락은 자유롭게 움직일 수 있었다.

- 엄지 가시
- 융합된 손가락들
- 자유롭게 움직이는 새끼손가락
- 발굽 같은 손톱

융합된 손가락
가운데 세 손가락은 살로 덮여서 하나가 되어 있었다.

38점 1878년 벨기에의 한 탄광에서 발견된 이구아노돈 뼈대 수.

이구아노돈은 아마 굵은 엄지 가시를 방어 무기로 썼을 것이다.

3톤 이구아노돈의 평균 몸무게. 승용차 무게의 약 두 배다.

빳빳한 꼬리
머리와 상체의 몸무게를 길고 빳빳하고 무거운 꼬리로 균형을 잡았다.

공룡
이구아노돈
- **생존 연대:** 1억 3000만~1억 2500만 년 전
- **사는 곳:** 숲
- **길이:** 9m
- **먹이:** 식물

기디언 맨텔
많은 초기 고생물학자들처럼, 기디언 맨텔도 고생물학 전문가가 아니었다. 남는 시간에 취미로 화석을 모으던 시골 의사였다. 기디언이나 아니면 아내인 메리가 영국 남부의 한 채석장에서 커다란 이빨 화석을 발견했다. 그러나 그 이빨 화석이 맨텔이 '이구아노돈'이라고 이름 붙인 공룡의 이빨이라고 다른 과학자들이 동의하기까지는 3년이 걸렸다.

해석
맨텔이 기술한 화석은 분명히 커다란 파충류의 잔해였다. 그러나 이빨과 뼈 몇 점에 불과했기에, 동물이 어떤 모습이었는지는 수수께끼로 남아 있었다. 처음에는 네 다리를 쫙 벌린 거대한 도마뱀이라고 추측했다. 1878년에 온전한 뼈대가 발견되자, 과학자들은 이구아노돈을 캥거루처럼 꼬리를 늘어뜨린 채 앉은 모습으로 재구성했다. 지금은 이구아노돈이 때때로 네 다리로 걷곤 했다는 것을 안다.

이구아노돈의 자세에 대한 다양한 추측

1854년	1878년	현대
웅크린 네발 동물	캥거루 자세	때때로 네발로 걸은 동물

크고 튼튼한 뒷다리
이구아노돈은 몸무게의 대부분을 굵은 뒷다리로 지탱했다.

백악기의 생명 ○ 시노사우롭테릭스

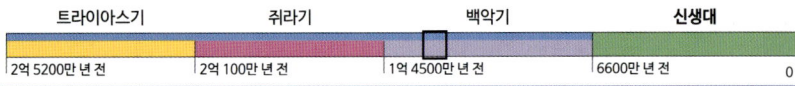

위장색
과학자들은 깃털을 분석하여 이 공룡의 체색을 재구성했다. 몸을 숨기기 좋은 색깔이었음이 드러났다.

이 작은 수각류를 통해서
**조류가 아니고
날지도 못하지만**
깃털을 지닌 공룡이 있었다는 것이 최초로 알려졌다.

뾰족한 주둥이
시노사우롭테릭스는 길고 뾰족한 주둥이에 작고 날카로운 이빨이 나 있었다.

작은 먹이
시노사우롭테릭스는 도마뱀, 곤충, 지네 같은 작은 동물을 사냥했다.

짧은 팔
팔과 손은 비교적 짧았지만, 먹이를 잡는 데 유용했다.

깃털 털가죽
현미경으로 보면 이 잔털 화석은 물결처럼 부드럽고 유연한 모습이다. 모습도 촉감도 포유류의 털 같을지 모르지만, 사실은 짧고 갈라진 유연한 깃털로 이루어져 있었다.

시노사우롭테릭스

1996년 중국에서 이 작고 빠르고 날렵한 사냥꾼 화석이 발견되자 큰 화제가 되었다. 시노사우롭테릭스가 일종의 잔털로 덮여 있었다는 것이 뚜렷이 드러났기 때문이다. 그리하여 모든 전형적인 공룡이 비늘 피부를 지녔다는 개념이 무너졌다.

세계 각지에서 비슷한 수각류의 뼈 화석이 발견되었지만, 시노사우롭테릭스가 발견되기 전까지 그 공룡들이 털로 덮여 있었다고 생각한 사람은 아무도 없었다. 사실 이 잔털은 몇몇 날지 못하는 새들이 지닌 것과 매우 흡사한 단순한 깃털이었다. 깃털이 아주 짧았기에, 이 깃털은 백악기 전기에 중국의 산림 지대에서 체온을 유지하기 위한 단열용이었을 가능성이 있다.

64개 시노사우롭테릭스의 유달리 긴 꼬리에 들어 있는 뼈의 수.

시노사우롭테릭스는 1996년 중국 랴오닝에서 취미로 화석을 찾아다니던 농민이 발견했다.

몸속에 아직 낳지 않은 알을 몇 개 지니고 있는 표본도 있다. **암컷임이 분명했다.**

긴 꼬리
꼬리는 유달리 길었고, 이 날쌘 사냥꾼이 달릴 때 균형을 잡는 역할을 했다.

공룡
시노사우롭테릭스
- **생존 연대:** 1억 3000만~1억 2500만 년 전
- **사는 곳:** 관목지와 산림 지대
- **길이:** 1m
- **먹이:** 작은 동물

보풀 같은 깃털
시노사우롭테릭스의 화석에 보존된 검은 잔털은 마치 털처럼 보인다. 하지만 털일 리는 없었다. 진정한 털은 포유류에게만 있기 때문이다. 과학자들은 시조새(76~77쪽) 같은 일부 공룡이 깃털을 지니고 있었음을 알았기에, 이 보풀처럼 보이는 것을 단순한 깃털로 설명할 수 있음을 알아차렸다.

보풀 같은 깃털

새끼 시노사우롭테릭스의 화석

튼튼한 다리
홀쭉한 다리에는 힘센 허벅지 근육이 있었다. 먹이를 빠르게 뒤쫓는 데 적합했다.

뚜렷한 증거
화제를 불러일으킨 이 화석은 암석의 무게로 납작해졌기에 세부 구조를 알아내기가 좀 어려웠다. 그러나 검은 잔털이 목, 등, 꼬리로 이어진다는 것은 명백했다. 다른 부위에서도 이런 잔털의 흔적이 보였기에, 몸 전체가 잔털로 덮여 있었음을 알 수 있다.

부드럽고 따뜻한 털
잔털 화석을 자세히 살펴보니, 두 종류의 섬유로 이루어져 있음이 드러났다. 속이 빈 굵은 섬유, 그 섬유와 비슷하게 놓인 훨씬 가는 섬유였다. 이는 잔털이 타조 깃털과 같은 구조였음을 나타낸다. 뻣뻣한 비행 깃털이 아니라, 새의 체온 유지를 돕는 솜깃털처럼 훨씬 부드러운 형태였다.

긴 발가락
시노사우롭테릭스는 발톱이 난 긴 발가락 세 개와 안쪽에 더 짧은 발가락 한 개를 지녔다.

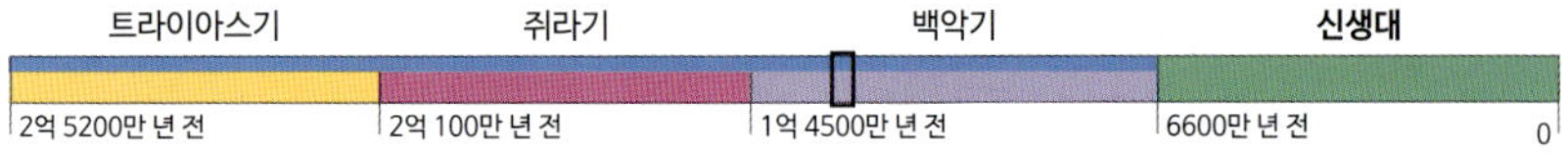

레페노마무스

백악기의 생명 · 레페노마무스

오소리만 한 레페노마무스는 지금까지 발견된 중생대 포유류 중 가장 큰 축에 속한다. 작은 공룡들과 먹이 경쟁을 한 육식 동물이었고, 작은 공룡들까지 잡아먹었다.

중생대 포유류는 대부분 땃쥐나 쥐만 했고, 씨앗이나 곤충 같은 작은 동물을 먹었다. 그러나 레페노마무스는 크기가 훨씬 더 컸고, 아마 다른 척추동물을 사냥했을 것이다. 강한 턱과 날카로운 이빨을 지녔다. 위장에 새끼 프시타코사우루스 (92~93쪽)가 들어 있는 표본도 한 점 발견되었다. 죽은 새끼를 발견해서 먹었을 수도 있지만, 추적하여 잡는 일도 쉽게 할 수 있었다.

트라이아스기 | 쥐라기 | 백악기 | 신생대
2억 5200만 년 전 | 2억 100만 년 전 | 1억 4500만 년 전 | 6600만 년 전 | 0

털로 덮인 꼬리
짧고 유연한 꼬리를 지녔으며, 아마 꼬리도 털로 덮였을 것이다.

강한 다리
짧고 튼튼한 다리로 넓은 지역을 돌아다니면서 먹이를 찾았다.

넓적한 발
이 포유류는 오소리나 스컹크처럼 넓적한 발의 발바닥으로 걸었다.

한 화석의 **위장에서 발견된** 새끼 프시타코사우루스는 길이가 15센티미터도 안 되었다.

트라이아스기	쥐라기	백악기	신생대
2억 5200만 년 전	2억 100만 년 전	1억 4500만 년 전	6600만 년 전 → 0

100점
영국 와이트섬의 한곳에서 발견된 힙실로포돈 화석의 수.

꼬리
긴 다리로 달릴 때 길고 빳빳한 꼬리로 균형을 잡았다.

위장색
적이 알아보기 어려운 색깔을 띠고 있었을 것이다.

긴 다리
긴 근육질 뒷다리로 아주 빨리 달릴 수 있었다.

날카로운 발톱
발에는 날카로운 긴 발톱이 난 긴 발가락이 네 개 있었다. 힙실로포돈은 발로 땅을 파서 즙이 많은 뿌리를 찾아 먹었을 수도 있고, 서식지인 산림 지대의 부드러운 흙을 잘 움켜쥐었을 것이다.

1869년에 이름이 붙여진 힙실로포돈은 과학계에 **처음으로** 알려진 작은 공룡 중 하나였다.

처음 뼈대 화석이 발견되었을 때, 사람들은 **새끼 이구아노돈**이라고 생각했다.

작은 몸
소화계가 커질 수 없었기에, 힙실로포돈은 영양가가 낮고 부피가 큰 먹이를 피했을 것이다.

좁은 부리
날카롭고 좁은 부리로 소화하기 쉬운 부드러운 어린잎과 싹을 뜯어 먹었다.

커다란 눈
눈이 컸고 '공막고리뼈'라는 뼈판이 눈에 둘러져 있었다. 이는 힙실로포돈이 밤에 돌아다녔다는 의미일 수도 있다. 시야가 넓도록 눈은 머리 양쪽에 붙어 있어서 먹으면서도 위험이 닥치는지 알 수 있었다.

손가락 다섯 개
손에는 손가락이 다섯 개였지만, 다섯 번째 손가락은 아주 작았다.

공룡
힙실로포돈
- **생존 연대:** 1억 3000만~1억 2500만 년 전
- **사는 곳:** 산림 지대
- **길이:** 1.5m
- **먹이:** 식물

나무타기 공룡?
20세기 초에 몇몇 과학자들은 힙실로포돈이 발가락으로 가지를 감아쥐고서 나무를 기어오를 수 있었을 것이라고 생각했다. 덴마크 연구자 게르하르드 하일만은 이 나무타기캥거루처럼 평생을 나무 위에서 생활했을 것이라는 주장까지 했다. 그러나 1971년 힙실로포돈의 뼈를 꼼꼼히 조사하니 나무 위 생활이 불가능하다는 것이 드러났다. 지금은 땅에서 살았다는 사실이 명확해졌다.

힙실로포돈

작고 가볍고 날랜 이 우아한 초식 동물은 대형 포식자들을 피해 잘 숨어 다니면서, 거대한 친척들과 함께 잘 살아 나갔다.

백악기에 조각류는 무거운 이구아노돈(82~83쪽)과 그 친척들처럼 다양하고 특이한 형태로 진화했다. 그러나 더 작고 덜 분화한 조각류들도 여전히 잘 살아가고 있었다. 아마 여러 다양한 서식지에서 살 수 있었기 때문일 것이다. 힙실로포돈은 이런 작은 초식 공룡의 전형적인 형태였다. 탁 트인 산림 지대에 군데군데 자라는 덤불에서 먹이를 찾아다니면서 대부분의 시간을 보냈을 것이다. 적을 피해 잘 숨을 수 있는 곳이다. 그러나 위험이 닥치면 아주 빨리 달릴 수 있었다.

자르는 이빨
다른 조각류처럼 힙실로포돈도 부리가 있었지만, 위턱 양쪽으로 뾰족한 앞니가 다섯 개씩 나 있었다. 부채 모양의 어금니는 가윗날처럼 작동했다. 아래턱이 위턱 안쪽으로 닫히면서 식물을 잘랐다.

힙실로포돈의 자르는 이빨은 저절로 날카롭게 갈렸을 수도 있다.

콘푸키우소르니스

이 깃털 공룡의 화석은 중국 랴오닝에서 수백 점이 발견되었다. 1억 2000만여 년 전에 새처럼 떼 지어 날던 동물이 있었음을 보여 준다.

뼈로 된 긴 꼬리도 없고, 부리에 이빨도 없으며, 날개가 길고, 비행 깃털이 겹쳐 나 있는 등 언뜻 보면 현생 조류처럼 보인다. 그러나 날개가 굽는 부위에 커다란 손톱이 달려 있고, 정상적인 꼬리 깃털도 없었다. 꼬리에 아마도 과시용일 긴 장식깃이 달려 있긴 하다. 날개는 더 이전의 조류보다 바깥 비행 깃털이 훨씬 더 길었지만, 비행 근육이 작아서 비행 능력은 덜 발달한 듯하다.

한 고대 호수의 바닥에서 콘푸키우소르니스 화석이 놀라울 정도로 많이 발견된 것은 이들이 떼 지어 있다가 **유독한 화산 가스에** 한꺼번에 죽었기 때문일 수 있다.

긴 일차 비행깃
바깥 날개 깃털은 현생 조류의 깃털만큼 길었다.

손톱이 달린 손가락
날개에 달린 강력한 손톱은 나무 사이를 헤치고 돌아다니는 데 쓰였을 수도 있다.

억센 부리
콘푸키우소르니스는 오스트레일리아에 사는 웃음물총새(위)처럼 튼튼한 부리를 지녔고, 아마 먹이도 비슷했을 것이다. 작은 동물을 먹었고, 위장에서 물고기 뼈가 발견된 화석도 있다.

콘푸키우소르니스는 중국 철학자 공자의 이름과 '새'라는 그리스어를 조합한 것이다.

500마리 중국의 한 박물관에 소장된 콘푸키우소르니스 화석 수.

한 쌍의 긴 꼬리 장식깃
긴 꼬리 장식깃을 지닌 표본은 이 아시아의 북방긴꼬리딱새처럼 번식깃이 난 수컷임이 거의 확실하다. 번식기에 장식깃을 뽐내면서 과시 행동을 했을 것이다.

뭉툭한 꼬리
꽁지깃이 부채처럼 펼쳐진 전형적인 현생 조류의 꽁지깃과 달리 그냥 뭉툭했다.

화려한 수컷
최근의 연구를 통해 꼬리가 긴 화석이 수컷임이 확인되었다. 암컷은 꼬리가 짧았고, 아마 색깔도 덜 화려했을 것이다. 이런 암수의 차이는 꿩 같은 현생 조류에서도 종종 나타난다. 암컷(왼쪽)은 둥지에서 알을 품을 때 들키지 않도록 위장색을 띤 반면, 수컷은 뽐내기 좋은 화려한 색깔을 띤다.

공룡
콘푸키우소르니스
- 생존 연대: 1억 2500만~1억 2000만 년 전
- 사는 곳: 숲
- 길이: 30cm
- 먹이: 주로 작은 동물

횃대에 앉는 발
콘푸키우소르니스는 발가락 네 개는 앞을 향하고, 한 개는 뒤를 향해 있어서 나뭇가지를 움켜쥐고 앉을 수 있었다.

길고 짧은
긴 꼬리를 가진 콘푸키우소르니스 화석과 함께 발견된 이 화석은 모습이 그 공룡과 놀라울 만치 비슷하지만, 장식용 꽁지깃이 없다. 암컷일 수도 있고, 꽁지깃이 빠지고 새로 자라기 시작한 수컷일 수도 있다.

백악기의 생명 ○ 프시타코사우루스

뺨의 뿔
뺨에서 뼈가 뿔처럼 자랐다.

앵무새 부리
'프시타코사우루스'라는 이름은 '앵무 도마뱀'이라는 뜻으로, 앵무새의 부리 같은 좁은 부리를 지닌다. 이 동물은 식물을 먹었고, 아마 씨앗을 많이 먹었을 것이다. 이 부리로 딱딱한 열매도 깨 먹었을 수 있다!

프시타코사우루스

더 뒤에 진화한 유명한 트리케라톱스(138~139쪽) 같은 대형 뿔 공룡의 친척이다. 앵무 부리를 지닌 이 작은 공룡은 백악기 전기 중국에서 가장 흔하고 가장 성공한 초식 공룡에 속했다. 적어도 아홉 종이 발견되었다.

케라톱스류는 뿔과 목에 뼈로 된 거대한 주름 장식을 두른 것으로 유명한 조반류 집단이다. 대부분 백악기 후기에 살았다. 네 다리로 걷는 크고 무거운 동물들이었지만, 프시타코사우루스 같은 초기 형태는 훨씬 더 작았고, 뒷다리로 서서 달렸다. 모든 케라톱스류처럼, 프시타코사우루스도 식물을 가위처럼 잘라 먹는 좁은 부리와 날카로운 어금니를 지녔다. 가장 기이한 특징으로 꼬리 끝에 긴 센털들이 솔처럼 뻗어 나와 있었다.

일부 과학자들은 프시타코사우루스가 수달이나 비버처럼 물에서 많은 시간을 보냈을 것이라고 본다.

알려진 표본 400점 중에서 꼬리에 센털이 난 것은 한 점뿐이다.

34점 한 둥지에서 발견된 새끼 프시타코사우루스 화석의 수. 굴 붕괴나 화산 분출로 몰살당했을 것이다.

공룡
프시타코사우루스

- **생존 연대:** 1억 2500만~1억 년 전
- **사는 곳:** 축축한 산림 지대
- **길이:** 2m
- **먹이:** 식물과 씨앗

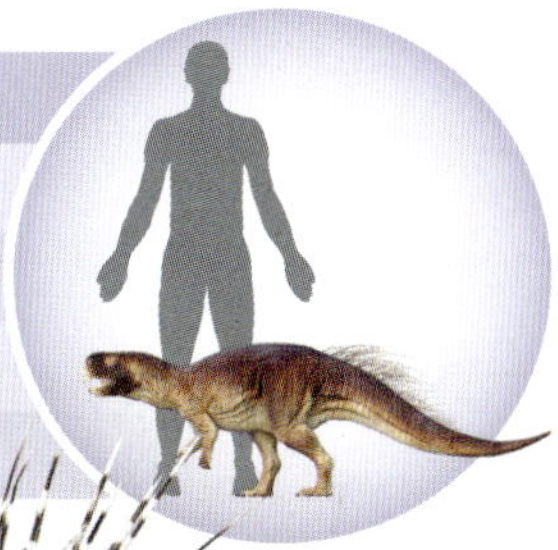

비늘 피부
몸은 대부분 다양한 크기의 둥근 비늘로 덮여 있었다.

솔 같은 꼬리
꼬리의 센털은 호저의 머리에 솟아난 길고 꽤 뻣뻣한 털과 비슷했다. 아마 경쟁자들끼리 과시하는 데 쓰였을 듯하며, 수컷만 지녔을 것이다.

긴 뒷다리
성체는 뒷다리로 걸었지만, 새끼는 네 다리로 걸은 듯하다.

400점 지금까지 발견된 프시타코사우루스의 표본 수. 표본들의 나이와 유형이 다양하기에, 중생대 공룡을 이해하는 데 가장 큰 기여를 했다.

강한 발가락
발에는 걷고 땅을 파는 데 쓰이는 네 개의 튼튼한 발가락이 있었다.

놀라운 화석
중국에서 발견된 화석 덕분에 프시타코사우루스는 연구가 꽤 많이 되었다. 이 화석은 피부, 근육, 위장 내용물, 긴 꼬리의 센털까지 상세히 보존되어 있다. 이 화석을 연구하여 체색까지도 알아냈다. 짙은 색과 옅은 색의 무늬가 '방어피음(역그늘색)' 형태를 이루고 있었다. 숲에 사는 이 동물은 포식자에게 잘 들키지 않는 무늬를 지닌 듯하다.

꼬리 센털 중에는 길이가 16센티미터에 달하는 것도 있었다.

뒷다리가 몸 밑에 접혀 있다.

뒤범벅된 머리뼈

비늘 피부 조각

프시타코사우루스 화석

위석
위장에 든 작은 돌은 딱딱한 씨앗을 부수어서 소화하기 쉽게 짓이기는 데 도움을 주었다.

백악기의 생명 ○ 무타부라사우루스

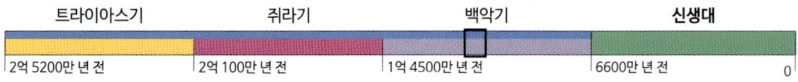

부풀릴 수 있는 볏
무타부라사우루스의 주둥이 위에 난 뼈로 된 혹에는 이 두건물범 수컷의 볏처럼 부풀릴 수 있는 볏이 나 있었을 수도 있다. 이 물범은 경쟁자들에게 과시할 때 볏을 부풀린다. 이 공룡도 아마 그랬을 것이다.

튼튼한 부리
날카롭고 튼튼한 부리는 질긴 식물을 뜯는 데 알맞았다.

가위 이빨
이빨은 가위처럼 식물을 잘랐다.

긴 목
조각류치고는 유달리 목이 길었고, 낮게 자란 식물을 따 먹는 데 유용했을 것이다.

이중 목적의 손
뭉툭한 손톱이 달린 손은 몸무게를 지탱할 만큼 튼튼했다.

> 같은 종의 개체들끼리 서로를 알아볼 수 있도록, 무타부라사우루스 종마다 독특한 소리를 냈을 것이다.

무타부라사우루스

오스트레일리아에서 발견된 가장 유명한 공룡 중 하나인 무타부라사우루스는 화석지에서 가장 가까운 소도시의 이름을 땄다. 퀸즐랜드의 무타부라이다. 가장 인상적인 특징은 주둥이 위에 달린 커다랗고 아마 부풀릴 수 있었을 볏이었다.

코뿔소만 한 이 공룡은 커다란 초식성 조각류였다. 이구아노돈(82~83쪽)과 비슷했지만, 이구아노돈과 그 친척들보다 훨씬 이전에 진화한 조각류 집단에 속했다. 그래서 이구아노돈보다 더 늦게 출현했음에도 '고등한' 특징이 더 적었다. 손발을 다 써서 걸었음에도, 손은 걷는 데 그다지 잘 적응되어 있지 않았다. 무타부라사우루스는 두 종이 있으며, 볏의 부드러운 조직을 지탱하는 뼈 구조의 모양이 다르다.

수컷만 볏이 있었고, 볏을 수컷끼리 경쟁할 때 위협용으로 썼을 수도 있다.

많은 초식 공룡처럼, 무타부라사우루스도 큰 무리를 이루어 살았을 것이다.

예전에 일부 과학자들은 이 공룡이 식물뿐 아니라 동물도 먹었을 것이라고 생각했다.

공룡
무타부라사우루스
- 생존 연대: 1억 1200만~1억 년 전
- 사는 곳: 숲
- 길이: 7m
- 먹이: 식물

무엇을 먹었을까?
백악기 전기에 살던 식물의 화석은 무타부라사우루스가 침엽수, 양치류, 이 화석과 같은 석송류의 질긴 잎을 먹었을 것임을 보여 준다. 수련 같은 꽃식물도 진화하기는 했지만, 무타부라사우루스가 멸종한 지 오랜 뒤에야 퍼졌다.

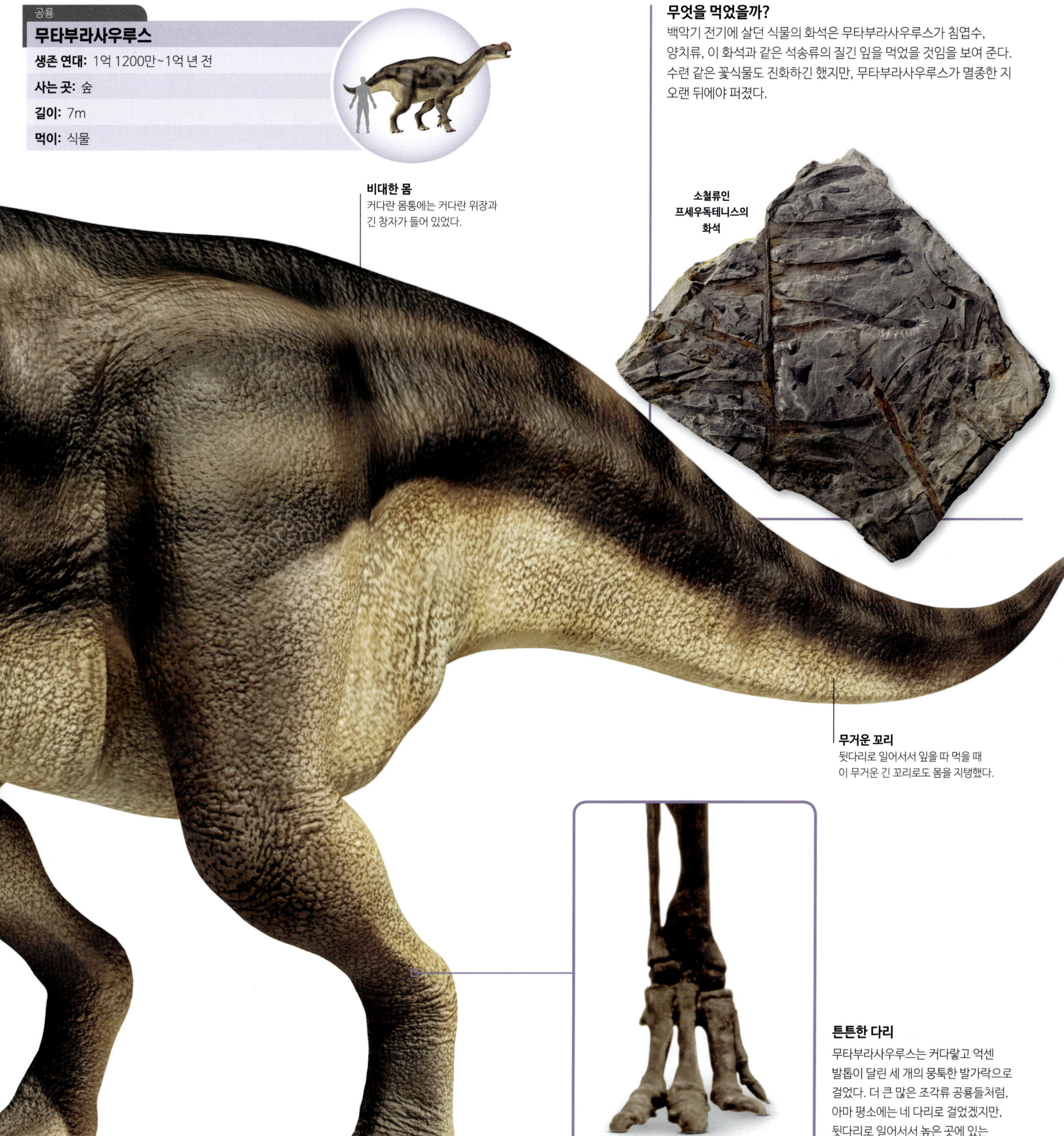

비대한 몸
커다란 몸통에는 커다란 위장과 긴 창자가 들어 있었다.

소철류인 프세우독테니스의 화석

무거운 꼬리
뒷다리로 일어서서 잎을 따 먹을 때 이 무거운 긴 꼬리로도 몸을 지탱했다.

튼튼한 다리
무타부라사우루스는 커다랗고 억센 발톱이 달린 세 개의 뭉툭한 발가락으로 걸었다. 더 큰 많은 조각류 공룡들처럼, 아마 평소에는 네 다리로 걸었겠지만, 뒷다리로 일어서서 높은 곳에 있는 먹이도 따 먹을 수 있었을 것이다.

프테로다우스트로

이 기이한 동물은 가장 희한하면서 가장 분화한 익룡 중 하나였다. 얕은 석호에서 작은 동물을 걸러 먹는 데 적응한 별난 이빨을 지녔다.

프테로닥틸루스(68~69쪽)의 친척으로, 큰 물갈퀴 발을 지닌 프테로다우스트로도 해안의 얕은 물을 서식지로 삼았다. 그러나 물거나 씹는 이빨 대신에, 센털에 가까운 길고 가는 이빨 수백 개로 물을 걸러서 먹이를 잡았다. 작은 수생 동물을 거른 뒤, 뭉쳐서 삼켰다. 연안에 사는 새들처럼 떼 지어서 함께 먹이를 먹으러 다닌 듯하다.

접힌 날개
땅에서는 날개 바깥쪽을 등 위로 접어 올렸다.

털로 덮인 몸
몸은 포유류의 털과 비슷해 보이는 털처럼 생긴 섬유질로 덮여 있었다.

긴 목
목이 길고 유연해서 물속으로 집어넣어서 먹이를 먹을 수 있었다.

커다란 발
물갈퀴가 있는 아주 큰 발은 부드러운 개펄을 걷거나 헤엄칠 때에도 유용했다.

손톱 달린 손
프테로다우스트로의 손은 걷는 데 쓰였다.

750점 지금까지 아르헨티나와 중국에서 발견된 화석 표본 수.

프테로다우스트로의 센털 같은 이빨은 지구 역사상 가장 특이한 유형에 속했다.

1,000개 프테로다우스트로의 턱에 난 이빨 수.

익룡
프테로다우스트로

생존 연대: 1억 1200만~1억 년 전
사는 곳: 조간대
날개폭: 2.5m
먹이: 작은 해양 동물

긴 날개
날개가 길기에, 대다수 현생 바닷새처럼 비행을 잘했다.

여과 섭식자
프테로다우스트로의 뻣뻣한 이빨은 여과 섭식자인 수염고래류의 턱에 나 있는 고래수염과 아주 비슷하다. 고래는 이 수염으로 물을 걸러서 먹이를 잡는다. 많은 수염고래는 크고 강한 혀로 세차게 물을 밀어내는데, 프테로다우스트로도 같은 방법을 썼을 가능성이 있다.

별난 이빨
아래 이빨은 길이가 30밀리미터까지 자랐고, 납작한 센털 같은 모양으로 빗처럼 죽 늘어서 있었다. 위턱에는 아마 먹이를 짓이기는 데 썼을 작은 이빨 수백 개가 나 있었다.

사회적 동물
익룡인 프테로다우스트로의 턱이 위로 굽은 모양은 뒷부리장다리물떼새의 부리와 비슷하다. 이 새는 수면에서 부리를 좌우로 움직여서 먹이를 잡는다. 뒷부리장다리물떼새는 떼 지어 사는데, 프테로다우스트로 수백 마리의 화석이 한곳에서 발견되었다는 사실은 프테로다우스트로도 떼 지어 살았음을 나타낸다.

턱 근육
체 같은 이빨 사이로 물을 밀어내는 데 쓴 듯한 강한 턱 근육의 흔적이 있다.

일부 과학자들은 식성이 같은 홍학처럼, 이 익룡도 먹이 때문에 **몸이 분홍색을 띠었을** 수 있다고 말한다.

백악기의 생명 · 사우로펠타

위험한 먹잇감
사우로펠타가 살던 시대에는 뼈를 부수는 큰 이빨을 지닌 강력한 티라노사우루스는 아직 진화하지 않았다. 사우로펠타의 주된 적은 칼날 같은 이빨을 지닌 포식자들이었다. 그런 이빨은 질긴 피부를 베는 데 알맞았지만, 뼈에 부딪치면 쉽게 부러졌다. 그런 포식자 중 가장 컸던 아크로칸토사우루스도 사우로펠타의 방어 앞에 물러났을지 모른다.

아크로칸토사우루스

뼈로 된 징
등에는 단단한 뼈로 된 커다란 원뿔 모양의 징이 줄줄이 박혀 있었다. 징 사이의 피부에는 뼈로 된 더 작은 혹들이 촘촘하게 박혀서 유연한 방패를 이루고 있었다.

꼬리 날
양쪽으로 날카로운 판이 죽 박혀 있어서 꼬리는 아주 효과적인 무기가 되었다.

짧은 다리
사우로펠타는 머리를 거의 땅에 댄 채 튼튼하면서 짧은 네 다리로 걸었다.

사우로펠타

뼈로 된 징과 인상적인 어깨 가시로 뒤덮인 위협적인 모습의 사우로펠타는 백악기 전기의 가장 놀라운 공룡 중 하나였다. 당대의 날카로운 이빨의 사냥꾼들 중 상당수와 맞섰을 것이 확실하다.

사우로펠타는 갑옷을 입은 안킬로사우루스류, 즉 '탱크 공룡' 중에서 '노도사우루스과'라는 특수한 집단에 속했다. 에우오플로케팔루스(124~125쪽) 같은 안킬로사우루스과와 달리 무거운 꼬리 곤봉이 없고 가시가 많이 나 있는 집단이었다. 사우로펠타의 가시와 징은 거의 무적이었고, 이 공룡은 갑옷 꼬리로도 자신을 방어할 수 있었다. 그러나 이 모습은 경쟁자를 위협하거나 짝 후보에게 강한 인상을 심어 주는 데에도 쓰였을지 모른다.

38cm 가장 긴 **목 가시**의 안에 든 **뼈**의 길이.

사우로펠타는 '**방패 도마뱀**'이라는 뜻이다.

이 공룡은 아마 **방어를 위해 무리를 지어** 살았을 것이다.

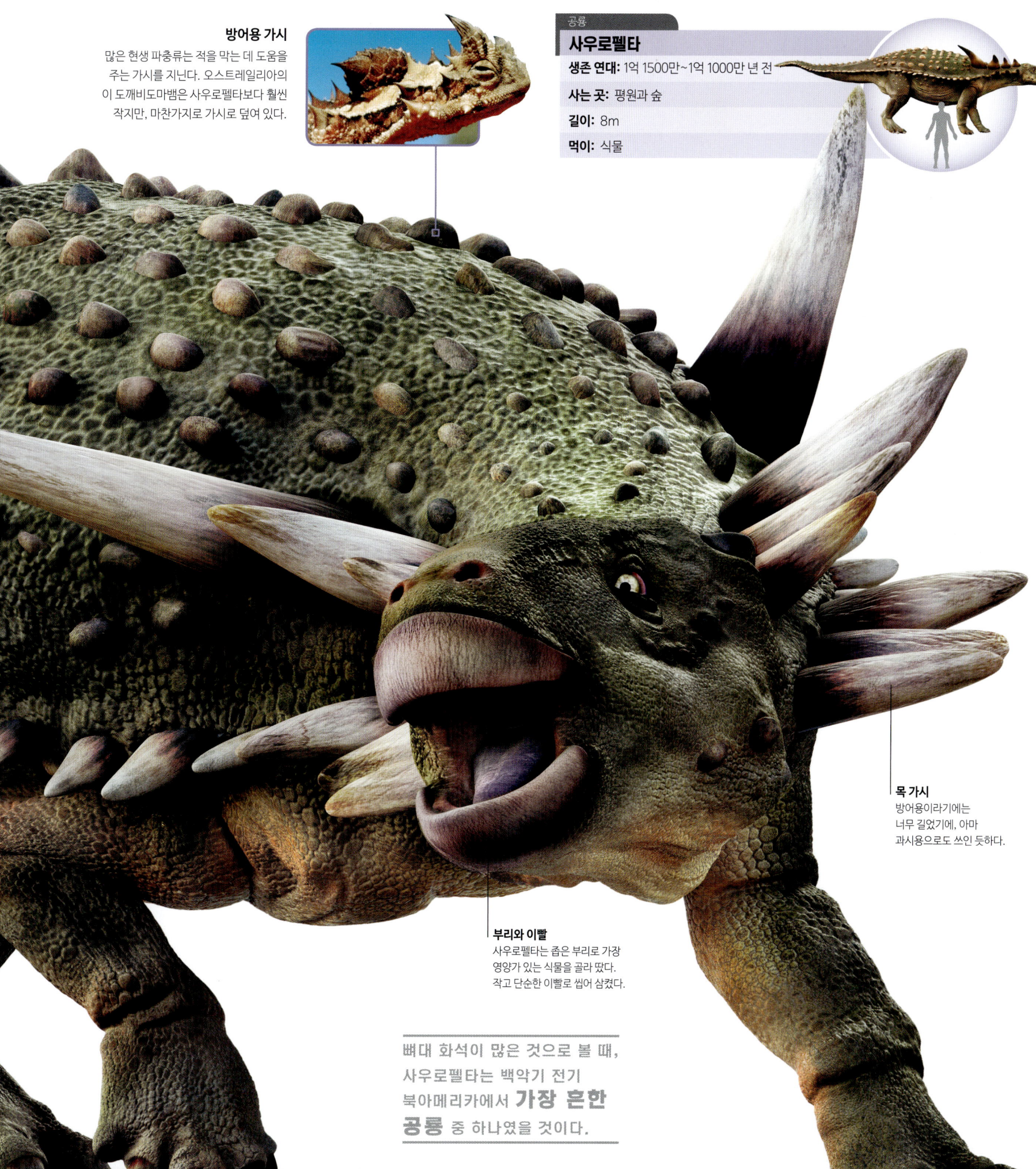

방어용 가시
많은 현생 파충류는 적을 막는 데 도움을 주는 가시를 지닌다. 오스트레일리아의 이 도깨비도마뱀은 사우로펠타보다 훨씬 작지만, 마찬가지로 가시로 덮여 있다.

공룡
사우로펠타
생존 연대: 1억 1500만~1억 1000만 년 전
사는 곳: 평원과 숲
길이: 8m
먹이: 식물

목 가시
방어용이라기에는 너무 길었기에, 아마 과시용으로도 쓰인 듯하다.

부리와 이빨
사우로펠타는 좁은 부리로 가장 영양가 있는 식물을 골라 땄다. 작고 단순한 이빨로 씹어 삼켰다.

뼈대 화석이 많은 것으로 볼 때, 사우로펠타는 백악기 전기 북아메리카에서 **가장 흔한 공룡** 중 하나였을 것이다.

경계 경보

초가을 늦은 오후, 프시타코사우루스 무리가 숲속 호수에서 맛 좋은 식물을 찾아다니고 있다. 프시타코사우루스는 날카로운 부리로 얕은 물 속에 있는 식물을 뽑아서 먹을 수 있다.

그때 갑자기 소동이 일면서 많은 콘푸키우소르니스들이 시끄럽게 경계 소리를 울리면서 나무에서 튀어나온다. 콘푸키우소르니스들은 반대편 호수 위로 내려와서 물속으로 뛰어든다. 그러나 콘푸키우소르니스들이 무엇에 겁을 먹었는지 몰라도, 더 큰 공룡들에게는 전혀 위협이 안 되는 듯하다. 프시타코사우루스는 다시 먹이를 찾는 데 몰두한다.

스피노사우루스

장엄한 티라노사우루스 렉스(140~141쪽)보다 아마 더 길고 더 무거웠을 이 거대한 수각류는 지구 역사상 가장 큰 육상 포식자였을지 모른다.

발견되었을 때 가장 흥분을 불러일으킨 공룡 중 하나였지만, 발견된 것이 뼈 몇 점뿐이어서 가장 수수께끼 같은 공룡에 속하기도 하다. 발견된 뼈로 판단할 때, 이 공룡은 등에 유별나게 늘어난 척추뼈로 떠받치는 장엄한 '돛'을 달고 있었다. 남아 있는 머리뼈는 긴 턱과 날카로운 이빨을 지녔음을 알려 준다. 마치 악어처럼 주로 얕은 물에서 물고기를 잡아먹었을 듯하다.

뼈볏
눈 앞쪽에 있는 짧고 부채 같은 뼈볏은 과시용이었다.

유연한 목
스피노사우루스는 길고 유연한 목을 움직여서 먹이를 빠르게 낚아챘을 것이다.

물고기를 잡는 턱
위턱에는 악어의 턱처럼 앞쪽에 크고 미끄러운 물고기를 잡는 데 알맞은 긴 이빨이 줄지어 왕관처럼 배열되어 있었다. 주둥이에 난 작은 구멍들에는 탁한 물에서 먹이를 찾는 데 쓰는 압력 감각기가 들어 있었을 수도 있다.

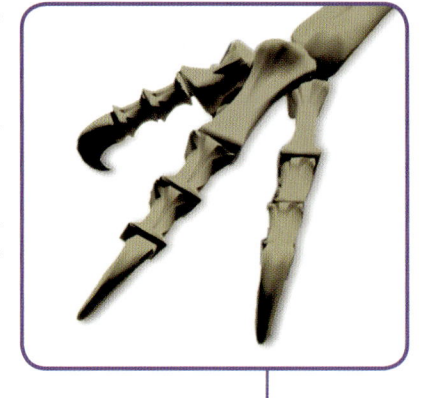

굽은 손톱
강한 팔에는 손가락이 세 개인 손이 있었고, 손가락에는 커다랗고 굽은 손톱이 나 있었다. 엄지에 난 손톱이 더 굽어 있었다. 이 손톱으로 물에서 물고기를 낚았을 수도 있다.

물갈퀴 달린 발가락
긴 발가락에는 물갈퀴가 달려 있어서 스피노사우루스가 헤엄칠 때 힘을 보탰을 것이다.

일부 연구자는 스피노사우루스의 '돛'이 꼬리의 상당 부분까지 뻗어 있었다고 본다.

이 공룡의 가장 좋은 화석들은 제2차 세계 대전 때 폭격으로 대부분 파괴되었다.

경이로운 돛
등에 '돛'이 높이 솟아 있어서 더욱 커 보였을 것이다.

유연한 꼬리
꼬리뼈로 미루어 볼 때, 스피노사우루스는 물속에서 헤엄칠 때 노처럼 저을 수 있는 길고 유연한 꼬리를 지녔다.

스피노사우루스는 **거대한 톱가오리와 실러캔스** 같은 강과 강어귀에 우글거리는 다양한 큰 물고기들을 사냥했을 가능성이 높다.

비늘 피부
다른 대다수 대형 수각류 공룡처럼 피부는 아마 비늘로 덮여 있었을 것이다.

공룡
스피노사우루스
- **생존 연대:** 1억 1200만~9700만 년 전
- **사는 곳:** 열대 습지
- **길이:** 16m
- **먹이:** 어류

새로운 아이디어
공룡 전문가들은 한때 스피노사우루스가 다른 대형 포식 공룡들과 비슷한 모습이었다고 추측했다. 땅 위에서 걷고 달리기에 알맞은 긴 뒷다리가 있었을 것이라고 여겼다. 그러나 2014년에 스피노사우루스가 다리가 짧고 발이 크고 넓적했다는 사실이 드러났다.
이런 특징들을 볼 때 스피노사우루스는 큰 강과 강어귀에서 헤엄을 치면서 물고기를 잡아먹으며 많은 시간을 보냈을 것이 틀림없다. 만약 스피노사우루스가 땅 위를 걸었다면, 네발로 걸었을 수도 있다.

아르젠티노사우루스

많은 공룡이 거대했지만, 이 거대한 티타노사우루스류는 거의 믿어지지 않을 만한 크기였다. 가장 큰 공룡이었을 뿐 아니라, 지구 역사상 가장 큰 동물 중 하나였을 것이다.

아르젠티노사우루스에 관해 우리가 아는 모든 지식은 **갈비뼈 몇 개, 척추뼈 몇 개, 다리뼈 두 개로부터** 추정한 것이다. 그래서 아직 얼마나 컸는지 확실하지 않다.

티타노사우루스류는 쥐라기 후기부터 대멸종이 일어날 때까지 번성한 목이 긴 용각류의 한 집단이었다. 비교적 작은 종류도 있었지만, 아르젠티노사우루스는 진정으로 거대했다. 뼈대 중 일부만 화석으로 발견되었지만, 가장 잘 알려진 티타노사우루스류의 뼈와 비교할 때 지구에 살았던 그 어떤 육상 동물보다도 컸을 가능성이 높다. 대다수의 용각류와 마찬가지로 아르젠티노사우루스도 높은 나무의 위쪽 가지에서 잎을 뜯어 먹는 쪽으로 적응했다. 아마 엄청난 식욕을 채우기 위해서 눈에 보이는 식물을 거의 닥치는 대로 먹어 치웠을 것이다.

비늘 피부
피부 바깥은 단단한 보호 비늘로 덮여 있었을 것이다.

무거운 꼬리
꼬리는 크고 무거웠지만, 디플로도쿠스(66~67쪽)의 꼬리보다는 짧았다.

무거운 뼈
아르젠티노사우루스의 화석 중에 가장 온전한 것은 무릎 아래쪽 다리의 일부였던 이 정강이뼈. 길이가 155센티미터로, 성인 남성의 턱까지 닿을 만큼 크다. 이 뼈는 몸무게를 받치기 위해 아주 무거웠으며, 그만큼 무릎과 발목 관절도 튼튼했을 것이다.

아르젠티노사우루스보다 무거운 동물은 거대한 대왕고래뿐이다.

24km/h 아르젠티노사우루스의 최고 속도 추정값.

공룡
아르젠티노사우루스
- 생존 연대: 9600만~9400만 년 전
- 사는 곳: 숲
- 길이: 35m
- 먹이: 식물

머리뼈
머리뼈는 아직 발견되지 않았지만, 과학자들은 주둥이가 넓적하고 짧으며, 턱 앞쪽에 커다란 연필 모양의 이빨이 나 있고, 씹는 이빨은 없었을 것으로 추정한다. 이 그림은 재구성한 모습이다.

긴 목
다른 티타노사우루스류처럼, 긴 목으로 나무 꼭대기에서 잎을 따 먹었다.

거대 공룡
지금까지 발견된 가장 긴 공룡은 아닐지라도, 아르젠티노사우루스는 아마 가장 컸고 따라서 가장 무거웠을 것이다. 그러나 더 온전한 화석이 발견되기 전까지는 확실하게 알지 못할 것이다.

아르젠티노사우루스 | 소방차 여섯 대

엄청난 무게
아르젠티노사우루스는 아주 무거웠다. 남아 있는 뼈들을 분석한 과학자들은 아르젠티노사우루스의 몸무게가 60~100톤일 것이라고 추정했다. 즉 소방차 여섯 대와 비슷하다. 이 엄청난 무게를 네 다리로 지탱했다.

뭉툭한 발
티타노사우루스류는 앞발이 매우 기이했다. 손이 변형된 것인데, 손가락이 전혀 없었다. 이는 티타노사우루스류가 손허리뼈, 즉 사람의 손바닥을 이루는 뼈로 서 있었다는 의미다.

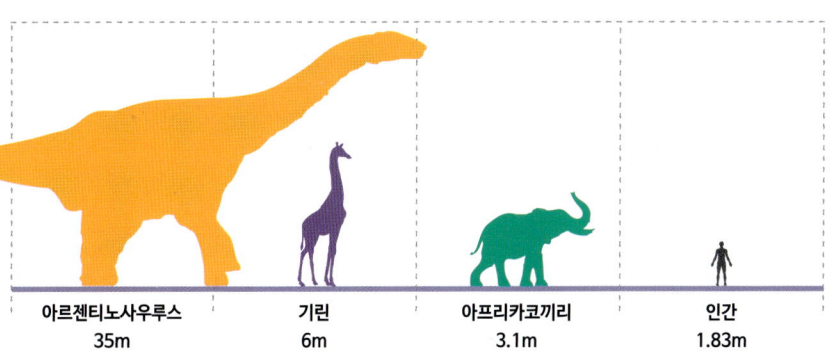

아르젠티노사우루스 35m | 기린 6m | 아프리카코끼리 3.1m | 인간 1.83m

엄청난 크기
거대한 용각류 중 가장 큰 축에 드는 아르젠티노사우루스에 비하면, 당시에 남아메리카에 살던 다른 공룡들은 대부분 작았을 것이다. 또 기린과 아프리카코끼리 같은 현생 육상 동물들보다 키가 훨씬 컸을 것이다.

암컷과 수컷

지금까지 발견된 프테라노돈 뼈대는 수백 마리에 달하며, 과학자들은 두 가지 뚜렷이 구별되는 유형이 암컷과 수컷일 수 있다고 본다. 비록 아직 논란이 있긴 하지만, 이 해석에 따르면 커다란 수컷 한 마리가 번식기에 암컷 두 마리 이상과 짝을 지었음을 보여 준다. 볏이 긴 수컷의 수가 적었기 때문이다.

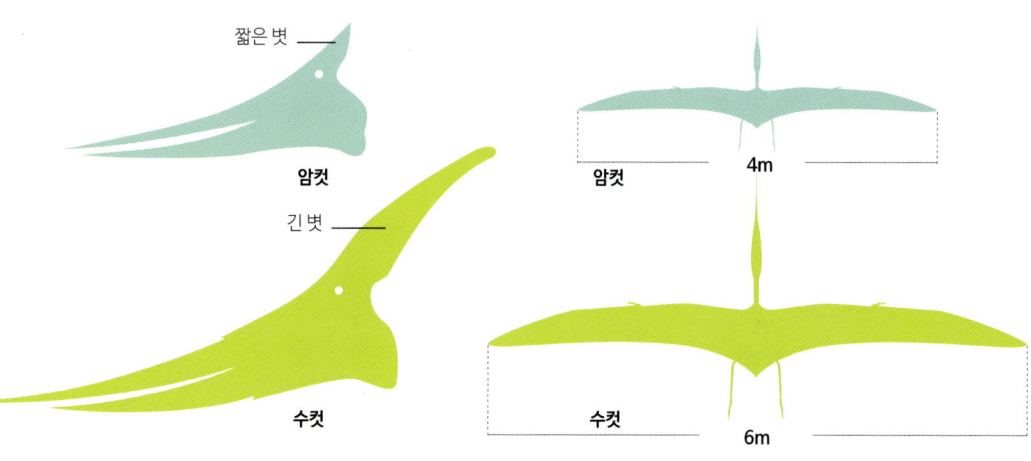

볏 모양
프테라노돈 롱기켑스 종의 수컷은 머리 뒤쪽에 놀라울 만치 길게 뻗은 볏을 지닌다. 암컷은 볏이 훨씬 더 짧았기에, 수컷의 이 놀라운 볏은 사슴 수컷의 뿔처럼 과시용이었을 수 있다. 사슴은 암컷을 차지하기 위해 경쟁할 때 뿔을 쓴다.

크기와 모양
다 자란 프테라노돈 암컷은 다 자란 수컷보다 훨씬 작았다. 어린 수컷도 작았지만, 성숙한 암컷은 골반이 수컷보다 더 넓어서 구별할 수 있다. 암컷은 가죽질 껍데기로 감싼 커다란 알을 낳기 쉽게 골반이 더 넓다.

프테라노돈

긴 볏을 지닌 거대한 프테라노돈은 지금까지 살았던 가장 경이로운 비행 동물 중 하나이자 멸종한 익룡 중에서 가장 잘 알려진 종이다. 화석이 많아서 먼 과거에 어떻게 살았는지를 꽤 상세히 밝혀낼 수 있었다.

백악기의 모든 익룡처럼, 프테라노돈도 꼬리가 짧고, 다리가 길며, 머리가 놀라울 만치 컸다. 작은 물고기를 잡는 데 적응한 길고 이빨 없는 부리를 지녔으며, 아마 앨버트로스처럼 날개폭이 최대 6미터에 이르는 긴 날개로 바람을 타면서, 주로 대양 상공에서 생활했을 것이다. 몸집이 더 큰 개체들은 머리에 큰 볏이 있었는데, 수컷 성체였을 가능성이 높다. 볏은 영역과 짝을 놓고 경쟁할 때 과시용으로 썼을 것이다.

감각 뇌의 해부 구조는 시력은 뛰어난 반면, 후각은 안 좋았음을 보여 준다.

긴 목 유연한 긴 목으로 물 위에 떠서 물고기를 낚아챌 수 있었다.

이빨 없는 부리 아주 긴 뾰족한 부리는 바닷새의 긴 부리와 비슷하며, 마찬가지로 먹이를 잡는 데 효과적이다.

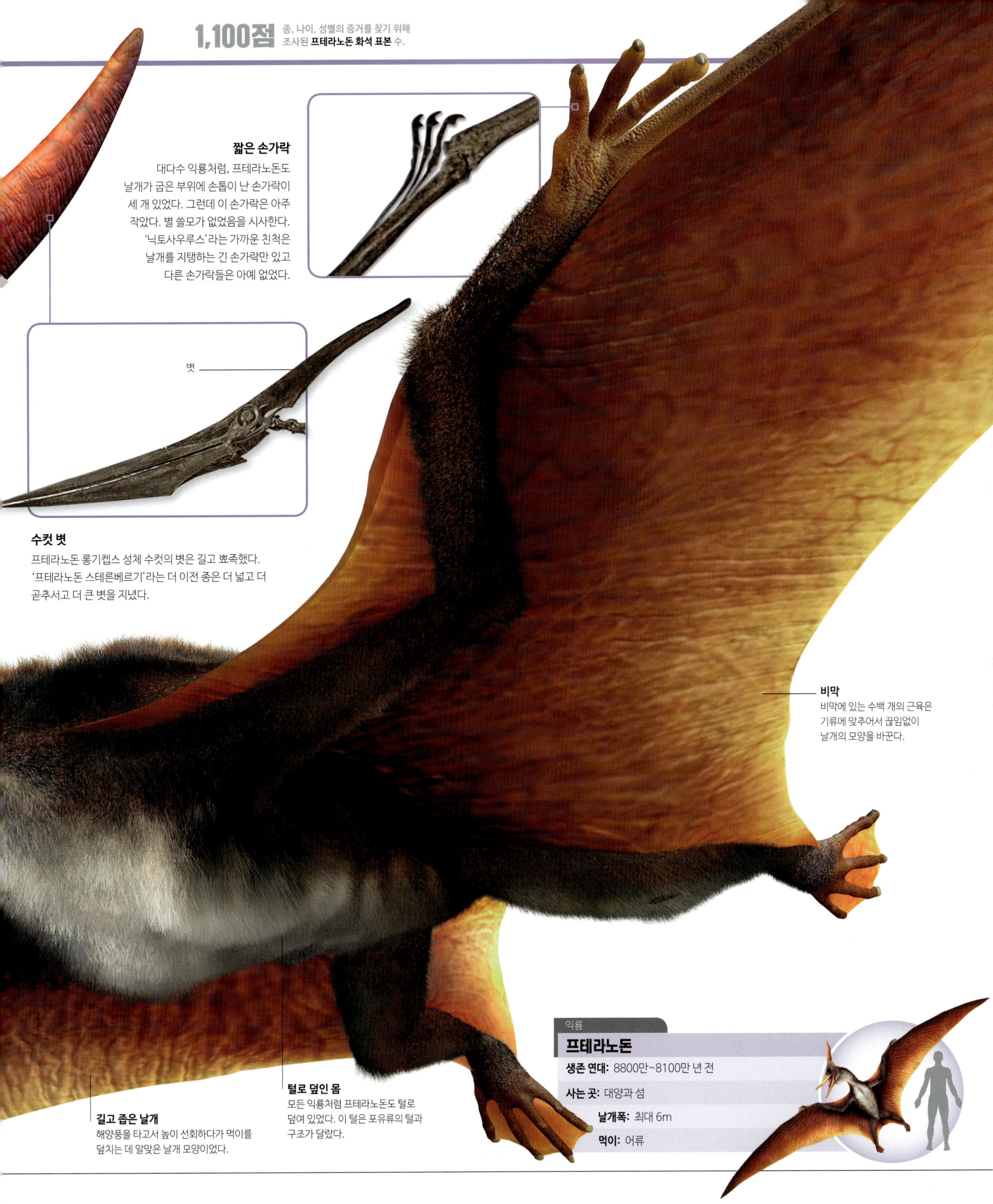

벨로키랍토르

날카로운 이빨
길고 얕고 위로 향한 주둥이에는 이빨이 최대 56개까지 있었다. 이빨은 가장자리에 톱니가 나 있고 면도날처럼 날카로웠고, 안쪽으로 굽어 있었다. 뼈에서 고기를 발라내는 데 알맞은 형태다.

운동선수처럼
홀쭉하고 가벼운 몸은 강한 힘을 내기보다 날쌔게 움직이는 데 알맞았다.

손톱 달린 손
벨로키랍토르는 아주 강하고 날카로운 손톱이 세 개 달려 있는 꽉 움켜쥘 수 있는 커다란 손을 지녔다.

가볍고 빠르고 아주 날랜 이 공룡은 몸집이 작은 드로마이오사우루스과에 속해 있다. 각 발에 '살해 발톱'이라는 날카로운 치명적인 발톱이 있는 조류형 사냥꾼 집단이다.

힘센 팔에 깃가지가 있는 긴 깃털이 난 것을 비롯하여 온몸이 깃털로 빽빽하게 덮여 있었다는 사실이 밝혀졌다. 벨로키랍토르는 시조새(76~77쪽) 같은 최초의 조류형 공룡의 가까운 친척이었다. 벨로키랍토르는 날 수 없었지만, 다른 대부분의 측면에서는 독수리와 모습도 행동도 매우 비슷했을 것으로 여겨진다. 독수리처럼 특수한 발톱으로 먹이를 찔러서 꽉 누른 채, 굽은 이빨로 찢어 먹었을 것이다.

벨로키랍토르의 커다란 눈은 작은 먹잇감을 더 잘 보거나 **사막의 뜨거운 열기를 피해** 밤에 사냥할 때 도움을 주었을 수 있다.

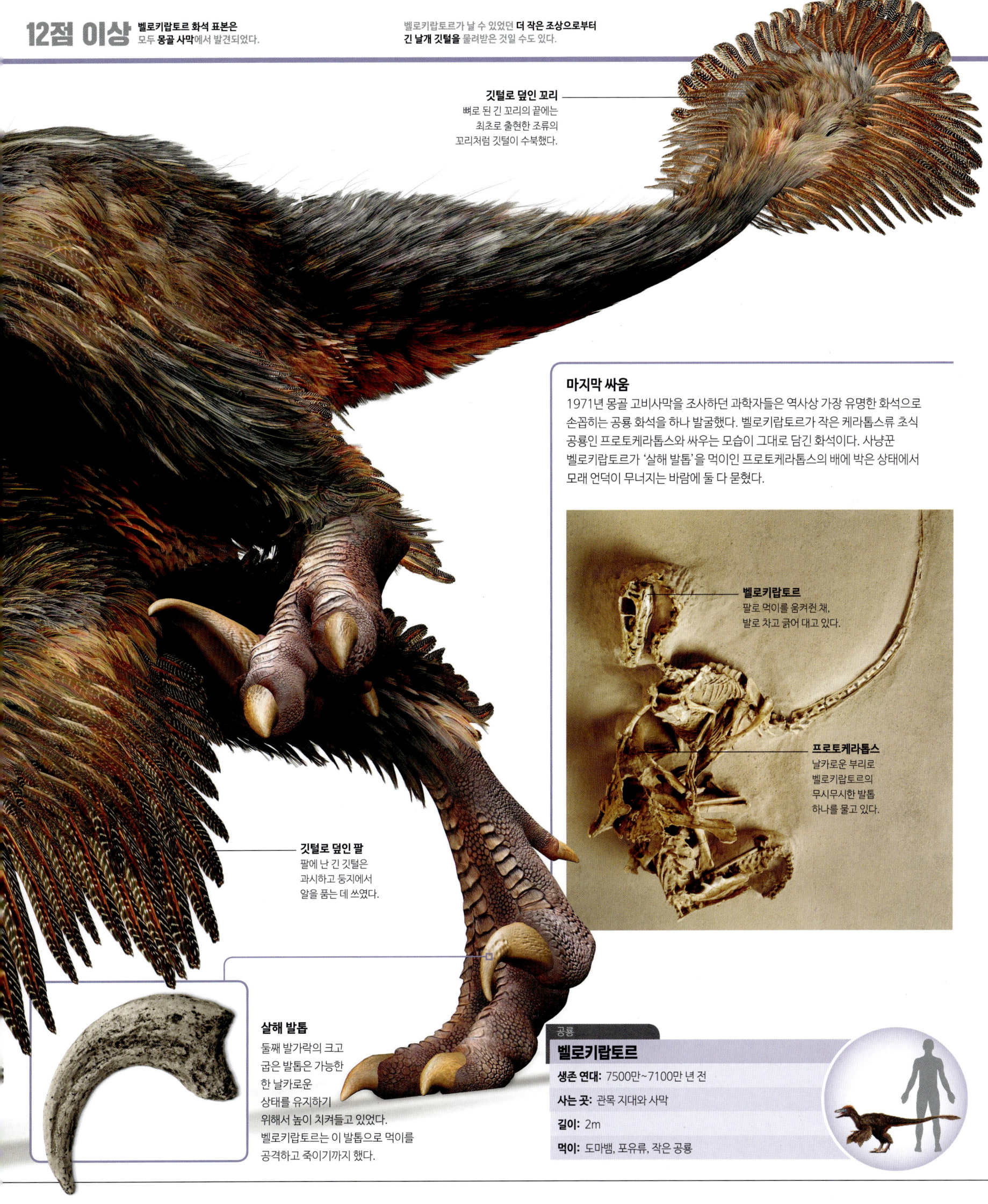

알베르토넥테스

이 놀라운 해양 파충류는 목이 나머지 몸길이보다 더 길었고, 우리가 아는 동물 중에서 목뼈가 가장 많았다. 이렇게 놀라울 만치 긴 목이 왜 필요했는지는 아직도 수수께끼다.

플레시오사우루스류는 중생대의 가장 경이로운 해양 파충류에 속한다. 네 개의 긴 지느러미발을 저어서 물속을 나아간 거대한 동물이었다. 그중에 '플리오사우루스류'라고 하는 종류는 머리가 크고 목이 짧았다. 반면에 알베르토넥테스처럼 머리가 작고 목이 아주 긴 종류도 있었다. 천천히 나아가면서 바다 밑에서 조개 같은 동물을 집어먹는 데 알맞은 적응 형질처럼 보이지만, 어류, 오징어 등의 먹이도 잡았을 것이다.

76개 거대한 플레시오사우루스의 목을 이루는 뼈의 수.

긴 목
이 동물은 지금까지 발견된 플레시오사우루스 중에서 목이 가장 길다. 친척인 엘라스모사우루스도 목이 거의 비슷하게 길다.

작은 비늘
피부는 작고 매끄러운 비늘로 덮여 있었다. 비늘은 몸을 보호하면서, 유선형으로 만들었다.

앞지느러미발
앞지느러미발은 손이 변형된 것으로, 다섯 개의 '손가락'을 이루는 뼈들이 넓적한 면을 지탱했다.

작은 머리
작은 머리와 턱은 목이 긴 플레시오사우루스의 전형적인 특징이었다.

짧은 꼬리
꼬리는 목보다 훨씬 짧았다. 꼬리뼈의 구조를 살펴보면 물속에서 잘 움직이기 위해서 꼬리지느러미까지 지녔을 수도 있음을 나타낸다.

뒷지느러미발
뒷지느러미발은 앞지느러미발과 기본 형태가 같았다.

수영 방식
알베르토넥테스는 지느러미발을 날개처럼 위아래로 휘저어서 헤엄쳤다.

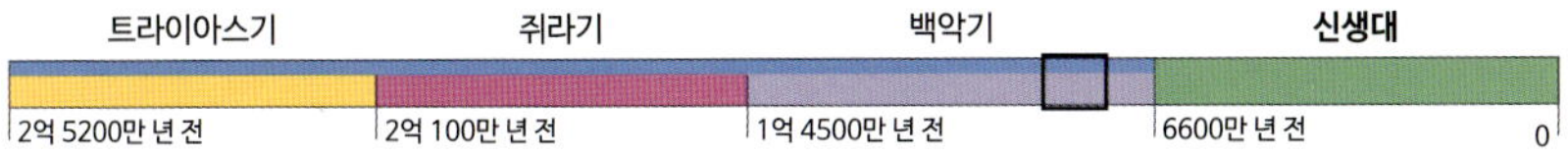

트라이아스기	쥐라기	백악기	신생대
2억 5200만 년 전	2억 100만 년 전	1억 4500만 년 전	6600만 년 전 — 0

알베르토넥테스는 **위장**의 먹이를 짓이기는 데 도움이 될 돌을 삼켰다.

목을 뱀처럼 말기

목이 긴 플레시오사우루스류가 처음 발견되었을 때, 사람들은 이 동물이 뱀처럼 목을 말고 있다가 휙 내밀어서 지나가는 물고기를 덥석 문다고 생각했다. 옆의 옛 그림에서 사람들의 생각을 잘 볼 수 있다.
그러나 목뼈를 자세히 조사하니, 그렇게 목을 말 수 없다는 것이 드러났다. 알베르토넥테스의 목은 아마 목이 긴 공룡의 목과 비슷한 수준으로 움직였을 것이다.

1897년에 묘사된 엘라스모사우루스

리오플레우로돈

알베르토넥테스

플레시오사우루스류와 플리오사우루스류

알베르토넥테스 같은 플레시오사우루스류는 목이 유달리 길고 턱이 작았다. 한편 리오플레우로돈(56~57쪽) 같은 플리오사우루스류는 체형은 같았지만, 목이 짧고 다른 해양 파충류를 잡아먹는 데 알맞은 거대한 턱과 무거운 머리를 지녔다.

어두운 물에서 보기
눈은 물속에서 잘 보는 쪽으로 진화했다.

날카로운 이빨
알베르토넥테스의 머리뼈와 턱은 발견되지 않았다. 하지만 비슷한 플레시오사우루스류는 턱에 깊이 뿌리 내리는 날카롭고 굽은 원뿔형 이빨을 지녔다. 그렇게 튼튼하고 뾰족한 이빨은 미끄러운 물고기, 오징어, 작은 동물을 잡는 데 알맞았다.

해양 파충류

알베르토넥테스

생존 연대: 8300만~7100만 년 전
사는 곳: 대양
길이: 11m
먹이: 조개류, 어류, 오징어

트라이아스기	쥐라기	백악기	신생대
2억 5200만 년 전	2억 100만 년 전	1억 4500만 년 전	6600만 년 전

작은 머리뼈
작은 머리뼈에 긴 주둥이가 달려 있었고, 턱에는 이빨이 없었다. 주둥이의 뼈에 아마 케라틴으로 된 부리가 씌워져 있었을 것이다. 케라틴은 새의 부리와 사람의 손톱을 만드는 물질이다. 한편 커다란 눈구멍에는 커다란 눈이 들어 있었다.

움켜쥐는 손가락
긴 팔에는 긴 손가락이 세 개 달려 있고, 날카롭고 굽은 손톱이 나 있었다. 둘째와 셋째 손가락은 부드러운 조직을 통해 합쳐져 있었을 수도 있고, 갈고리처럼 열매가 달린 가지를 걸어 당겨서 입으로 가져갔을 수도 있다.

타조 흉내
스트루티오미무스는 '타조 흉내자'라는 뜻이다. 이 공룡을 잘 묘사한 이름이다. 현생 타조와 비슷한 긴 목, 부리 달린 머리, 힘센 다리를 지녔으며, 마찬가지로 빨리 달렸을지 모른다. 타조는 최대 시속 약 70킬로미터로 빠르게 달릴 수 있고, 스트루티오미무스도 그랬을 수 있다. 또 비슷하게 잡식성이었기에, 그 이름이 딱 맞는다.

긴 목
가늘고 길고 유연한 목을 뻗어서 땅에 있는 먹이도 먹었다.

이 공룡은 발의 **긴 발톱을 방어 무기로** 썼을 수도 있다.

스트루티오미무스

긴 다리와 날렵한 유선형 몸을 지닌 이 날랜 수각류는 빨리 달리는 쪽으로 적응했다. 스트루티오미무스는 강력한 포식자 공룡들과 함께 살았으므로 아마 빨리 달아나야 했을 것이다.

오르니토미모사우루스류는 티라노사우루스류와 같은 시대에 진화한 수각류이지만, 모습이 전혀 달랐다. 거대한 턱을 지닌 친척들과 달리, 이들은 작은 머리를 지닌 날렵하고 빠른 동물이었다. 그리고 스트루티오미무스처럼 이빨 대신에 부리를 갖추는 쪽으로 분화한 종류도 있었다. 스트루티오미무스는 작은 동물, 씨, 과일 등 다양한 먹이를 먹었을 것이다. 긴 다리로 작은 먹잇감을 빠르게 따라잡을 수도 있었지만, 아마 그 다리는 주로 포식자에게서 달아나기 위해서 진화했을 것이다.

깃털로 덮인 몸
타조의 털과 매우 비슷한 부드러운 솜털 같은 깃털로 따뜻하게 몸을 감싸고 있었다.

커다란 눈
커다란 눈이 뒤쪽에 달려서 주변을 잘 살필 수 있었다.

화려한 깃털
최근에 발견된 화석들은 스트루티오미무스가 긴 깃털로 덮여 있었음을 보여 준다.

이빨 없는 부리
현생 조류처럼 부리에는 이빨이 없었다.

힘센 다리
길고 힘센 다리와 발로 빠르게 달릴 수 있었다.

공룡
스트루티오미무스
- 생존 연대: 8300만~7100만 년 전
- 사는 곳: 덤불 평원
- 길이: 4.3m
- 먹이: 작은 동물과 식물

뼈대 화석
1914년 캐나다 앨버타에서 발견된 이 스트루티오미무스 뼈대는 지금까지 발견된 가장 완전한 공룡 화석 중 하나다. 목이 뒤로 휜 기이한 자세는 이 공룡이 익사했음을 나타내는 것일 수 있다.

커다란 눈
큰 눈은 시야를 더 넓히기 위해서, 앞쪽이 아니라 옆쪽을 향해 있었다.

짧은 부리
턱에는 짧고 억센 부리가 달려 있었지만, 이빨은 없었다.

긴 발톱
키티파티는 힘센 발에 길고 굵고 굽은 발톱이 달려 있었다.

알
아직 부화가 안 된 새끼가 들어 있는 알 화석도 발견되었다.

오비랍토르과는 **마니랍토르류**, 즉 '손으로 움켜쥐는 자'라는 집단에 속한 수각류였다. 크고 힘센 손이 있었기 때문이다.

트라이아스기	쥐라기	백악기	신생대
2억 5200만 년 전	2억 100만 년 전	1억 4500만 년 전	6600만 년 전

키티파티의 타원형 알은 아주 커서 사람의 손보다 컸다.

공룡
키티파티
- **생존 연대:** 8300만~7100만 년 전
- **사는 곳:** 평원과 사막
- **길이:** 3m
- **먹이:** 작은 동물, 알, 씨, 잎

인상적인 볏
키티파티는 머리뼈가 아주 짧았고, 단단한 케라틴으로 된 볏을 지탱하는 뼈로 된 융기도 있었다. 케라틴은 새의 부리와 사람 몸의 털을 이루는 물질이다. 키티파티의 볏은 뉴기니와 오스트레일리아의 고유종이며 날지 못하는 새인 이 화식조의 볏과 비슷했다.

따뜻한 깃털
몸은 털처럼 보이는 덥수룩한 깃털로 덮여 있었다.

꽁지깃
긴 꼬리에는 장식깃이 달려 있었을 것이다.

깃털로 덮인 팔
팔에는 새의 날개와 비슷하게 깃가지가 달린 긴 깃털이 나 있었다.

튼튼한 다리
모든 수각류처럼 키티파티도 꼬리로 균형을 잡으면서 튼튼한 뒷다리로 서서 걸었다.

알을 품고 있는 어미
몽골 고비사막에서는 키티파티가 둥지에 앉아서 알들 위로 양팔을 펼친 모습의 화석이 적어도 네 점 이상 발견되었다. 키티파티는 새의 날개처럼, 팔을 벌려 긴 깃털로 알을 덮어서 온기를 유지했다. 그러나 이 사진 속 화석으로 남은 어미 키티파티는 거센 모래폭풍 앞에서 자신도 소중한 알도 구할 수 없었다.

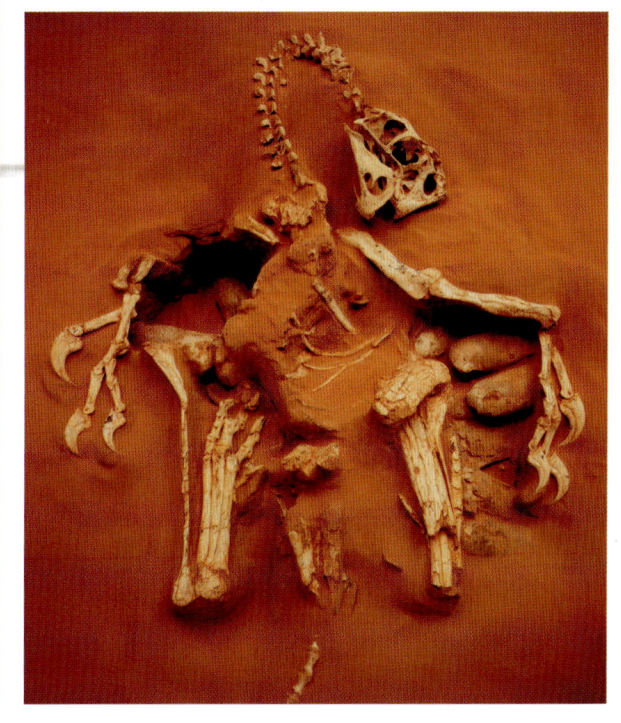

키티파티

이 색다른 모습의 공룡은 오비랍토르과에 속했다. 키티파티는 작은 동물, 알, 열매, 씨 등 다양한 먹이를 먹는 쪽으로 진화한 이빨 없는 부리를 지닌 수각류였다. 또한 조류와 벨로키랍토르(108~109쪽) 같은 사나운 포식자의 가까운 친척이었다.

오비랍토르과는 '오비랍토르'라는 동물의 이름을 땄다. 오비랍토르는 '알 도둑'이라는 뜻인데, 공룡 알둥지 옆에서 화석을 발견한 사람들이 이 공룡이 알을 훔치려다가 죽었다고 생각해서 그런 이름을 붙였다. 사실 알은 오비랍토르의 것이었다. 그러나 오비랍토르와 키티파티가 입천장에 알을 깨는 데 알맞은 뼈로 된 혹이 한 쌍 나 있는 것도 사실이다. 현생 까마귀는 다른 새의 알을 훔치는데, 키티파티가 같은 행동을 했을 가능성도 있다. 한편 우리는 키티파티가 부화할 때까지 둥지에서 정성껏 알을 품고 있었다는 것도 안다.

테리지노사우루스

가장 기이한 공룡 중 하나인 깃털로 덮인 이 거대한 수각류는 지금까지 발견된 공룡 중 가장 큰 손톱을 지녔다. 더욱 기이한 점은 식물을 먹는 쪽으로 진화했다는 것이다.

초식성 공룡은 많지만, 수각류 중에는 식물을 먹는 종류가 거의 없었다. 수각류는 대부분 먹이를 뒤쫓아 잡아서 날카로운 이빨로 찢어 먹는 강력한 포식자였다. 그런데 테리지노사우루스는 달랐다. 부리로 식물을 자르고 커다란 위장으로 소화하는 초식 동물로 진화한 듯하다. 아마 나무 꼭대기의 잎을 따 먹기 위한 듯이 아주 키가 컸고, 놀라울 만치 긴 칼 같은 손톱으로 자신을 방어했다.

긴 손톱
손에는 굽은 칼날 같은 무시무시한 손톱이 세 개 달려 있었다. 테리지노사우루스는 이 손톱을 방어 무기로 썼을 것이 틀림없다.

긴 목
목이 길어서 높은 나무의 잎을 따 먹었을 것이다.

날개 같은 팔
팔에는 새의 날개깃과 매우 비슷한 긴 깃털이 나 있었다.

깃털로 덮인 피부
비슷한 동물들을 토대로 판단할 때, 몸이 깃털로 덮여 있었을 것이다.

꽁지깃
뼈로 된 긴 꼬리에는 아마 장식깃이 달려 있었을 것이다.

튼튼한 다리
알려진 모든 수각류처럼, 테리지노사우루스도 튼튼한 두 뒷다리로 서서 걸었다.

커다란 몸
테리지노사우루스의 불룩한 몸통에는 초식 동물의 커다란 소화계가 들어 있었다.

발톱 난 발
몸무게는 억센 발톱이 난 네 개의 발가락으로 지탱했다.

작은 머리
머리는 작았고, 아마 넓게 보기 위해서 눈이 옆쪽을 향해 있었을 것이다.

> 테리지노사우루스는 주로 식물을 먹었지만, **아마 작은 동물도 조금 먹었을 것이다**.

부리 달린 턱
턱 끝에는 식물을 자르는 데 알맞은 튼튼하고 가장자리가 날카로운 부리가 붙어 있었다.

이빨
테리지노사우루스의 이빨은 발견되지 않았지만, 가까운 친척들은 많은 초식 공룡처럼 나뭇잎 모양의 이빨을 갖고 있었다.

공룡

테리지노사우루스
- **생존 연대:** 8300만~7100만 년 전
- **사는 곳:** 숲
- **길이:** 8~11m
- **먹이:** 식물과 작은 동물

놀라운 손톱
손톱은 길이가 76센티미터까지 자랐다. 고대 로마군의 검보다 훨씬 길었다. 이 뼈를 각질의 덮개가 감싸고 있었을 테니, 더욱 길었을 것이다!

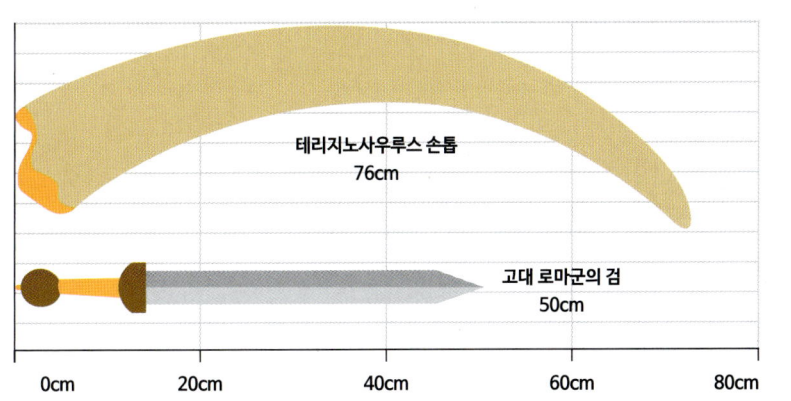

테리지노사우루스 손톱 76cm

고대 로마군의 검 50cm

판다
테리지노사우루스가 실제로 식물을 먹는 쪽으로 적응했다면, 아주 잘 알려진 한 현생 동물과 닮은 셈이다. 바로 대왕판다다. 대왕판다는 대나무 싹을 먹는 쪽으로 분화한 곰이다. 곰은 대개 육식 동물인데, 판다는 고기를 거의 먹지 않는다.

대왕판다

백악기의 생명 · 데이노수쿠스

매복 전술
현생 악어는 물에서 사냥하는 쪽으로 적응해 있다. 눈과 콧구멍만 물 밖으로 내놓은 채 기다리고 있다가, 꼬리를 힘차게 쳐서 와락 앞으로 달려들어서 먹이를 꽉 물 수 있다. 나일악어는 이 방법으로 누 같은 육상 동물을 잡곤 한다. 데이노수쿠스도 같은 전술로 공룡을 사냥했을 수 있다.

대형 악어류
현생 앨리게이터와 크로커다일에 비하면, 데이노수쿠스는 괴물이었다. 몸길이가 적어도 12미터에 달했다. 현생 악어류 중 가장 큰 바다악어의 거의 두 배였다. 몸무게는 8,000킬로그램을 넘었을 수도 있다. 함께 북아메리카에 살던 많은 공룡들보다 훨씬 더 컸다. 다른 대형 수각류 공룡이 없는 일부 서식지에서는 아마 가장 강력한 포식자였을 것이다.

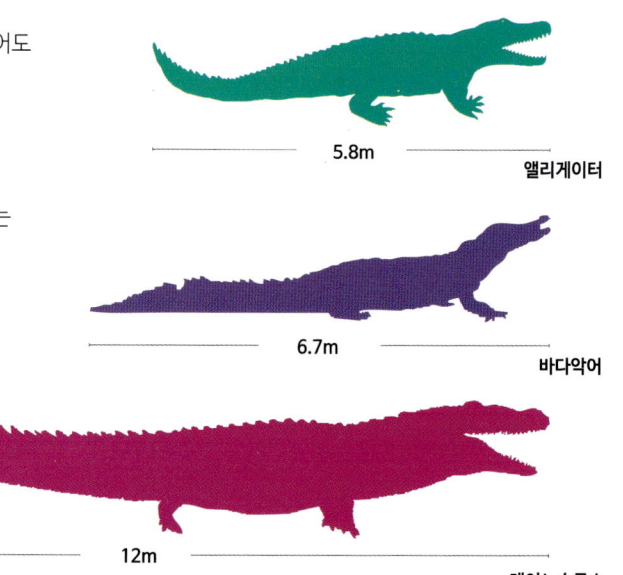

5.8m 앨리게이터
6.7m 바다악어
12m 데이노수쿠스

데이노수쿠스

악어의 친척인 이 거대한 동물은 당대의 가장 강력한 포식자 중 하나였다. 강에서 사냥을 했지만, 얕은 물에서 매복하고 있다가 물을 마시러 오는 공룡을 쉽게 죽일 수 있었다.

무거운 몸과 아주 짧은 다리를 지닌 데이노수쿠스는 현생 악어처럼 물 밖에서는 매우 굼떴을 것이다. 그러나 물속에서는 빠르고 무시무시한 포식자였다. 주로 커다란 물고기와 거북을 먹었을 것이며, 턱 안쪽에 먹이의 껍데기를 부술 수 있는 튼튼한 이빨이 나 있었다. 또 육상 동물이 물에 다가오는지 계속 지켜보다가 중간 크기의 공룡까지 물 속으로 잡아당겨서 익사시킬 수 있었을 것이다.

데이노수쿠스의 무시무시한 턱은 아주 힘이 셌다. **티라노사우루스 렉스의 턱에 맞먹는 힘**을 냈다.

88개 이상 데이노수쿠스의 턱에 난 이빨 수.

미국 텍사스에서 발견된 몇몇 공룡 뼈에는 **데이노수쿠스의 이빨 자국**이 나 있다.

데이노수쿠스는 앨리게이터의 조상이었지만, 이름은 '**무시무시한 크로커다일**'이라는 뜻이다.

119

악어류
데이노수쿠스
- 생존 연대: 8000만~7100만 년 전
- 사는 곳: 강과 습지
- 길이: 12m
- 먹이: 어류, 거북, 공룡

재현한 머리뼈
부서진 조각들만 발견되었지만, 머리뼈를 재현할 수 있었다. 과학자들은 데이노수쿠스가 현생 앨리게이터처럼 넓은 주둥이를 지녔다고 본다.

높이 달린 눈
수면 아래로 몸을 숨긴 채 물 밖을 볼 수 있었다.

넓은 주둥이
길고 넓적한 U자 주둥이는 물속에서 먹이를 잡는 데 알맞았다.

뾰족한 이빨
턱 앞쪽의 뾰족한 이빨로 미끄러운 물고기도 잘 잡았다.

굵은 손톱

작은 손
손가락이 다섯 개인 작은 손에는 진흙에 빠지지 않고 물속에서 헤엄칠 때도 유용한 물갈퀴가 있었을 것이다.

무거운 갑옷
아주 두껍고 무거운 뼈판들이 갑옷처럼 몸을 감싸고 있었다.

짧은 다리
다리는 아주 짧았다. 데이노수쿠스가 주로 물에서 생활했음을 나타낸다.

길이
머리에서 꼬리까지 몸길이가 티라노사우루스 렉스만 했다.

긴 꼬리
긴 근육질 꼬리로 추진력을 일으켜서 물속을 나아갔다.

알을 깨고 나오다

어미 키티파티는 별빛 아래에서 추운 사막의 밤 동안 알둥지를 따뜻하게 품고 있다가, 아침 햇살을 받아서 몸을 덥힌 뒤 일어선다. 먹이를 찾아 나서려는 것이다.

그때 알 속에서 부드러운 소리가 들려온다. 새끼들이 알을 깨고 나오려 하고 있다. 몇 분 지나지 않아서 새끼들이 알껍데기를 쪼는 소리가 들리고, 잠시 뒤 한 마리가 모습을 드러낸다. 복슬복슬한 깃털로 감싸인 키티파티 새끼들은 곧 어미를 따라 첫 먹이를 찾아서 사막의 관목 사이를 돌아다닐 수 있을 것이다.

네멕트바타르

이 작은 털북숭이 포유류는 백악기 후기 공룡들의 발밑에서 쪼르르 돌아다닌 많은 포유동물 중 하나였다. 생쥐 같은 설치류로 보이지만, 사실은 3500만 년 전에 멸종한 포유류 집단에 속했다.

네멕트바타르는 '다구치류'라는 작은 포유류 집단에 속했다. 이 집단은 어금니에 작은 혹 같은 것들이 많이 나 있다는 점이 특징이다. 또 아래턱에 커다란 칼날 같은 어금니도 있었다. 이 이빨은 질긴 식물을 자르는 데 쓰였다. 식물뿐 아니라 작은 동물도 먹는 등 식성이 다양했을 것이다.

따뜻한 털
체온을 유지하는 빽빽한 털로 뒤덮여 있었다. 작은 동물에게는 중요한 형질이었다.

낮은 자세
네멕트바타르는 땅에 바짝 붙은 자세였겠지만, 다리를 곧추세우고 있었다고 보는 이들도 있다.

자르는 턱

많은 친척들처럼 네멕트바타르도 아래턱의 양쪽에 아주 크고 가장자리가 날카롭고 톱니가 나 있는 이빨이 있었다. 턱을 앞뒤로 움직이면서 이 이빨로 칼처럼 먹이를 자를 수 있었다. 질긴 식물 줄기나 커다란 씨를 자를 때 매우 유용했다.

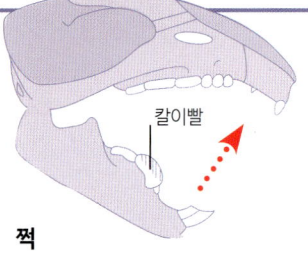

쩍
아래턱을 뒤로 당겨서 입을 더 넓게 벌렸다가 먹이를 문 뒤 꽉 다물 수 있었다.

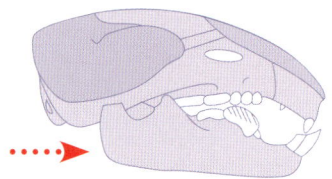

딸깍
네멕트바타르가 입을 닫을 때 특수한 턱관절에 아래턱이 앞으로 내밀렸다. 그러면 위아래 앞니가 딱 들어맞았다.

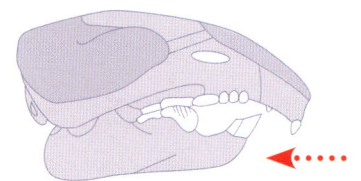

싹둑
특수하게 적응된 근육으로 턱을 뒤로 당겨서 톱니가 난 부엌칼을 쓰듯이 이빨로 먹이를 잘랐다.

'네멕트바타르'라는 이름은 화석이 발견된 몽골의 네메그트 암석층에서 따왔다.

많은 현생 포유류처럼, 네멕트바타르도 적을 피해서 밤에 먹이를 찾았을 것이다.

포유류
네멕트바타르
- **생존 연대:** 8300만~7100만 년 전
- **사는 곳:** 관목지와 사막
- **길이:** 10cm
- **먹이:** 씨, 견과, 곤충

예리한 감각
네멕트바타르는 귀가 좋았을 것이다. 밤에 사냥할 때도 청력의 도움을 받았을 것이다.

갉아 대는 이빨
생쥐처럼 긴 앞니로 씨와 견과를 갉았을 것이다.

발톱 달린 발가락
네멕트바타르는 날카로운 발톱으로 낮에 숨어 지낼 굴을 팠을 것이다.

네멕트바타르는 무시무시한 적인 벨로키랍토르와 같은 사막 서식지에 살았다.

다구치류
이 작은 포유류는 적어도 1억 2000만 년 동안 존속했다. 포유류 중에서 가장 오래 존속했다. 지금은 모두 사라지고 없지만 아주 성공한 집단이었고, 지금까지 적어도 200종류가 알려졌다.

계통수
다구치류는 자궁에서 '태반'이라는 기관을 통해 태아를 키우는 포유류인 태반류나 새끼를 주머니에서 키우는 유대류보다 먼저 진화했다. 다구치류는 아마 오리너구리 같은 단공류처럼 알을 낳았을 것이다.

	트라이아스기	쥐라기	백악기	신생대
				유대류
				태반류
				다구치류
				단공류

비슷한 습성
네멕트바타르는 이 모래쥐 같은 작은 설치류와 생활 습성이 비슷했을 것이다. 친척이 아니지만, 여러 가지 같은 문제들에 대처하기 위해서 매우 동일한 방향으로 진화했다.

모래쥐

에우오플로케팔루스

백악기 후기 북아메리카에서 거대한 턱을 지닌 티라노사우루스과는 에우오플로케팔루스 같은 갑옷을 입은 '탱크 공룡'과 함께 살면서 싸우기도 했을 것이다.

안킬로사우루스류 중에서 가장 크고 가장 방어 능력이 뛰어난 편에 속한 에우오플로케팔루스는 무거운 갑옷을 입고 있었기에 현생 코끼리보다 훨씬 더 크고 무거웠다. 등은 티라노사우루스의 거대한 이빨조차도 부러뜨릴 수 있는 뼈로 된 혹과 가시가 박힌 띠 모양의 질긴 피부로 보호되어 있었다. 에우오플로케팔루스는 꼬리에 무거운 곤봉도 지녔기에, 성급하게 공격하는 적은 치명적인 부상을 입을 수 있었다.

꼬리 곤봉
꼬리 끝에 있는 네 개의 무거운 뼈판들은 합쳐져서 무거운 곤봉 모양의 뼈 덩어리가 되었다. 에우오플로케팔루스가 꼬리를 좌우로 휘두르면, 포식자의 다리를 부러뜨릴 수 있을 정도였다. 분명히 알베르토사우루스 같은 대형 포식자도 내쫓았을 것이다.

뼈가시
등에는 판과 가시가 박혀 있었다.

등 갑옷
작은 뼈혹 수백 개가 모여서 등딱지를 이루었다.

꼬리
꼬리 끝의 뼈들은 융합되어서 쇠망치 손잡이처럼 뻣뻣한 막대를 이루었다.

갑옷을 입은 몸
에우오플로케팔루스의 갑옷은 현생 아르마딜로의 갑옷과 비슷했다. 몸을 움직일 수 있도록 다소 딱딱한 등딱지와 띠가 유연한 부위에 연결되어 있었다. 그러나 일부 아르마딜로는 몸을 공처럼 말아서 거의 공격을 불가능하게 만들 수 있었지만, 에우오플로케팔루스는 그럴 수 없었다.

넓은 방패는 몸을 잘 보호한다.

좁은 띠로 연결되어서 몸을 움직일 수 있다.

아르마딜로

넓적한 몸
아주 넓적한 몸에는 질긴 식물을 오랫동안 천천히 소화하는 데 필요한 커다란 창자가 들어 있었다.

뭉툭한 발톱
발가락에는 뭉툭한 발굽 같은 발톱이 나 있었다.

코안이 복잡하다는 것은 에우오플로케팔루스의 후각이 뛰어났다는 의미다.

위험을 무릅쓴 공격
에우오플로케팔루스는 대형 포식자의 다리도 부러뜨릴 수 있다. 다리가 부러지면 거의 대부분 죽게 된다.

갑옷을 입은 머리
넓적한 머리뼈 위쪽은 많은 작은 뼈판들이 서로 꽉 다물려서 작은 뇌를 보호했다. 눈꺼풀에도 갑옷이 덮여 있었다. 움직이는 작은 뼈 차단막이었다. 뭉툭한 주둥이 안에는 코안 통로가 복잡하게 나 있었다.

작은 이빨
에우오플로케팔루스는 아주 작은 이빨로 질긴 식물을 씹었다.

넓적한 부리
넓적한 각질 부리로 식물을 뜯어 먹었다.

억센 다리
네 다리의 뼈가 아주 튼튼해서 몸무게를 지탱할 수 있었다.

공룡
에우오플로케팔루스

- 생존 연대: 7600만~7400만 년 전
- 사는 곳: 숲
- 길이: 7m
- 먹이: 낮게 자라는 식물

126 백악기의 생명

1930년대에는 파라사우롤로푸스가 **볏을 스노클로 삼아서** 물속에서 먹이를 찾았다고 믿는 과학자들도 있었다.

넓적한 부리
단단하고 가장자리가 날카로운 부리는 식물을 따는 데 알맞았다.

높은 등
등뼈가 높이 솟아서 등줄기가 삐죽 솟아 있었다.

무거운 꼬리
뒷다리로 섰을 때 길고 무거운 꼬리로 균형을 잡았다.

튼튼한 다리
다리는 힘센 근육을 통해 크고 튼튼한 엉덩뼈에 붙어 있었다.

팔다리 모두
팔도 튼튼해서 파라사우롤로푸스는 손과 발을 다 써서 걸을 수 있었다.

작은 비늘
화석을 보면 파라사우롤로푸스는 피부가 작고 둥근 비늘로 덮여 있었다.

파라사우롤로푸스

이 거대한 초식 공룡의 인상적인 뼈볏에는 특수한 기능을 할 것이 분명한 관들이 망을 이루고 있었다. 관은 트럼펫처럼 작용해서 소리를 아주 크게 키웠을 가능성이 높다.

중생대 말에 이구아노돈(82~83쪽)이 속한 조각류 계통은 '하드로사우루스류'라는 부리가 넓적한 초식 동물로 진화했다. '오리 부리 공룡'이라고 하는 이 공룡들은 소화하기 쉽도록 식물의 섬유질을 짓이기는 고도로 분화한 이빨을 지니고 있었다. 몇몇은 머리뼈 위쪽에서 뻗어 나온 화려한 볏도 지녔다. 파라사우롤로푸스는 가장 긴 볏을 지닌 종류에 속했고, 이 볏은 과시하고 같은 종의 개체를 부르는 데 쓰였을 것이 거의 확실하다.

2m 볏을 포함한 파라사우롤로푸스 머리뼈의 최대 길이.

머리뼈와 볏
긴 뼈볏은 머리뼈의 일부였다. 이 그림은 파라사우롤로푸스 왈케리 종을 나타낸 것인데, 뼈볏이 머리뼈만큼 길었다. 뼈볏은 피부로 덮여 있었고, 볏과 목 사이도 피부막으로 연결되어 있었을 수도 있다.

공룡
파라사우롤로푸스
- 생존 연대: 8300만~7100만 년 전
- 사는 곳: 울창한 숲
- 길이: 9.5m
- 먹이: 잎

뼈 나팔
파라사우롤로푸스의 볏 안 통로는 코의 통로와 이어져 있었다. '뼈로 이루어진 코끼리코'라고 할 수 있었다. 볏으로 코끼리처럼 나팔 부는 듯한 소리를 냈을지도 모른다. 울창한 숲에서 소리를 통해 서로의 위치를 파악했을 수도 있다. 종마다 볏이 달랐기에, 소리도 달랐을 것이다.

허파에서 나온 공기는 코안을 통해서 볏으로 들어간다.

콧구멍

볏으로 들어온 공기는 콧구멍을 통해 빠져나가면서 나팔 소리를 낸다.

파라사우롤로푸스 머리뼈

살타사우루스의 주된 적은 아벨리사우루스라는 사나운 수각류 포식자였다.

25개 전형적인 살타사우루스 둥지에 있는 알 수.

모든 티타노사우루스류처럼, 이 동물도 **앞발에 발가락이 전혀 없다**는 점에서 특이하다. 앞발가락(손가락)이 몸무게를 지탱할 필요가 없었기에, 수백만 년이 흐르는 동안 서서히 사라졌다.

넓은 시야
머리 양쪽에 눈이 있어서 시야가 넓었다.

콧구멍
콧구멍은 주둥이 위쪽에 높이 나 있었다.

유연한 목
모든 용각류처럼, 살타사우루스도 유연한 긴 목이 작은 머리를 떠받쳤다.

턱
턱에는 어금니가 전혀 없었기에, 살타사우루스는 식물을 씹지 않고 통째로 삼켰다.

둥근 턱
살타사우루스 머리뼈는 아직 발견되지 않았지만, 이 네메그토사우루스의 머리뼈와 아주 비슷했을 것이다. 넓적하고 둥근 턱, 잔가지에서 잎을 훑는 짧은 못 같은 앞니를 갖추었을 것이다.

넓적한 주둥이
주둥이는 끝이 더 넓어서 약간 숟가락 모양이었다.

공 모양의 알
살타사우루스의 알을 재구성하니, 거의 완벽한 공 모양이었고, 그레이프프루트나 작은 멜론만 했다. 달걀에 비하면 거대했지만, 완전히 자란 성체에 비하면 아주 작았다. 아마 식물 더미 안에 묻어서 식물이 썩을 때 나오는 열로 온기를 유지했을 것이다.

집단 산란지
1997년 아르헨티나 아우카마우에보 인근에서 살타사우루스의 거대한 집단 산란지가 발견되었다. 약 8000만 년 전의 알 수천 개의 잔해가 있었다. 알껍데기 조각이 셀 수도 없이 많이 널려 있었다. 아마 암컷 수백 마리가 대대로 쓰던 집단 산란지였을 것이다.

재구성한 살타사우루스 알

몇몇 살타사우루스 알 화석에는 구슬 같은 작은 갑옷 판까지 갖춘 새끼가 들어 있었다.

살타사우루스

몇몇 거대한 친척들에 비하면 아주 작았지만, 이 용각류는 굶주린 포식자로부터 자신을 지키는 골편 갑옷으로 뒤덮여 있다는 점에서 흥미롭다.

살타사우루스는 티타노사우루스류였다. 즉 중생대 말에 진화하여 중생대가 끝날 때까지 살았던 용각류 집단이었다. 남아메리카에 살았으며, 그곳에서는 백악기 후기에 티타노사우루스류가 가장 흔한 공룡에 속했다. 엉덩이가 넓적해서 양쪽 다리도 넓게 벌어졌고 뒷다리로 서서 높은 나무의 잎을 따 먹을 때에도 자세가 안정되었다. 살타사우루스는 갑옷을 입고 있었으며, 티타노사우루스류의 다른 많은 공룡들도 그랬을 가능성이 있다.

공룡

살타사우루스
- 생존 연대: 8000만~6600만 년 전
- 사는 곳: 숲과 평원
- 길이: 12m
- 먹이: 나뭇잎

몸 갑옷
피부에 박힌 타원형 뼈판에는 짧은 가시가 박혀 있었을 수도 있다.

기둥 같은 다리
거대하고 튼튼한 기둥 같은 다리는 코끼리의 다리와 비슷했다.

유연한 꼬리
꼬리뼈의 모양을 볼 때, 꼬리가 아주 유연했을 가능성이 높다.

뭉툭한 앞발
앞발에는 발가락이 없었기에 발톱도 발굽도 없었다.

알
살타사우루스는 얕은 구덩이에 알을 낳은 뒤 묻었다.

모사사우루스

악어처럼 긴 턱에 크고 아주 뾰족한 이빨이 가득한 이 강력한 해양 사냥꾼은 가장 마지막까지 살았던 대형 해양 파충류에 속한다.

모사사우루스류는 중생대 말에 진화했으며, 리오플레우로돈(56~57쪽) 같은 커다란 턱을 지닌 플리오사우르스류의 뒤를 이어서 백악기 후기의 최상위 해양 포식자가 되었다. 이 집단에서 모사사우루스는 가장 큰 편이었고, 몸길이가 약 15미터까지 자랐다. 플리오사우르스처럼 턱이 거대했지만, 훨씬 더 유연한 유선형의 몸과 물속에서 추진력을 일으키는 데 쓰인 수직지느러미가 달린 긴 꼬리를 지녔다. 다른 해양 파충류, 어류, 헤엄치는 연체동물을 먹었다.

커다란 눈
흐릿한 물속에서 잘 볼 수 있도록 적응한 커다란 눈을 지녔다.

뾰족한 이빨
이빨은 먹이를 꽉 무는 데 알맞은 날카로운 가시 같았다.

먹이가 된 연체동물
좋아하는 먹이는 오징어의 친척인 암모나이트였다. 암모나이트는 사람의 손바닥만 한 것부터 지름이 2미터에 달하는 것까지 있었다.

튼튼한 머리뼈
모사사우루스는 모사사우루스류의 대다수 종들에 비해 머리뼈와 턱이 더 튼튼했다. 따라서 크고 더 힘센 먹잇감을 공격해 잡았을 가능성이 높다.

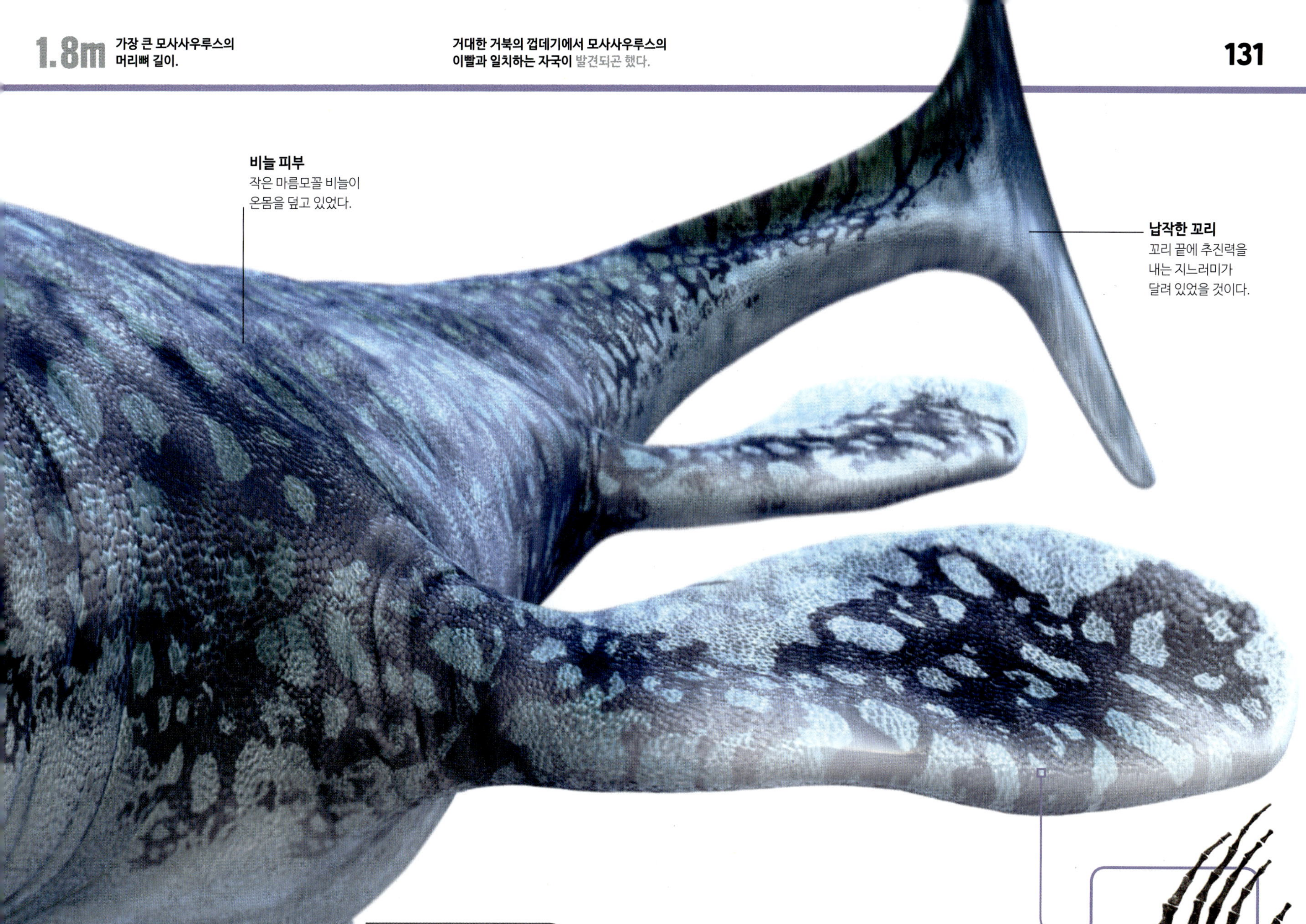

1.8m 가장 큰 모사사우루스의 머리뼈 길이.

거대한 거북의 껍데기에서 모사사우루스의 이빨과 일치하는 자국이 발견되곤 했다.

비늘 피부
작은 마름모꼴 비늘이 온몸을 덮고 있었다.

납작한 꼬리
꼬리 끝에 추진력을 내는 지느러미가 달려 있었을 것이다.

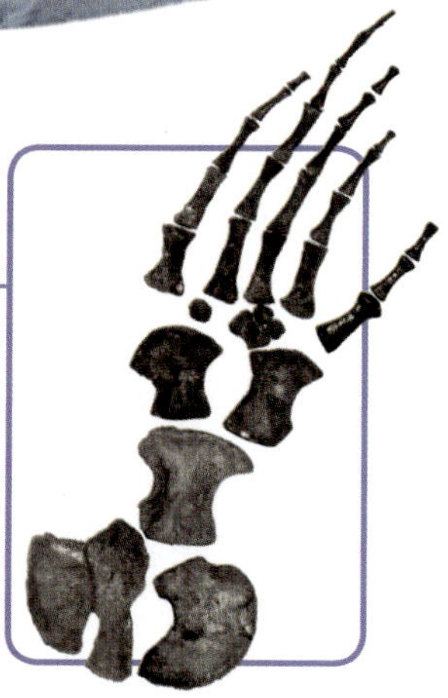

넓적한 지느러미발
지느러미발은 팔과 다리가 변형된 것이며, 긴 손가락뼈와 발가락뼈가 넓적한 피부를 지탱했다.

해양 파충류

모사사우루스

- **생존 연대:** 7100만~6600만 년 전
- **사는 곳:** 대양
- **길이:** 15m
- **먹이:** 해양 파충류와 어류

네덜란드의 발견

모사사우루스는 최초로 정체가 알려진 선사 시대 동물 중 하나였다. 1764년 네덜란드의 백악 채석장에서 머리뼈 화석이 처음 발견되었고, 이 18세기 판화에도 담겼다. 처음에는 고래나 악어라고 생각했지만, 1822년에 '모사사우루스'라는 이름이 붙여졌다.

현생 친척들

모사사우루스류는 열대에서 다른 동물들을 잡아먹는 강력한 왕도마뱀류의 해양 친척이었다. 가장 큰 현생 파충류에 속하는 코모도왕도마뱀이 속한 집단이다. 왕도마뱀류는 뱀의 가까운 친척이기도 하며, 혀가 갈라져 있다. 따라서 모사사우루스도 혀가 갈라져 있었을 수도 있다. 그러나 맛과 냄새에는 그리 민감하지 않았을 것이다.

왕도마뱀

짓이기는 이빨
턱에는 넓적하고 모난 어금니들이 여러 줄로 나 있었다. 이빨은 계속 빠지고 새로 자랐다.

여러 줄로 난 이빨

넓적한 부리
턱 끝에 있는 뼈는 주둥이를 이루는 다른 뼈들보다 더 넓었다. 이 뼈에 난 흉터들은 각질의 가장자리에 날카로운 부리가 달려 있었음을 말해 준다. 부리는 더 넓적했다.

변형된 손
손은 앞발로도 쓰였다. 몸무게를 지탱하기 위해서 세 손가락이 융합되어 있었다.

긴 꼬리
보강하는 힘줄로 꼬리를 빳빳하게 땅에서 들어 올렸다.

티라노사우루스류에게 물려서 뜯겨 나간 에드몬토사우루스 뼈들도 발견되었다. 하지만 공격이 실패했음을 보여 주는 치유된 뼈들도 있다.

네발 동물의 걸음걸이
에드몬토사우루스는 대개 네발로 걸었고, 땅에서 먹이를 찾을 때는 더욱 그랬다. 그러나 몸무게는 대부분 길고 굵은 뒷다리로 지탱했고, 뒷다리로 일어서서 높은 나뭇가지의 잎을 따 먹을 수도 있었다.

에드몬토사우루스 뼈대

비늘 피부
에드몬토사우루스의 넓은 면적의 피부가 온전히 보존된 놀라운 화석도 발견되었다. 이 화석은 피부가 겹치지 않은 비늘로 덮여 있었음을 보여 준다. 비늘은 몸집에 비해 아주 작고, 대개 사이사이에 더 작은 비늘이 놓여 있었다.

긴 뒷다리
뒷다리는 팔보다 훨씬 길었고, 굵고 억센 뼈가 들어 있었다.

티라노사우루스
이 공룡은 아주 많은 동물의 가장 위험한 적으로, 에드몬토사우루스를 게걸스럽게 잡아먹기도 했다.

강한 발가락
뒷발에는 뭉툭한 둥근 발굽이 난 거대한 발가락이 세 개 달려 있었다.

에드몬토사우루스

에드몬토사우루스는 백악기 후기의 가장 성공한 초식 공룡 중 하나였다. 날카로운 부리와 가장 효율적인 씹는 이빨도 갖추었다. 그러나 당대의 가장 악명 높은 포식자의 흔한 먹이가 되기도 했다. 바로 티라노사우루스(140~141쪽)다.

하드로사우루스류, 즉 오리 부리 공룡은 조각류 중에서 가장 분화한 유형에 속했다. 오리 부리와 비슷한 부리를 지녀서 그런 별명이 붙었는데, 먹이에 따라서 부리의 모양은 달랐다. 에드몬토사우루스는 하드로사우루스류 중에서 가장 큰 편이었고, 먹이를 굳이 고르지 않고 한꺼번에 덥석 뜯는 데 알맞은 아주 넓적한 부리를 지녔다. 불룩한 몸통에는 먹은 것을 무엇이든 다 처리할 수 있는 커다란 소화계가 들어 있었다. 맷돌 같은 이빨로 걸쭉하게 짓이겨서 삼키면 정말 무엇이든 소화할 수 있었다. 에드몬토사우루스는 티라노사우루스 렉스와 함께 북아메리카에서 살았다. 뼈 화석에 그 증거가 남아 있다.

공룡	
에드몬토사우루스	
생존 연대:	7100만~6600만 년 전
사는 곳:	평원과 습지
길이:	13m
먹이:	나뭇잎과 열매

트라이아스기	쥐라기	백악기	신생대
2억 5200만 년 전	2억 100만 년 전	1억 4500만 년 전	6600만 년 전

1점 지금까지 발견된 온전한 **파키케팔로사우루스 머리뼈**의 수.

비늘 피부
피부는 가시와 무는 동물을 막아 주는 비늘로 덮여 있었을 것이다.

짧은 팔
팔이 짧았기에 뒷다리로 걸었을 것이다.

파키케팔로사우루스

중생대 말에는 가장 수수께끼 같은 공룡들도 진화했다. 아주 두꺼운 머리뼈를 지닌 파키케팔로사우루스도 그렇다. 우리는 파키케팔로사우루스의 머리뼈가 왜 그렇게 두꺼웠는지 아직 모른다.

파키케팔로사우루스는 뿔과 주름 장식을 지닌 케라톱스류의 친척이었다. 발견된 화석이 아주 적지만, 가장 큰 종류인 파키케팔로사우루스의 온전한 머리뼈도 발견되었다. 공룡의 일반적인 머리뼈보다 뇌를 보호하는 뼈가 적어도 20배 더 두껍다. 일부 과학자는 머리뼈가 경쟁하는 수컷끼리 박치기를 하면서 지위와 영역을 지키기 위해서 싸울 때 쓰는 적응 형질이라고 본다.

몇몇 작은 파키케팔로사우루스 '종'은 아직 덜 자란 파키케팔로사우루스 성체일 수도 있다.

파키케팔로사우루스는 '두꺼운 머리를 지닌 도마뱀'이라는 뜻이다.

돔과 왕관
이 파키케팔로사우루스 머리뼈에는 두께가 20센티미터인 뼈로 된 돔형 덮개뼈가 있다! 이 돔의 가장자리에는 뼈가시들이 왕관처럼 둘러져 있었다.

공룡

파키케팔로사우루스

- **생존 연대:** 7100만~6600만 년 전
- **사는 곳:** 숲
- **길이:** 4.5m
- **먹이:** 식물, 견과, 열매

왕관
이 가시 왕관은 아마 과시용이었겠지만, 어느 정도 방어도 해 주었을지 모른다.

튼튼한 다리
발가락이 네 개인 길고 힘센 뒷다리가 모든 몸무게를 떠받쳤다.

이빨
파키케팔로사우루스의 각질 부리에는 두 종류의 이빨이 있었다. 먹이를 씹는 나뭇잎 모양의 어금니와 위턱 앞쪽에 난 작고 뾰족한 이빨이었다.

몇몇 동물의 머리뼈에는 충격에 손상을 입은 흔적이 있다. **박치기 이론**을 뒷받침하는 증거일 수도 있다.

박치기하는 머리
박치기는 두 경쟁자가 분쟁을 해결하는 방식치고는 위험해 보이며, 많은 과학자는 파키케팔로사우루스의 두꺼운 머리뼈가 다른 용도를 지녔다고 생각한다. 그러나 아메리카의 큰뿔양 수컷들처럼 몇몇 현생 동물들은 머리를 부딪치면서 싸운다. 뿔이 충격을 흡수하여 뇌 손상을 막는다. 두꺼운 머리뼈도 뿔처럼 보호 역할을 했을 수 있다.

다양한 먹이
전형적인 공룡은 대체로 모양이 거의 같은 한 종류의 이빨만 지닌다. 그러나 파키케팔로사우루스류는 몇 종류의 이빨을 지닌다. 이는 여러 가지의 먹이를 먹었다는 의미일 수 있다. 파키케팔로사우루스는 견과와 열매도 먹었지만, 기본적으로 아랄리옵소이데스의 잎 같은 것을 즐겨 먹은 나뭇잎 섭식자였다.

아랄리옵소이데스 잎

케찰코아틀루스

키가 기린만 하고 날개폭이 작은 비행기만 한 이 거대한 익룡은 지구 역사상 가장 큰 비행 동물 중 하나였다.

1970년대에 미국에서 발견된 케찰코아틀루스는 백악기 후기의 아즈다르코과 공룡 중 가장 컸을 것이다. 아즈다르코과는 익룡계의 거인이었다. 아주 잘 날 수 있었고, 아마 별로 힘들이지 않고 장거리를 날았을 것이다. 그러나 사냥은 땅에서 했을 것이다. 작은 공룡 같은 먹이에게 몰래 다가가서 이빨 없는 긴 부리로 잡아서 통째로 삼켰을 것이다.

케찰코아틀루스는 아주 힘센 날개 근육으로 **시속 90킬로미터로 날 수 있었을** 것이다.

팔다리 모두
중생대 말에 알려진 모든 익룡처럼, 케찰코아틀루스도 팔다리가 길었고, 아마 아주 날랬을 것이다.

작은 발
단단한 땅에서 빨리 움직이는 데 적합한 발바닥이 두꺼운 작은 발을 지녔다.

이 익룡은 고대 멕시코의 깃털 달린 뱀신, 케찰코아틀의 이름을 땄다.

넓적한 날개
케찰코아틀루스는 현생 독수리처럼, 상승 기류를 타고 활공하는 데 완벽하게 적합한 넓은 날개를 지녔다.

뼈볏
머리뼈 꼭대기의 뼈볏은 케라틴으로 덮여 있었다. 발톱을 만드는 물질이다. 화려한 색깔을 띠었을 수도 있고, 수컷이 암컷보다 볏이 더 컸을 수도 있다.

익룡
케찰코아틀루스
- **생존 연대:** 7100만~6600만 년 전
- **사는 곳:** 평원과 산림 지대
- **날개폭:** 10m
- **먹이:** 작은 공룡

이빨 없는 부리
길고 날카로운 부리에는 이빨이 없었으므로, 먹이를 씹을 수 없었다.

거대한 날개폭
이 장엄한 동물의 날개폭은 10미터 이상으로서, 제2차 세계 대전에서 사용된 유명한 스핏파이어 전투기만 했다. 목을 쭉 늘이면 길이도 그 전투기와 거의 비슷했다. 그러나 몸통은 작고 가벼웠다. 몸무게는 250킬로그램이 안 되었을 것이다. 그래도 가장 큰 현생 조류보다도 훨씬 무겁지만, 케찰코아틀루스는 아마 잘 날 수 있었을 것이다.

케찰코아틀루스(10m)
스핏파이어 전투기(11.2m)

접힌 날개
땅에서 사냥할 때에는 방해되지 않도록 날개를 접었다.

작은 먹이
작은 공룡과 작은 동물들은 케찰코아틀루스의 쉬운 먹잇감이었을 것이다.

이륙
케찰코아틀루스 같은 거대한 익룡도 더 작은 익룡과 날개의 해부 구조와 비행 근육이 동일했다. 손톱 달린 손으로 바닥을 밀면서 공중으로 뛰어오른 뒤, 긴 바깥 날개를 펼쳐서 치면서 날아오른다.

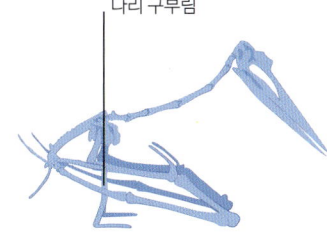
다리 구부림

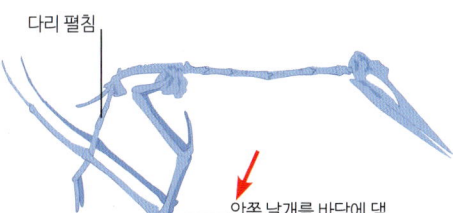
다리 펼침
안쪽 날개를 바닥에 댐

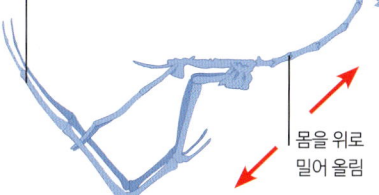
바깥 날개 펼침
몸을 위로 밀어 올림

웅크리기
이륙 준비를 할 때, 익룡은 날개를 앞으로 내린 채 웅크린다. 손으로 땅을 꽉 움켜쥔다.

뛰어오르기
팔다리로 바닥을 밀면서 위쪽 앞으로 뛰어오른다. 스키 선수가 폴대를 밀면서 공중으로 뛰어오르듯이 긴 안쪽 날개로 밀면서 뛰어오른다.

이륙하기
땅에서 떨어지면, 바깥 날개를 펼쳐 아래로 치면서 몸을 위로 밀어 올려 날기 시작한다.

트리케라톱스

뿔이 세 개 달린 트리케라톱스는 케라톱스류 중에서 가장 크고 가장 나중에 진화한 종류에 속한다. 케라톱스류는 인상적인 뿔과 목의 주름 장식으로 유명한 초식 공룡 집단이다.

몸집은 코끼리만 했지만, 낮게 달린 머리에 위협적인 뿔이 코뿔소에 더 가까운 모습이었다. 다른 케라톱스류처럼, 머리뼈 뒤쪽에서 뻗어 나온 뼈로 된 커다란 주름 장식이 목을 가렸다. 북아메리카에서 무시무시한 티라노사우루스(140~141쪽)와 함께 살던 동물에게는 유용한 방어 수단이었다. 가장자리에 가시가 달린 주름 장식은 인상적이기도 했기에, 아마 영역과 짝을 놓고 경쟁할 때 과시용으로도 중요한 역할을 했을 수 있다.

목 주름 장식
단단한 뼈에 비늘 피부가 덮여 있었다.

뼈가시
주름 장식의 가장자리에 난 가시 덕분에 더욱 위엄 있게 보였다.

긴 뿔
이 한 쌍의 뿔은 길이가 1.3미터까지 자라며, 끝이 날카롭고, 뼈로 된 튼튼한 심이 있다.

비늘 피부
화석은 피부가 비늘로 덮여 있었음을 보여 준다.

자르는 이빨
빽빽하게 들어찬 어금니는 가위처럼 식물을 잘랐다.

트리케라톱스와 토로사우루스
트리케라톱스는 더욱 큰 목주름 장식을 지닌 '토로사우루스'라는 케라톱스와 같은 서식지에 살았다. 일부 연구자는 트리케라톱스가 아직 덜 자란 형태였고, 완전히 성숙한 형태가 토로사우루스라고 본다. 그러나 증거는 불확실하며, 대부분의 과학자는 동의하지 않는다.

더욱 긴 목주름 장식

토로사우루스

몇몇 트리케라톱스의 뼈에는 티라노사우루스의 이빨 자국이 남아 있지만, 트리케라톱스가 공격에 살아남은 증거도 있다. 게다가 **티라노사우루스를 죽이기도** 했을지 모른다.

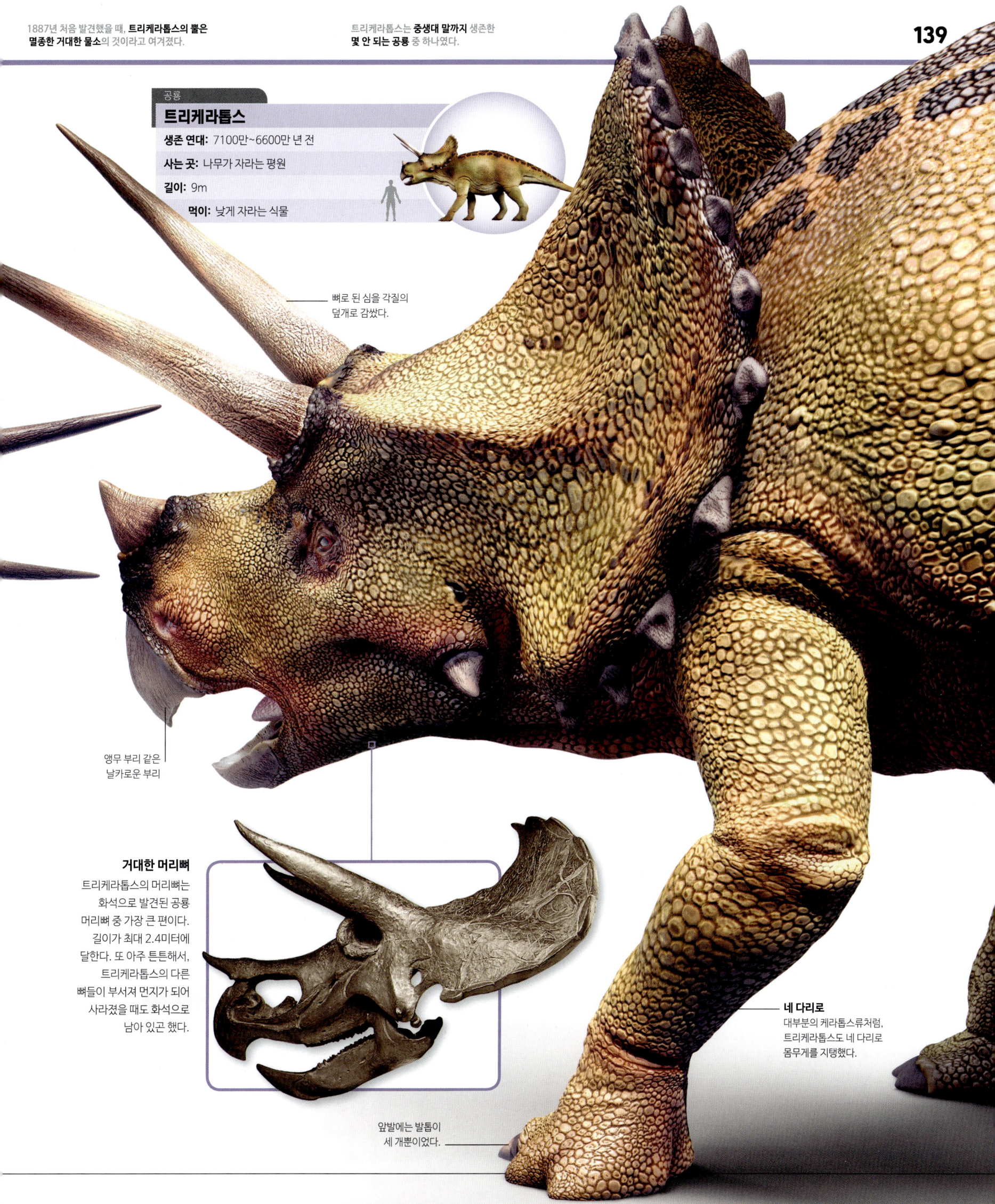

1887년 처음 발견했을 때, **트리케라톱스의 뿔은 멸종한 거대한 물소의 것이라고 여겨졌다.**

트리케라톱스는 **중생대 말까지 생존한 몇 안 되는 공룡** 중 하나였다.

139

공룡
트리케라톱스
- **생존 연대:** 7100만~6600만 년 전
- **사는 곳:** 나무가 자라는 평원
- **길이:** 9m
- **먹이:** 낮게 자라는 식물

뼈로 된 심을 각질의 덮개로 감쌌다.

앵무 부리 같은 날카로운 부리

거대한 머리뼈
트리케라톱스의 머리뼈는 화석으로 발견된 공룡 머리뼈 중 가장 큰 편이다. 길이가 최대 2.4미터에 달한다. 또 아주 튼튼해서, 트리케라톱스의 다른 뼈들이 부서져 먼지가 되어 사라졌을 때도 화석으로 남아 있곤 했다.

네 다리로
대부분의 케라톱스류처럼, 트리케라톱스도 네 다리로 몸무게를 지탱했다.

앞발에는 발톱이 세 개뿐이었다.

140 백악기의 생명 ○ 티라노사우루스

트라이아스기	쥐라기	백악기	신생대
2억 5200만 년 전	2억 100만 년 전	1억 4500만 년 전	6600만 년 전

티라노사우루스 분석

놀라운 증거
우리는 티라노사우루스의 똥 화석에서 뼛조각들을 발견했기에, 티라노사우루스가 단단한 뼈를 부술 수 있다는 것을 안다! 그런 배설물 화석을 '분석'이라고 하는데, 분석은 놀라울 만치 흔하다.

거대하지만 날랜
뼈는 티라노사우루스가 몸집에 비해 날래며, 대개 몸과 꼬리를 거의 수평으로 놓은 채 서고 달렸음을 보여 준다. 체중 때문에 속도가 좀 느릴지 몰라도, 가장 빠른 공룡만이 티라노사우루스보다 더 빨리 달릴 수 있었을 것이다.

- 운동선수 자세
- 튼튼한 갈비뼈
- 새 같은 발
- 높이 치켜든 꼬리

긴 꼬리
몸 뒤쪽으로 뻣뻣하게 치켜든 꼬리는 무거운 머리의 균형을 잡았다.

티라노사우루스

가장 유명한 공룡은 뼈를 부술 정도로 엄청나게 강한 이빨과 턱을 지닌 거대한 사냥꾼이었다. 이 공룡은 중생대 말에 북아메리카에 살았으며, 지구 역사상 가장 강력한 육상 포식자였다.

중생대 육식성 수각류는 대부분 칼날 같은 이빨을 지니고 있었다. 이빨은 먹이의 단단한 뼈에 부딪히면 부러질 수 있었다. 그러나 티라노사우루스는 에우오플로케팔루스(124~125쪽) 같은 무거운 갑옷을 입은 먹이에 대처할 수 있게 진화했다. 거의 모든 것을 꿰뚫을 수 있는 이빨과 턱으로 무장했고, 어떤 동물을 마주치든 간에 공격하여 잡을 수 있는 능력을 갖추었다.

힘센 다리
다리와 굵은 허벅지 근육으로 무시무시한 속도로 달려들어 공격했다.

티라노사우루스의 똥 화석에서 **트리케라톱스와 에드몬토사우루스**의 뼈가 씹혀서 부서진 조각들이 발견되었다.

뭉툭한 발톱
흔들리지 않게 지탱해 주는 굵은 발톱이 난 튼튼한 발가락 세 개로 섰다.

'스탠'이라는 별명을 지닌 티라노사우루스 렉스 화석은 2020년 경매로 팔리면서 **가장 비싼 화석**이 되었다.

공룡

티라노사우루스

- **생존 연대:** 6700만~6600만 년 전
- **사는 곳:** 숲과 습지
- **길이:** 12m
- **먹이:** 커다란 공룡

무시무시한 이빨
날카롭고 뾰족한 이빨은 먹이의 무거운 갑옷을 꿰뚫을 만치 튼튼했다.

비늘과 깃털
온몸이 대체로 비늘로 덮여 있고, 등에만 깃털이 조금 나 있었을 가능성이 높다.

치명적인 경쟁
영역과 먹이를 놓고 경쟁자끼리 죽기 살기로 싸웠을 수 있다.

가는 발목
가느다란 아랫다리와 발목은 티라노사우루스가 아주 빨리 달릴 수 있었음을 보여 준다.

작은 팔
팔은 몸에 비해 작았지만, 먹이를 움켜쥘 수 있는 강한 근육이 있었다.

날카로운 손톱

몸부림치는 먹이를 꽉 쥐는 손가락

새로운 시대

백악기 세계는 지구 생명의 특성을 바꾼 세계적 재앙으로 파괴되었다.
중생대에는 거대한 공룡들이 지구를 지배했지만 새로운 시대, 신생대에는 포유류가 득세하게 된다.
그리고 다른 모든 공룡과 달리, 조류는 살아남아서 번성했다.

신생대 세계

중생대는 육지와 바다에서 지배 동물의 대부분을 없앤 대량 멸종으로 끝이 났다. 대형 공룡, 익룡, 대다수의 해양 파충류가 사라졌다. 세계가 대격변으로부터 회복될 때, 생존한 동물들은 새로운 유형으로 진화하면서 사라진 동물들의 빈자리를 차지하기 시작했다. 최초의 대형 포유류도 진화하면서 공룡을 대신하여 주요 육상 동물이 되었다. 이 새로운 시대에 인류도 출현했다.

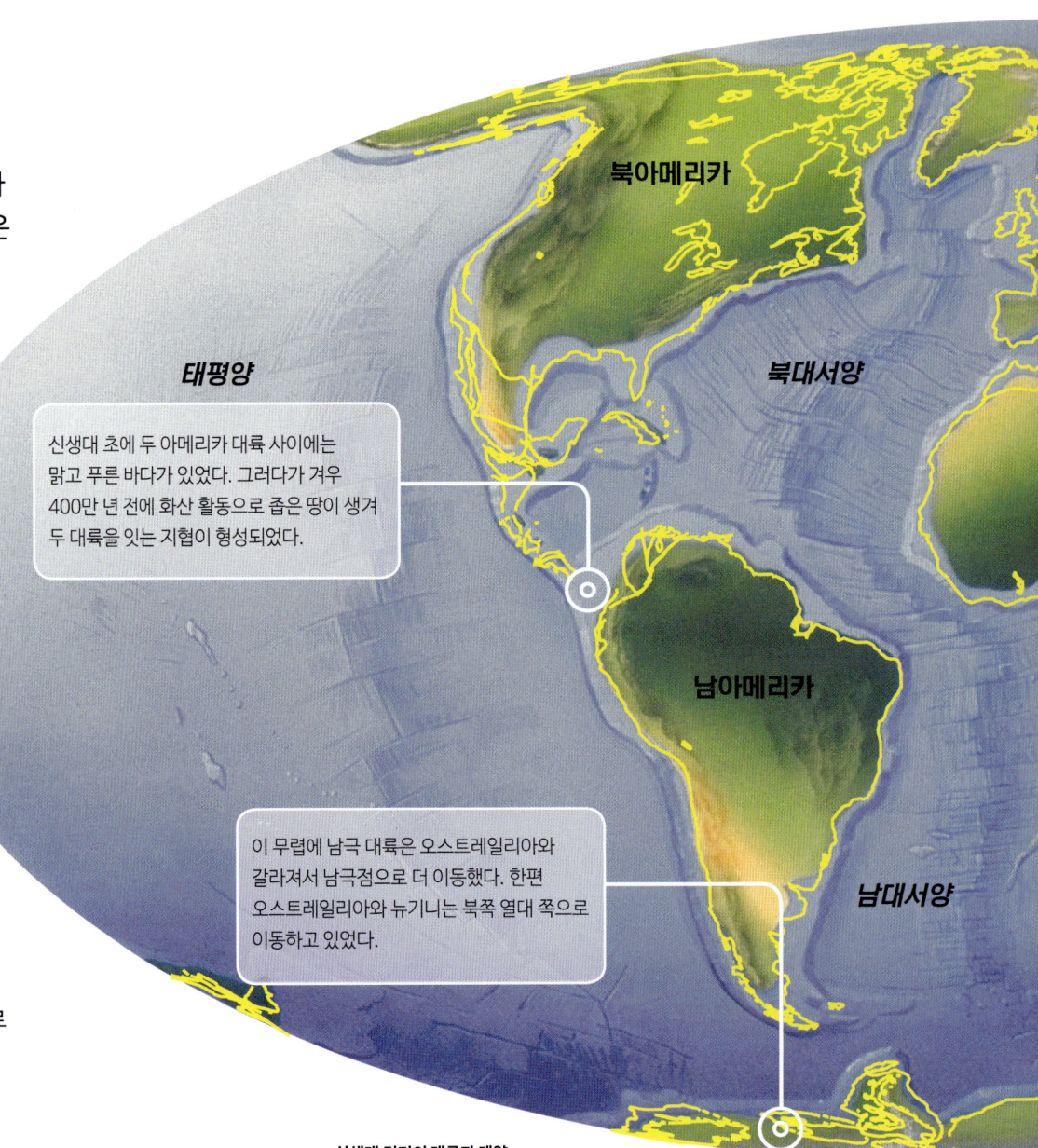

태평양

신생대 초에 두 아메리카 대륙 사이에는 맑고 푸른 바다가 있었다. 그러다가 겨우 400만 년 전에 화산 활동으로 좁은 땅이 생겨 두 대륙을 잇는 지협이 형성되었다.

북아메리카

북대서양

남아메리카

남대서양

이 무렵에 남극 대륙은 오스트레일리아와 갈라져서 남극점으로 더 이동했다. 한편 오스트레일리아와 뉴기니는 북쪽 열대 쪽으로 이동하고 있었다.

신생대 전기의 대륙과 대양

대양과 대륙

신생대 초인 약 5000만 년 전, 세계의 대륙들은 이미 우리가 아는 대륙들로 쪼개져 있었지만, 각 대륙의 모양과 위치는 달랐다. 서남아시아의 드넓은 지역은 아직 얕은 바다에 잠겨 있었고, 인도는 대양을 표류하고 있었고, 남아메리카는 북아메리카와 연결되어 있지 않았다. 그 뒤로 5000만 년에 걸쳐서 서서히 현대 세계의 모습이 갖추어져 갔다.

환경

비교적 안정적이고 따뜻한 중생대와 달리, 신생대는 극적인 변화의 시대였다. 어떤 시기에는 아주 더웠고, 어떤 시기에는 몹시 추웠다. 그러나 대륙마다 상황이 전혀 달랐기에, 아주 다양한 동식물에게 피신처를 제공했다.

기후

이 시대는 추운 기후에서 시작했지만, 5600만 년 전에 세계 기온이 급격히 치솟았다. 700만 년 뒤 세계는 다시 식기 시작해서 250만 년 전에 빙하기로 들어섰다. 우리는 현재 또 한 차례의 빙하기 중에서 좀 따뜻한 간빙기를 살고 있다.

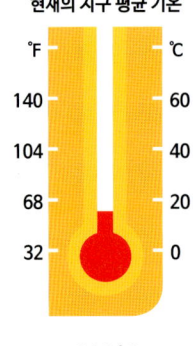

현재의 지구 평균 기온

14.5 °C

초원
신생대 초기에 기후가 따뜻해지고 강수량이 늘면서 드넓은 우림이 생겨났다. 그 뒤에 기후가 추워지고 건조해지면서, 넓은 지역이 초원으로 바뀌었다.

빙하기
신생대 말 빙하기에 극지방의 넓은 지역은 빙원에 덮여 있었다. 이 빙원은 아직도 그린란드와 남극 대륙을 덮고 있다.

대		중 생 대	
기	트라이아스기	쥐라기	
시간	2억 5200만 년 전	2억 100만 년 전	1억 4500만 년 전

유럽
아시아
아프리카
오스트레일리아
남극 대륙

인도는 북쪽으로 올라가다가 곧 아시아와 충돌하면서 히말라야산맥과 티베트고원을 형성했다.

일러두기
- 고대 대륙
- 현대 대륙의 경계선

동물
대형 공룡이 사라지자 동물의 삶에 극적인 변화가 일어났다. 공룡의 자리를 대신한 포유류는 특히 더 극적이었다. 그러나 조류도 살아남았고 엄청난 성공을 거두었다. 곤충을 비롯한 작은 동물들도 다양한 새로운 방향으로 진화하면서 새로운 서식지의 대부분을 만들었다.

육상 무척추동물
나비 등 꽃가루를 옮기는 곤충은 꽃이 풍부한 숲에서 번성했다. 넓은 초원에는 엄청나게 많은 메뚜기와 딱정벌레가 우글거렸다.

딱정벌레 화석

조류
현생 조류 유형들은 대부분 중생대 중기에 진화해 있었다. 날지 못하는 가스토르니스와 더 후대의 콘도르처럼 생긴 테라토르니스 등 거대한 종류도 있었다.

테라토르니스

포유류
포유류는 대형 초식 동물이 등장하고 그 초식 동물을 사냥하는 칼이빨을 지닌 유대류 틸라코스밀루스 같은 포식자들이 등장함에 따라서, 크기와 다양성이 대폭 증가했다. 작은 포유류도 훨씬 더 불어났다.

틸라코스밀루스

식물
앞 시대인 중생대 후기에 진화한 꽃식물과 풀은 신생대에 상당히 많은 지역에서 식물의 주류가 되었다. 빙하 작용은 먼 북쪽에서 많은 식물을 없앴지만, 식물은 그 뒤에 회복되었다.

낙엽수
신생대에는 가을에 잎을 떨구는 넓은 잎을 지닌 나무들을 비롯한 새로운 유형의 식물이 번성했다.

양치류
새로운 유형의 나무들이 숲을 이루면서 양치류가 자랄 다양한 서식지가 생겨났다. 그에 따라 양치류도 새로운 유형으로 진화했다.

향긋한 꽃
꽃은 화려한 꽃잎과 달콤하고 향긋한 꿀로 꽃가루를 옮기는 곤충 같은 동물들을 끌어들이는 쪽으로 빠르게 진화했다.

풀
식물에 일어난 한 가지 중요한 변화는 풀의 확산이었다. 풀은 일부 동물들의 중요한 먹이가 되었다.

인류의 기원
이것이 인류의 가장 최초 조상 중 하나의 머리뼈 화석인지도 모른다. 사헬란트로푸스는 600만 년 전에 살았다. 두 발로 서서 걸은 최초의 인류가 등장하기 약 200만 년 전이었다. 현대 인류는 약 35만 년 전에 진화했다.

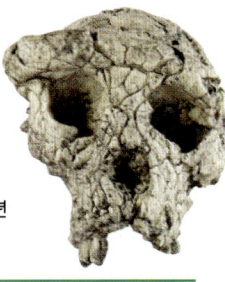

백악기 | 신생대
6600만 년 전 — 0

트라이아스기	쥐라기	백악기	신생대
2억 5200만 년 전	2억 100만 년 전	1억 4500만 년 전	6600만 년 전 ~ 0

갈라진 혀
현생 뱀처럼 티타노보아도 갈라진 혀를 날름거리면서 먹이를 찾고 뒤쫓았을 것이다. 혀를 내밀어 냄새 물질을 묻힌 뒤, 집어넣을 때 입천장의 감각 기관으로 냄새 물질을 전달했을 것이다.

티타노보아

남아메리카 콜롬비아의 지층에서 발견된 거대한 뱀 화석은 지구 역사상 가장 크고 가장 길고 가장 무거운 뱀 중 하나인 티타노보아를 보여 준다. 몸무게가 작은 승용차만 했을 것이다!

뱀은 백악기에 도마뱀에서 처음 진화했고, 중생대 말의 대량 멸종에서 살아남았다. 그 뒤에 이어진 따뜻한 시기에 티타노보아 같은 동물은 엄청난 크기로 자랄 수 있었다. 이 거대한 뱀은 현재의 왕뱀처럼 먹이를 칭칭 감아서 질식시켜 죽였다. 티타노보아는 습지에서 어류와 파충류를 먹고 살았다.

먹이가 된 파충류
주로 물고기를 먹었지만, 작은 악어도 쉽게 잡아먹을 수 있었을 것이다.

근육질 몸
길이가 15미터인 티타노보아의 몸은 거의 근육으로 꽉 차 있었다.

이 거대한 뱀은 지금의 아마존 우림 같은 열대우림에 살았다. 　　캐나다의 공학자들은 티타노보아가 어떻게 움직였는지 연구하기 위해 **실물 크기의 로봇**을 만들었다. 　　처음에는 **티타노보아의 뼈가 너무 컸기 때문에**, 과학자들은 **멸종한 악어**의 뼈라고 생각했다.

쩍 벌어진 턱

모든 뱀처럼 티타노보아도 먹이를 통째로 삼켰을 것이다. 뱀은 자기 몸 지름보다 몇 배나 더 큰 먹이까지 삼킬 수 있도록 아래턱과 피부가 늘어나게 진화했다. 한 번 먹으면, 티타노보아는 며칠 동안 먹을 필요가 없었을 것이다.

아주 크게 쩍
이 아프리카알뱀은 새알을 삼킬 수 있을 만큼 턱을 벌린다. 삼킨 알을 부수어서 내용물을 빨아 먹은 뒤, 부서진 껍데기는 뱉는다.

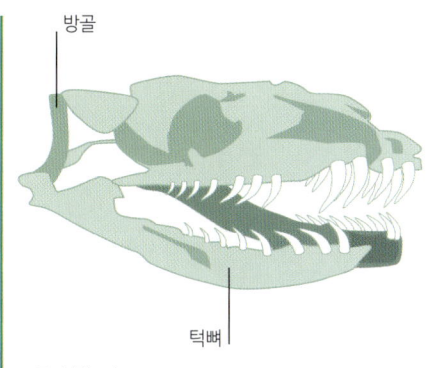

특수한 뼈
이 경이로운 삼키는 능력은 뱀의 턱뼈 앞쪽이 탄력 있는 인대로 이어져 양쪽으로 벌어질 수 있고, 뒤쪽은 '방골'이란 뼈로 머리뼈와 느슨하게 연결되었기 때문에 가능하다.

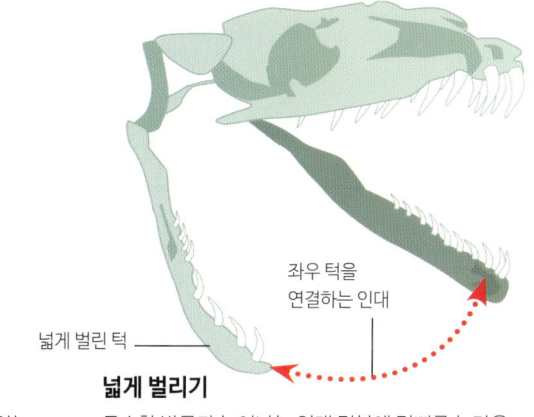

넓게 벌리기
특수한 방골과 늘어나는 인대 덕분에 턱뼈를 놀라울 만치 쩍 벌릴 수 있고, 먹이를 문 뒤 턱을 뒤로 당겨서 먹이를 입속으로 더 끌어 넣는다.

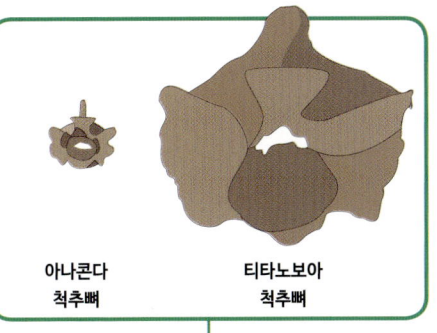

아나콘다 척추뼈 　티타노보아 척추뼈

아주 큰 뼈
아나콘다는 현생 뱀 중에서 가장 크지만, 티타노보아에 비하면 척추뼈가 아주 작다.

티타노보아는 길이가 **스쿨버스**만 했고, 등의 높이는 무려 1미터였다.

무늬가 있는 피부
아마 아나콘다의 피부처럼 비늘 피부에는 무늬가 있었을 것이다.

뱀

티타노보아
- **생존 연대:** 6000만~5800만 년 전
- **사는 곳:** 열대 습지
- **길이:** 15m
- **먹이:** 어류와 파충류

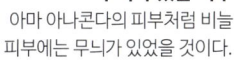

키위 깃털?
가스토르니스는 키위와 비슷하게 털처럼 생긴 깃털로 덮여 있었을지 모른다. 그러나 미국에서 발견된 정상적인 거대한 깃털 화석이 가스토르니스의 것이라고 보는 과학자들도 있다.

비늘로 덮인 다리
현생 조류처럼, 길고 힘센 다리는 비늘로 덮여 있었을 것이다.

가스토르니스

굵은 다리와 넓적한 몸을 지닌 이 거대한 날지 못하는 새는 무시무시한 사냥꾼이었거나, 앵무새처럼 튼튼한 부리로 견과를 깨 먹는 초식 공룡이었을 수도 있다.

1870년대에 미국 와이오밍의 암석에서 날지 못하는 커다란 새의 화석이 발견되었다. 화석에는 '디아트리마'라는 이름이 붙었다. 그러나 발견자들은 이미 1850년대에 유럽에서 비슷한 새 화석이 발견되었다는 사실을 몰랐다. 그 새에게는 '가스토르니스'라는 이름이 붙어 있었다. 지금 우리는 둘이 같은 동물임을 알고 있다. 그래서 디아트리마라는 이름은 없어졌다. 가스토르니스는 아주 크고 튼튼한 부리를 지닌 인상적인 동물이지만, 아직 우리는 그 부리가 어떤 용도였는지 잘 모른다.

강한 발
가스토르니스는 짧고 뭉툭한 발톱이 달린 세 개의 발가락으로 섰다.

며느리발톱
발 안쪽의 넷째 발가락은 땅에 닿지 않았다.

2009년 미국 시애틀 인근에서 일어난 산사태로 **가스토르니스**가 남겼을 듯한 **발자국 화석**이 드러났다.

부리와 짧은 꼬리를 제외하면, 가스토르니스는 **수각류 공룡**처럼 보인다.

굽은 부리
가스토르니스는 약간 굽은 부리로 먹이를 잡았을 수도 있다.

견과
가스토르니스는 다른 많은 식물과 함께 개암과 호두의 고대 친척에 해당하는 견과를 먹었을 수도 있다.

긴 목
길고 유연한 목을 써서 커다란 머리를 어느 방향으로든 움직일 수 있었다.

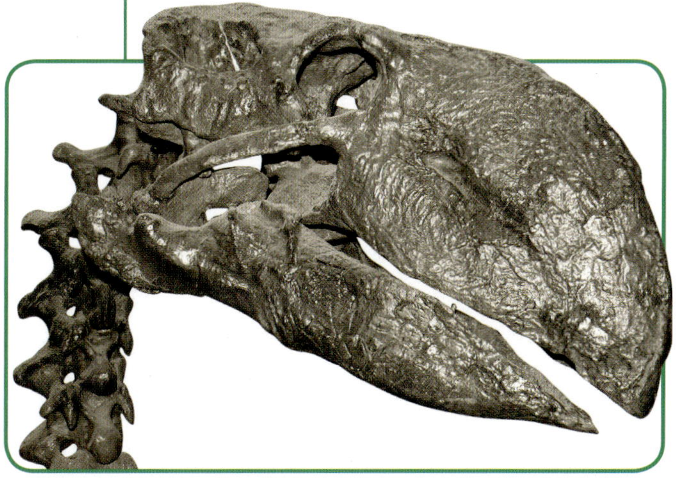

무거운 머리뼈
머리뼈와 아래턱은 아주 튼튼했고, 턱 근육은 무겁고 힘이 셌다. 그런 힘은 어떤 일을 하기 위해 필요했겠지만, 우리는 그 일이 무엇이었는지 알지 못한다.

조류

가스토르니스
- **생존 연대:** 5600만~4000만 년 전
- **사는 곳:** 울창한 열대림
- **키:** 2m
- **먹이:** 모름

거대한 알
가스토르니스의 것일 수 있는 알 조각 화석들이 많이 발견되었다. 재현해 보니 길이는 23센티미터를 넘는 반면, 지름은 10센티미터에 불과했다. 즉 타조나 닭 같은 현생 조류의 알보다 더 길쭉했다. 사실 키티파티 (114~115쪽) 같은 수각류인 중생대 조상의 알과 더 비슷해 보인다.

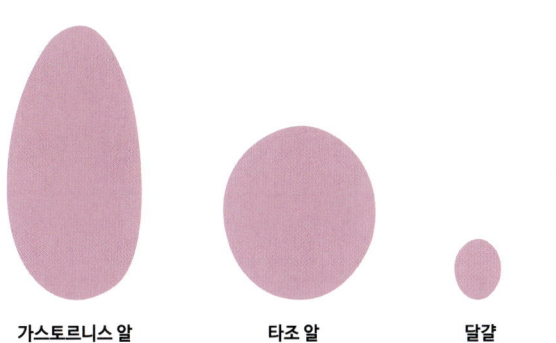

가스토르니스 알 · 타조 알 · 달걀

견과 깨는 부리
남아메리카 열대림에서 하야신스마코금강앵무 같은 커다란 앵무새는 무거운 부리로 주식인 단단한 견과를 깨 먹는다. 견과는 영양가가 높으며, 가스토르니스는 숲에 자라는 더 큰 견과를 깨 먹기 위해서 부리가 더 무거운 쪽으로 진화했을 수도 있다. 그러나 가스토르니스가 부리로 죽은 동물의 뼈를 부수어 골수를 빼 먹거나, 살아 있는 먹이를 잡거나, 그 일들을 모두 다 했을 가능성도 있다.

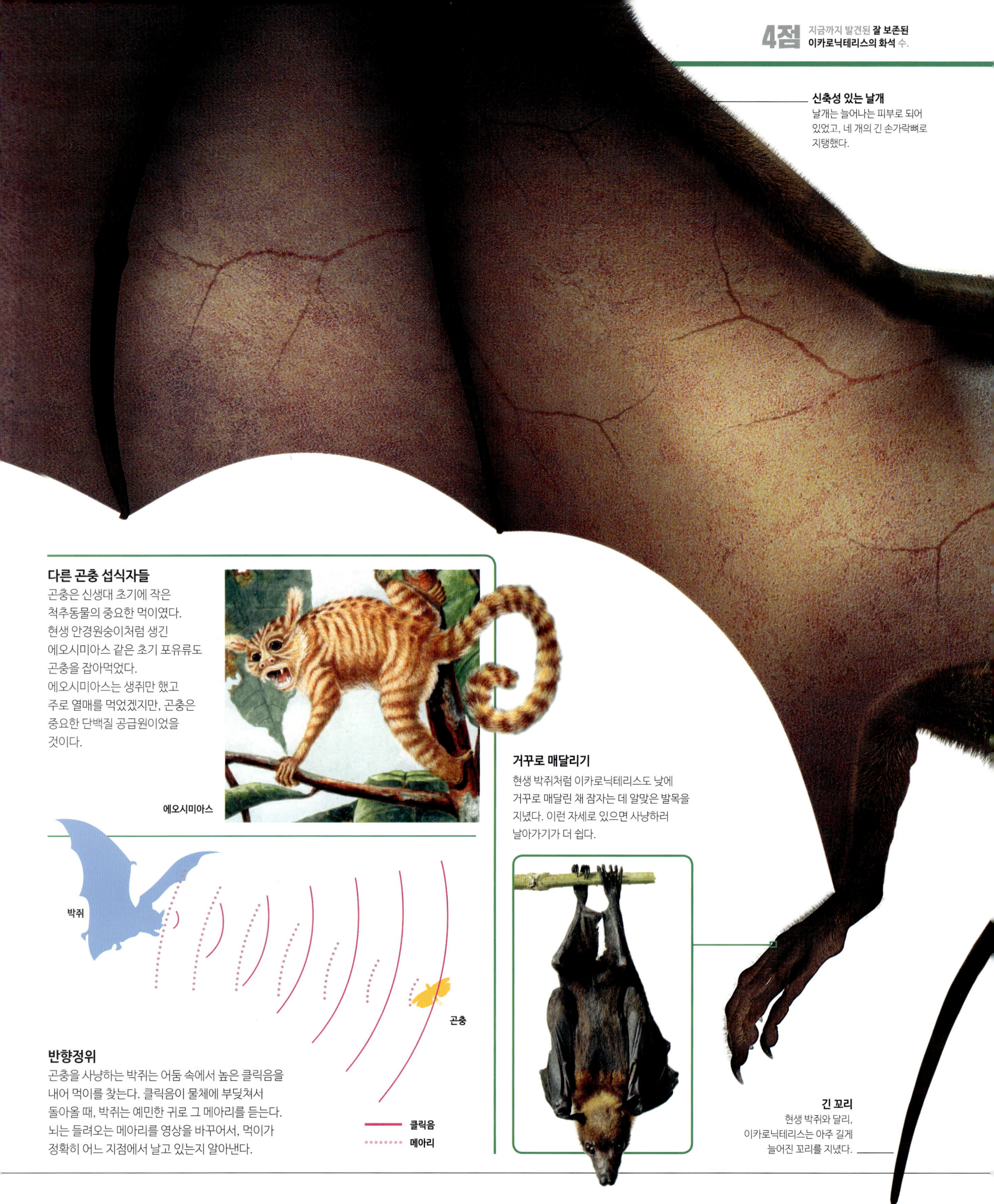

4점 지금까지 발견된 **잘 보존된 이카로닉테리스의 화석** 수.

신축성 있는 날개
날개는 늘어나는 피부로 되어 있었고, 네 개의 긴 손가락뼈로 지탱했다.

다른 곤충 섭식자들
곤충은 신생대 초기에 작은 척추동물의 중요한 먹이였다. 현생 안경원숭이처럼 생긴 에오시미아스 같은 초기 포유류도 곤충을 잡아먹었다. 에오시미아스는 생쥐만 했고 주로 열매를 먹었겠지만, 곤충은 중요한 단백질 공급원이었을 것이다.

에오시미아스

거꾸로 매달리기
현생 박쥐처럼 이카로닉테리스도 낮에 거꾸로 매달린 채 잠자는 데 알맞은 발목을 지녔다. 이런 자세로 있으면 사냥하러 날아가기가 더 쉽다.

박쥐

곤충

반향정위
곤충을 사냥하는 박쥐는 어둠 속에서 높은 클릭음을 내어 먹이를 찾는다. 클릭음이 물체에 부딪쳐서 돌아올 때, 박쥐는 예민한 귀로 그 메아리를 듣는다. 뇌는 들려오는 메아리를 영상을 바꾸어서, 먹이가 정확히 어느 지점에서 날고 있는지 알아낸다.

― 클릭음
⋯ 메아리

긴 꼬리
현생 박쥐와 달리, 이카로닉테리스는 아주 길게 늘어진 꼬리를 지녔다.

트라이아스기	쥐라기	백악기	신생대
2억 5200만 년 전	2억 100만 년 전	1억 4500만 년 전	6600만 년 전 — 0

북아메리카뿐 아니라 유럽에서도 살았던 듯하다.

포유류
이카로닉테리스
- 생존 연대: 5200만 년 전
- 사는 곳: 산림 지대
- 길이: 14cm
- 먹이: 곤충

상세히 보존된 화석
미국 와이오밍에서 발견된 이카로닉테리스 화석은 놀라울 만치 잘 보존되어 있었다. 뼈대의 세세한 부위까지 잘 드러나 있으며, 부드러운 조직의 흔적까지 남아 있다.

땃쥐 같은 이빨
이빨은 곤충을 먹는 현생 땃쥐의 이빨과 아주 비슷했다.

먹이가 된 곤충
몇몇 이카로닉테리스 화석에는 위장에 나방의 날개 비늘이 들어 있다. 나방도 먹었음을 말해 준다.

자유롭게 팔락거리기
현생 박쥐와 달리 이카로닉테리스는 몸과 꼬리를 연결하는 피부막인 꼬리막이 없었다.

이카로닉테리스

현생 박쥐와 너무나 비슷하기에, 이 동물이 5000만 년 전에 살았다는 사실을 믿기 어렵다. 심지어 현생 박쥐처럼 밤에 나는 곤충을 사냥하는 능력까지 지녔다.

박쥐는 뼈가 아주 가늘고 약해서 화석으로 보존되는 일이 아주 드물다. 이카로닉테리스는 지금까지 발견된 최초의 박쥐 중 하나이지만, 해부 구조를 보면 비행에 아주 잘 적응해 있던 것이 분명하다. 이빨을 보면 곤충 섭식자였음을 알 수 있고, 속귀뼈의 형태를 볼 때 현생 박쥐처럼 밤에 반향정위를 써서 곤충을 사냥한 듯하다.

'이카로닉테리스'라는 이름은 고대 그리스 신화에 나오는 **이카루스**에서 땄다. 팔에 깃털을 붙이고 태양을 향해 날아갔다는 소년이다.

우인타테리움

몸이 아주 무겁고 아마 식욕도 왕성했을 것이다. 이 거대한 초식 동물은 대형 공룡들이 떠난 빈자리를 채우는 쪽으로 진화한 포유류 중 하나였다.

중생대에 육상 동물 세계는 거대한 초식 공룡들이 지배했다. 공룡이 전멸한 뒤, 작은 포유류는 생활 습성은 같으면서 점점 더 몸집이 커지는 쪽으로 진화하기 시작했다. 이 과정이 수백만 년 동안 이어지자 우인타테리움 같은 대형 초식 동물이 등장했다. 엄청난 양의 식물을 먹어 치우는 쪽으로 진화한 아주 큰 '거대 초식 동물'이었다.

가는 꼬리
가늘고 유연한 꼬리는 피를 빠는 파리를 쫓는 데 쓰였을 것이다.

불룩한 배
영양가가 낮은 식물로부터 최대한 많은 영양소를 얻기 위해 커다란 소화계가 들어 있었다.

코끼리 같은 발
발가락 뒤쪽의 부드러운 조직이 발뼈를 떠받치고 있었다.

멸종한 거대 초식 동물
우인타테리움은 신생대 중반부터 번성한 많은 거대 초식 동물 중 하나였다. 거대 초식 동물은 지금 아프리카와 아시아에 코끼리와 코뿔소 등 몇 종류만 남아 있다.

파라케라테리움
2000만 년 전에 살았던 이 동물은 코뿔소의 친척이다. 지금까지 살았던 육상 포유류 중 가장 컸다. 어깨높이가 5.5미터였고, 기린처럼 높은 나무의 잎을 뜯어 먹었을 것이다.

데이노테리움
코끼리의 친척이면서 현생 동물들보다 더 컸던 이 동물은 아래턱에 기이하게 굽은 커다란 엄니가 나 있었다. 약 100만 년 전에 멸종했다.

우인타테리움 화석은 서로 멀리 떨어진 북아메리카와 중국에서 발견되고 있다.

1m 우인타테리움 머리뼈의 길이.

몇몇 머리뼈에는 **더 큰 뿔**이 달려 있는데 수컷일 수도 있다. 수컷끼리 뿔을 부딪치면서 싸웠을 수도 있다.

포유류
우인타테리움
- **생존 연대:** 4500만~3700만 년 전
- **사는 곳:** 숲
- **길이:** 4m
- **먹이:** 식물

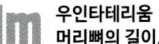

두꺼운 가죽
우인타테리움은 아마 포식자를 막기 위해서 코뿔소처럼 두꺼운 가죽을 지녔을 것이다.

머리뼈와 뿔
머리뼈는 크게 부푼 테두리와 세 쌍의 혹이 있는 특이한 형태였다. 덮개뼈가 유달리 두꺼웠는데, 무게를 줄이기 위해서 속에 공기주머니들도 있었다. 뇌는 작았다.

짧고 굵은 다리
기둥 같은 크고 무거운 다리로 서 있었다.

억센 엄니
위쪽 송곳니는 길어져서 긴 엄니가 되었다. 수컷은 좀 더 길었을 수도 있다.

기린의 뿔처럼 우인타테리움의 뿔도 **피부로 덮여** 있었다.

트라이아스기	쥐라기	백악기	신생대
2억 5200만 년 전	2억 100만 년 전	1억 4500만 년 전	6600만 년 전 · 0

들쭉날쭉한 이빨
납작한 머리뼈와 턱에는 이 동물이 죽었을 때 아직 다 자라지 못한 영구치와 젖니가 나 있다. 들쭉날쭉한 모양의 어금니는 잎을 자르고 씨와 열매를 으깨는 데 알맞았을 것이다.

털로 덮인 몸
화석에는 피부가 털로 덮여 있었다는 증거가 뚜렷하다.

1983년에 발견된 이 화석은 24년 동안 개인 소장품으로 숨겨져 있다가 2007년에 팔렸다.

발견자로부터 화석을 구입한 과학자는 이 화석에 '아이다'라는 이름을 붙였다.

다르위니우스는 위대한 자연사학자 찰스 다윈의 탄생 200주년을 기념하여, 다윈의 이름을 붙인 것이다.

다르위니우스

약 4700만 년 전 유럽의 나무 꼭대기에는 영장류임이 분명한 작은 포유류가 살았다. 영장류는 여우원숭이, 원숭이, 유인원, 인간이 속한 집단이다.

1983년 독일의 한 채석장에서 캐 낸 기름기 있는 암석에서 뼈대의 모든 뼈가 거의 다 보존되어 있을 뿐 아니라, 피부와 털의 윤곽까지 놀라울 만치 잘 보존된 다르위니우스 화석이 나왔다. 암컷이었고, 아직 9개월밖에 안 되어서 젖니가 남아 있었다. 이빨 모양은 다르위니우스가 초식 동물이었음을 나타낸다. 사실 이 동물이 마지막으로 먹은 열매와 잎도 화석으로 곁에 남았다. 많은 현생 영장류처럼 나무 위에서 먹이를 먹었을 것이다.

움켜쥐는 손
다르위니우스는 인간처럼 마주 보는 엄지가 있어서 손을 움켜쥘 수 있었다. 즉 손바닥 위로 엄지를 다른 손가락들과 맞댈 수 있었다. 그래서 나무를 기어오를 때 나뭇가지를 꽉 움켜쥘 수 있었다. 손에는 날카로운 발톱 같은 손톱이 아니라 긴 손톱이 났다.

긴 꼬리
많은 현생 영장류처럼, 꼬리는 몸보다 더 길었다.

양안시
눈이 앞을 향해 있어서 나뭇가지 사이로 뛸 때 거리를 정확히 판단할 수 있었다.

손 같은 발
엄지발가락도 마주 보고 있었기에, 발을 손처럼 썼을 것이다.

아주 상세히 보존된 화석
이 다르위니우스는 화산 활동이 일어나는 지역의 한 호수를 찾았다가 죽음을 맞이했다. 유독한 화산 가스에 질식해서 호수로 굴러떨어진 뒤, 공기가 없는 기름진 진흙에 묻힘으로써 썩지 않았을 것이다. 이윽고 진흙은 굳어서 암석이 되었고, 동물은 놀라울 만치 온전히 보존된 화석이 되었다.

먼 조상?
2009년, 다르위니우스는 인류 종과 다른 동물계를 잇는 '잃어버린 고리'라고 뉴스에 등장했다. 원숭이, 유인원, 사람의 전형적인 특징들을 지닌 가장 오래된 화석이라는 것이었다. 그 말이 맞다면, 다르위니우스는 우리의 먼 조상과 친척이었다. 그러나 이 화석이 여우원숭이 같은 동물의 조상임을 보여 주는 특징들을 지녔다고 말하는 과학자들도 있다. 즉 우리 가계도에 속하지 않는다는 뜻이다.

포유류
다르위니우스

- 생존 연대: 4700만 년 전
- 사는 곳: 숲
- 길이: 58cm
- 먹이: 잎, 열매, 씨

위험한 숲

마지막 공룡이 지구를 돌아다닌 뒤인 약 6500만 년 전, 거대한 메가테리움이 삼나무 숲에서 먹이를 찾고 있다. 그런데 무시무시한 칼이빨호랑이인 스밀로돈이 슬그머니 다가오고 있다.

메가테리움은 포식자가 아니지만, 거대하고 긴 발톱에 굵고 힘센 근육으로 무장하고 있다. 자신을 지키기 위해 싸워야 할 상황이 닥치면 칼이빨호랑이에게 심각한 부상을 입힐 수 있다. 스밀로돈은 공격할지 말지 판단하면서 조심스럽게 웅크리고 있다. 살을 뚫는 커다란 송곳니를 지니고 있지만, 이 거대한 땅늘보에게는 상대가 안 된다는 것을 알기 때문이다.

안드레우사르쿠스

몽골 사막에서 발굴된 이 가공할 포식자의 거대한 머리뼈는 지금까지 살아온 육상 육식성 포유류 중 가장 큰 동물의 것일 수 있다.

안드레우사르쿠스는 긴 턱과 날카로운 앞니가 거대한 하이에나의 것과 비슷하며, 아마 행동도 비슷했을 수 있다. 하지만, 가장 가까운 현생 친척은 돼지 같은 발굽 동물이다. 아마 발에 발톱 대신 넓적한 발굽이 있었을 것이고, 자르기보다는 으깨는 데 알맞은 뭉툭한 어금니를 지녔을 것이다. 그러나 다른 동물들에게 무시무시한 포식자였을 수 있다.

힘센 몸
근육으로 가득한 몸은 아마 거칠고 빳빳한 털로 덮여 있었을 것이다.

다리 힘
사냥할 때 긴 다리로 먹이를 따라잡았을 것이다.

발굽
발에 달린 네 개의 발가락 끝에는 작은 발굽이 나 있었을 것이다.

로이 채프먼 앤드루스
'안드레우사르쿠스'라는 이름은 발견자인 미국 화석 사냥꾼 로이 채프먼 앤드루스의 이름을 땄다. 앤드루스는 1920년대에 몇 차례 탐사대를 이끌고 중국과 몽골에 가서 많은 공룡 화석을 발굴했다. 앤드루스는 뉴욕에 있는 미국 자연사 박물관의 연구실 조수로 시작해서 관장 자리에 올랐다.

육식 돼지
안드레우사르쿠스의 가장 가까운 친척은 '지옥 돼지'라고 불리는 엔텔로돈이다. 엔텔로돈류는 발굽을 지녔지만, 무겁고 강한 턱을 지닌 포식자이자 청소동물이었다. '육식 돼지'라는 개념이 좀 낯설지만, 사실 멧돼지는 거의 모든 것을 먹어 치운다. 멧돼지는 아주 사나워질 수 있고, 그러면 늑대만큼 위험하다.

이 동물이 존재했다는 증거는 머리뼈 하나와 이빨 몇 개뿐이다.

놀랍게도 안드레우사르쿠스는 하마와 고래의 조상과 친척이었을 수 있다!

유일하게 발견된 안드레우사르쿠스 머리뼈는 현재 생존하는 가장 큰 육상 포식자인 **알래스카 갈색곰**의 머리뼈보다 두 배나 크다.

포유류
안드레우사르쿠스
- 생존 연대: 4500만~3600만 년 전
- 사는 곳: 평원
- 길이: 4m
- 먹이: 주로 고기

머리뼈와 이빨
머리뼈에는 아주 넓적한 어금니가 나 있었지만, 턱은 좁았다. 뾰족한 송곳니는 사냥꾼의 것이었지만, 어금니는 뭉툭했다.

으깨는 턱
친척 동물들은 뼈를 부술 수 있는 아주 깊고 강한 아래턱을 지니고 있다.

트라이아스기	쥐라기	백악기	신생대
2억 5200만 년 전	2억 100만 년 전	1억 4500만 년 전	6600만 년 전 · 0

새로운 시대 ○ 오토두스 메갈로돈

오토두스 메갈로돈

악명 높은 백상아리의 조상인 이 거대한 바다 사냥꾼은 당시에 가장 강하고 무시무시한 해양 포식자였을 것이다.

상어는 적어도 4억 2000만 년 전부터 전 세계의 바다를 돌아다녔다. 공룡이 진화하기 훨씬 전부터다. 신생대 후기에 4억여 년에 걸친 진화를 토대로 지구에서 가장 효율적인 사냥꾼이 출현했다. 오토두스 메갈로돈은 그중에 가장 큰 편이었다. 유선형 몸에 날카로운 이빨이 겹겹이 나 있는 거대한 턱을 지닌 포식자였다. 뛰어난 감각 능력을 써서 짙은 어둠 속에서도 아주 정확히 먹이를 찾아내어 추적할 수 있었다.

꼬리지느러미
힘센 꼬리로 추진력을 일으켜서 물속을 나아갔다.

꽉 찬 근육
몸에 꽉 차 있는 강한 근육들을 써서 물속을 힘차게 나아갔다.

거대 상어
오토두스 메갈로돈은 아마 백상아리와 친척이었을 것이다. 하지만 훨씬 더 크고 더 무거웠다. 현재 세계에서 가장 큰 어류인 플랑크톤을 먹는 거대한 고래상어보다도 훨씬 컸을 것이다.

- 오토두스 메갈로돈 18m
- 고래상어 10m
- 백상아리 4m

0 m — 5 m — 10 m — 15 m — 20 m

가슴지느러미
날개 같은 긴 가슴지느러미는 앞으로 헤엄칠 때 양력을 일으켰다.

효율적인 지느러미
아가미로 물에서 산소를 흡수했다. 빨리 헤엄칠수록 산소를 더 많이 흡수했다.

뛰어난 감각
현생 상어처럼, 오토두스 메갈로돈도 감각이 아주 예민했다. 가까운 거리에서는 숨은 먹이의 근육에서 나오는 희미한 전기 신호까지 검출할 수 있었다. '로렌치니 기관'이라는 특수한 감각기가 있기에 가능했다. 1678년 이 기관을 처음 알아낸 로렌치니의 이름을 따서 로렌치니 기관이라고 부른다.

주둥이에 난 젤로 채워진 구멍들은 그물처럼 연결되어 있었다. 이 안에 전기 감각기가 들어 있었다.

겹친 비늘
피부는 '방패 비늘'이라는 작은 이빨 모양의 비늘로 덮여 있었다. 이 비늘은 갑옷 역할을 하는 동시에 물을 가르고 헤엄치는 데 도움을 주어 지치지 않고 계속 헤엄칠 수 있게 도왔다.

19cm 가장 큰 오토두스 메갈로돈 이빨의 길이.

50톤 이 괴물 물고기의 최대 몸무게 추정값.

276개 어느 한 시점에 오토두스 메갈로돈의 턱에 있는 이빨의 수.

상어
오토두스 메갈로돈
- 생존 연대: 2800만~260만 년 전
- 사는 곳: 대양
- 길이: 18m
- 먹이: 커다란 해양 동물

등지느러미
헤엄칠 때 방향을 유지하는 데 쓰였다.

작은 먹이
이 바다거북은 간식거리에 불과했을 것이다.

이 괴물은 현생 상어 중 가장 강력한 포식자인 백상아리보다 무는 힘이 적어도 **여섯 배는 더 강했다.**

계속 새로 나는 이빨
턱 안쪽에서부터 줄줄이 끊임없이 톱니가 난 이빨이 새로 자라서 앞으로 밀려 나온다. 오래된 이빨은 턱 밖으로 밀려서 빠지므로, 이빨이 닳아서 뭉툭해질 시간이 없었다.

메가테리움

코끼리만 한 이 거대한 땅늘보는 현재 남아메리카 우림에 사는 초식성 나무늘보의 거대한 사촌이었다.

현생 나무늘보류는 높은 나뭇가지에 매달려 지내는 쪽으로 적응했지만, 메가테리움은 훨씬 무거워서 나무를 오르지 못했다. 땅에 살았지만, 뒷다리로 일어서서 튼튼한 꼬리로 몸을 받친 채 나무 꼭대기에 있는 잎을 따 먹을 수 있었다. 현생 나무늘보의 것과 비슷한 아주 긴 발톱을 지녔으며, 발톱으로 높은 나뭇가지를 잡아당겨서 입으로 가져갔다. 그러나 몸무게가 엄청났음에도, 발톱 때문에 발 옆쪽을 대고 걸어야 했다.

포유류
메가테리움
- 생존 연대: 200만~1만 년 전
- 사는 곳: 산림 지대
- 길이: 6m
- 먹이: 식물

자르는 이빨
가장자리가 날카로운 이빨은 식물을 짓이기는 대신에 잘랐다. 이빨이 아주 컸기에, 닳는 데 오랜 시간이 걸렸다.

비틀린 발가락
긴 발톱 때문에 발가락이 안쪽으로 비틀려 있어서, 발의 옆쪽을 대고 걸어야 했다.

높은 곳까지
몸집이 아주 커서 메가테리움은 주식이었을 나무 꼭대기에 난 영양가 많고 부드러운 잎을 따 먹을 수 있었다. 이렇게 일어섰을 때에는 튼튼한 꼬리가 삼각대처럼 뒤를 받쳐서 몸무게의 많은 부분을 지탱했다.

손톱 화석
메가테리움의 손가락 일부와 손톱의 뼈심을 보여 준다. 손톱을 감싼 각질 덮개는 적어도 세 배 더 길었을 것이다.

- 무거운 머리뼈
- 넓적한 흉곽
- 짧은 다리
- 짧고 튼튼하고 무거운 꼬리는 잎을 따 먹기 위해 일어설 때 체중을 일부 받쳐 주었다.

자연사학자 **찰스 다윈**은 1832년 남아메리카에 들렀을 때 **거대한 땅늘보** 화석을 발견했다.

커다란 몸
불룩한 몸통에는 엄청난 식욕에 걸맞게 커다란 위장이 들어 있었다.

스밀로돈

칼이빨로 중무장을 하고 엄청나게 강한 이 동물은 신생대 말에 초원과 숲을 돌아다닌 무시무시한 검치류 중에서도 가장 컸다. 스밀로돈은 노련한 사냥꾼이었으며, 주로 자신보다 큰 초식 동물을 사냥했다.

포유류	
스밀로돈	
생존 연대:	250만~1만 년 전
사는 곳:	탁 트인 숲과 평원
길이:	2m
먹이:	큰 초식 동물

스밀로돈의 주된 무기는 강력한 앞다리와 커다란 송곳니였다. 송곳니는 아주 커서 입을 다물어도 삐죽 튀어나와 있었다. 톱니가 난 굽은 칼처럼 생긴 이 이빨을 사냥감에 아주 깊숙이 박아서 중요한 혈관을 잘라 냄으로써 큰 동물을 죽였다.

칼이빨
위턱 송곳니는 깊이 박힌 뿌리를 제외한 길이가 약 18센티미터였다. 부드러운 조직을 가르는 데 알맞은 톱니가 난 날카로운 이빨이었지만, 폭이 아주 좁아서 단단한 뼈에 부딪히면 부러졌을 수도 있다.

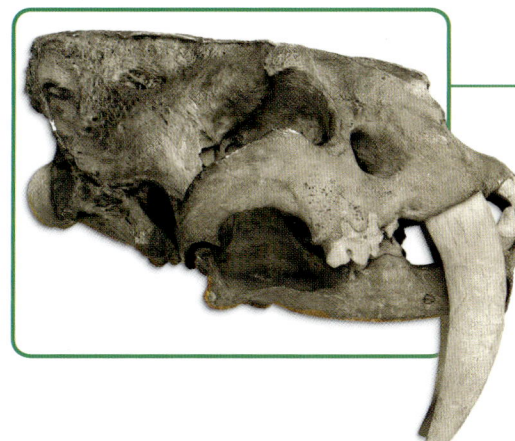

쩍 벌린 입
칼이빨호랑이는 턱을 놀라울 만치 넓게 벌릴 수 있었다. 호랑이는 하품할 때 턱을 약 70도까지 벌릴 수 있지만, 스밀로돈은 90도, 아니 120도까지도 벌릴 수 있었다. 아래턱을 직각 이상으로 벌림으로써 먹이의 배나 목을 더 깊게 찌를 수 있었다.

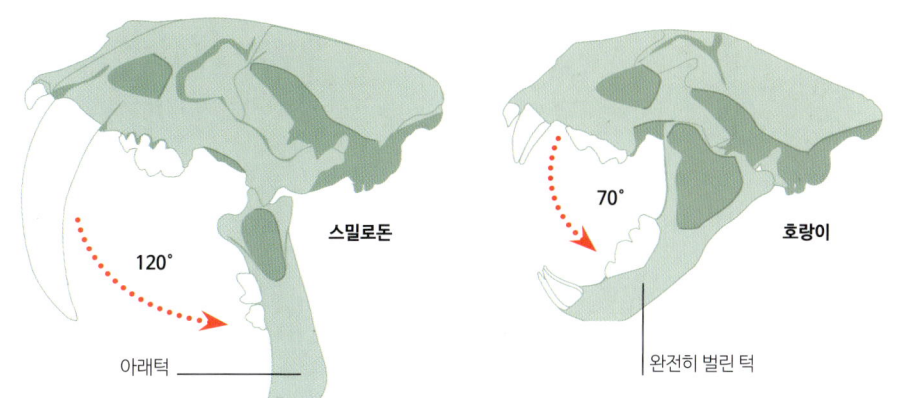

죽음의 덫
미국 캘리포니아의 '라브레아 타르 구덩이'라는 곳에서는 스밀로돈 화석 수천 점이 발견되었다. 검은 타르가 땅에서 자연적으로 스며 나오는 곳이다. 이 타르는 동물에게 끈적거리는 덫이 되었다. 타르에 갇힌 동물을 본 검치류는 쉬운 먹잇감으로 여기고 달려들었다가 함께 갇히곤 했다. 이 사진은 타르에 물들어서 검어진 스밀로돈 머리뼈의 일부를 보여 준다.

털매머드

마지막 빙하기 때 북쪽 대륙의 드넓은 빙원 가장자리에 형성된 드넓은 초원을 장엄한 털매머드 떼가 돌아다녔다.

매머드는 현생 아시아코끼리의 가까운 친척이었고 약 500만 년 전부터 아프리카, 유럽, 아시아, 북아메리카에 살았다. 적어도 10종이 있었지만, 털매머드가 가장 유명하다. 털매머드는 가장 최근의 빙하기에 추운 지방에서 살아가는 데 적응한 종류였다. 먼 북쪽의 북극해를 접한 시베리아 해안에 오늘날 '매머드 스텝 지대'라고 불리는 건조한 초원에서 살았다. 사슴, 물소, 야생말과 함께 빙하기 인류 사냥꾼의 주요 사냥감이었다.

두꺼운 털
이 매머드 털은 오래 보존되면서 색깔이 불그스름하게 변했다. 매머드가 살아 있을 때에는 흑갈색이나 금색이었거나, 얼룩덜룩했을 수도 있다.

지방층
추위를 막기 위해서 피부 밑에 두꺼운 지방층이 있었다.

굽은 엄니
코끼리처럼 엄니로 먹이를 찾았을 것이다. 눈과 얼음을 헤집으면서 풀을 찾았을 것이다.

짧은 꼬리
동상 위험을 줄이기 위해서 꼬리는 코끼리의 꼬리보다 짧았다.

재주 많은 코
코를 써서 먹이를 먹고 나팔 소리를 냈을 것이다.

> 빙하기 때 일부 사람들은 **매머드 뼈**로 기둥을 만들고 동물 가죽을 덮은 작은 집에 살았다.

얼어붙은 유해
놀랍게도 몇몇 매머드는 빙하기에 수렁에 빠지는 바람에 수천 년 동안 꽁꽁 얼어붙었다가 발견되곤 한다. 2007년 시베리아에서 발견된 이 새끼는 죽었을 때 생후 1개월에 불과했다. 약 4만 2000년 전에 살았던 털매머드다. 생전에 몸을 뒤덮던 털은 거의 다 사라졌지만, 위장에 어미의 젖을 빤 흔적이 남아 있었다.

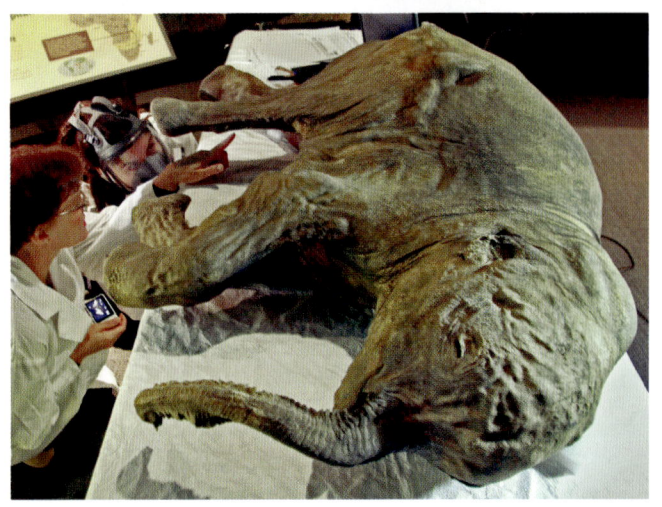

얼어붙은 털매머드

발끝으로 걷기
현생 코끼리처럼 매머드도 발끝으로 걸었다! 그러나 발레리나처럼 균형을 잡을 필요는 없었다. 발뼈는 스펀지 같은 부드러운 조직이 지지하고 있었다. 조직은 일종의 충격 흡수재였다. 또 넓적하고 둥근 발바닥이 몸무게를 분산시켜서, 부드러운 땅에서도 빠지지 않고 다닐 수 있었다.

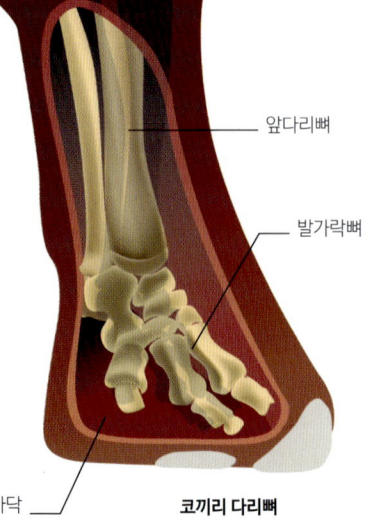

코끼리 다리뼈

매머드는 **인간 사냥꾼들에 의해** 멸종으로 내몰렸을 수도 있다.

4.2m 지금껏 알려진 **가장 긴** 매머드 엄니의 길이.

포유류 | 공룡 아님

털매머드

- **생존 연대:** 20만~4,000년 전
- **사는 곳:** 탁 트인 평원
- **키:** 3.4m
- **먹이:** 풀, 초본, 나뭇잎

줄줄이 이랑이 진 이빨
매머드는 이랑이 진 네 개의 거대한 어금니로 질긴 섬유질이 많은 식물을 씹었다. 이빨은 닳으면서 턱 앞으로 밀려와서 빠지고, 새 이빨이 자라 나왔다.

 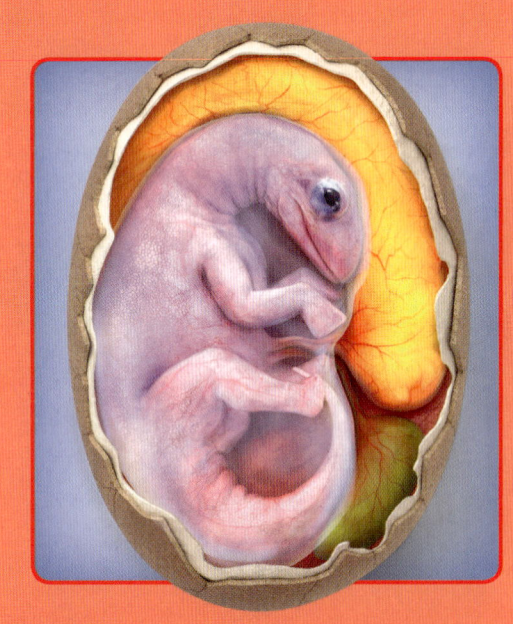 

공룡의 과학

지금은 공룡을 연구하기에 아주 좋은 시대다. 지금껏 알려진 공룡 중 적어도 80퍼센트는 1990년 이후에 발견되었다. 놀라운 화석들이 발견되었으며, 전보다 더 상세히 화석을 조사할 수 있기에, 이 경이로운 동물들이 어떻게 살았는지를 알려 주는 새롭고 놀라운 연구 결과들이 쏟아지고 있다.

화석화

거대한 공룡을 비롯한 멸종한 동물들이 존재했음을 우리가 아는 이유는 오로지 그 동물들의 잔해가 화석으로 보존되었기 때문이다. 대개 동물을 비롯한 생물의 몸은 부패를 통해 분해되면서 완전히 사라진다. 그러나 때로 뼈와 이빨 같은 더 단단한 부위들이 흙 속에 묻혀 부패 과정이 느려지거나 중단되기도 한다. 시간이 흐르면서 그런 부위들에 광물이 흡수되어 돌로 변함으로써, 전형적인 화석이 된다.

화석의 종류

전형적인 화석은 껍데기나 뼈가 돌로 변한 것이다. 이런 것들을 '뼈 화석'이라고 한다. 그러나 생물의 흔적이나 찍힌 자국이 보존된 화석도 있다. 또 동식물이 자연의 화학 물질을 통해 보존되는 준화석도 있다. 즉 액체에 감싸였다가 시간이 흐르면서 단단히 굳은 것을 말한다.

호박에 든 생물
곤충 같은 작은 동물은 끈적거리는 나뭇진에 갇혔다가 나뭇진이 굳어서 호박이 되면서 그대로 보존되기도 한다. 이 거미는 수백만 년 전에 죽었지만, 호박 안에서 세세한 부위까지 고스란히 보존되었다.

느린 과정

화석화는 수백만 년이 걸리는 점진적인 과정이다. 땅에 묻힌 공룡 같은 동물의 뼈에 광물질을 함유한 지하수가 스며든다. 원래의 동물 성분이 서서히 광물질로 대체된다. 광물이 죽은 동물의 세포에 든 빈 공간을 채우면서 굳어서 화석이 된다. 이 과정에서 살아 있는 조직을 미세한 수준까지 고스란히 보존한 화석이 생기기도 한다.

침엽수
소나무를 비롯한 침엽수는 중생대에 흔했고, 바늘잎은 많은 공룡의 주식이었다.

티라노사우루스 렉스
이 유명한 공룡은 지금까지 육지에 살았던 가장 강력한 사냥꾼이었다. 중생대 말에 땅 위를 돌아다녔다.

트리케라톱스
이 무거운 초식 공룡은 티라노사우루스와 같은 지역에서 살았다.

물에 잠긴 풍경
거대한 공룡이 죽고 긴 세월이 흐른 뒤, 그 지역이 바닷물에 잠겼다.

거대한 상어
2000만 년 전 거대한 상어 카르카로돈 메갈로돈은 가장 강력한 해양 포식자였다.

익사한 공룡

암석층
부드러운 진흙과 모래의 종류에 따라서 색깔이 다른 암석층이 생긴다.

고대 조개류
호수 바닥 아래에는 이미 그보다 수백만 년 전에 형성된 화석들이 있다.

1 공룡이 죽음
6700만 년 전 중무장을 한 먹이와 싸우다가 다친 티라노사우루스 렉스가 호수에 빠져 익사한다. 몸은 호수 바닥에 가라앉는다. 부드러운 조직이 분해되기 시작한다.

2 진흙에 묻힘
호수가 고요한 덕분에 몸 위로 미세한 진흙이 쌓인다. 진흙에 덮이면서 청소동물이 뼈를 가져가 흩어 놓지 못하게 된다. 뼈대는 살아 있을 때 그대로 남는다.

3 해수면 상승
호수에 쌓인 진흙은 서서히 메마른 땅이 된다. 수백만 년 뒤 해수면이 상승하면서 이 지역은 바닷물에 잠긴다. 진흙 위에 옅은 색의 해양 퇴적물이 쌓인다.

몰드와 캐스트
고대 해양 동물이 진흙에 묻힌 뒤 진흙이 암석이 되면서 암석에 동물의 모습이 그대로 몰드(주형)로 찍혀서 남았다. 나중에 몰드 안에 진흙이 채워진 뒤 굳어서 동물과 똑같은 모양의 캐스트가 만들어졌다.

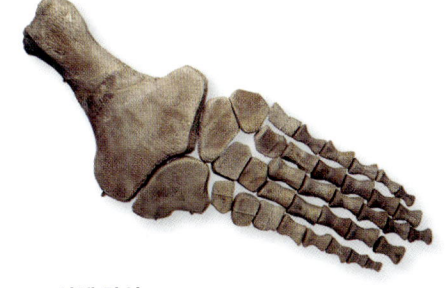

실체 화석
이 뼈는 원래 해양 파충류의 지느러미발에 들어 있었다. 묻힌 뒤 서서히 땅에서 광물을 빨아들여서 돌로 변했다. 공룡 화석은 대부분 이런 유형이다. 체화석이라고도 한다.

인상 화석
3500만여 년 전에 섬세한 포플러 잎이 미국 콜로라도의 진흙에 떨어졌다. 잎은 썩어 사라지고, 진흙에는 이 찍힌 자국이 남았다. 이 자국은 굳어져 돌이 됨으로써, 인상 화석으로 보존되었다.

흔적 화석
이 보행렬 같은 공룡 발자국은 예전에 부드러운 진흙이었던 암석에서 발견되곤 한다. 이런 유형의 흔적 화석은 동물이 생전에 어떻게 행동했는지를 보여 주기 때문에 매우 유용할 수 있다.

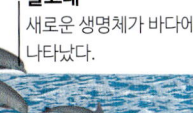

돌고래
새로운 생명체가 바다에 나타났다.

얼음에 묻힘
털매머드는 빙하기의 지독한 추위에 적응했지만, 이 매머드는 차가운 습지에 빠져서 익사했다.

동결 화석
얼음에 꽁꽁 언 매머드 몸도 화석의 한 종류다. 돌로 변하지 않기 때문에, '준화석'이라고 한다.

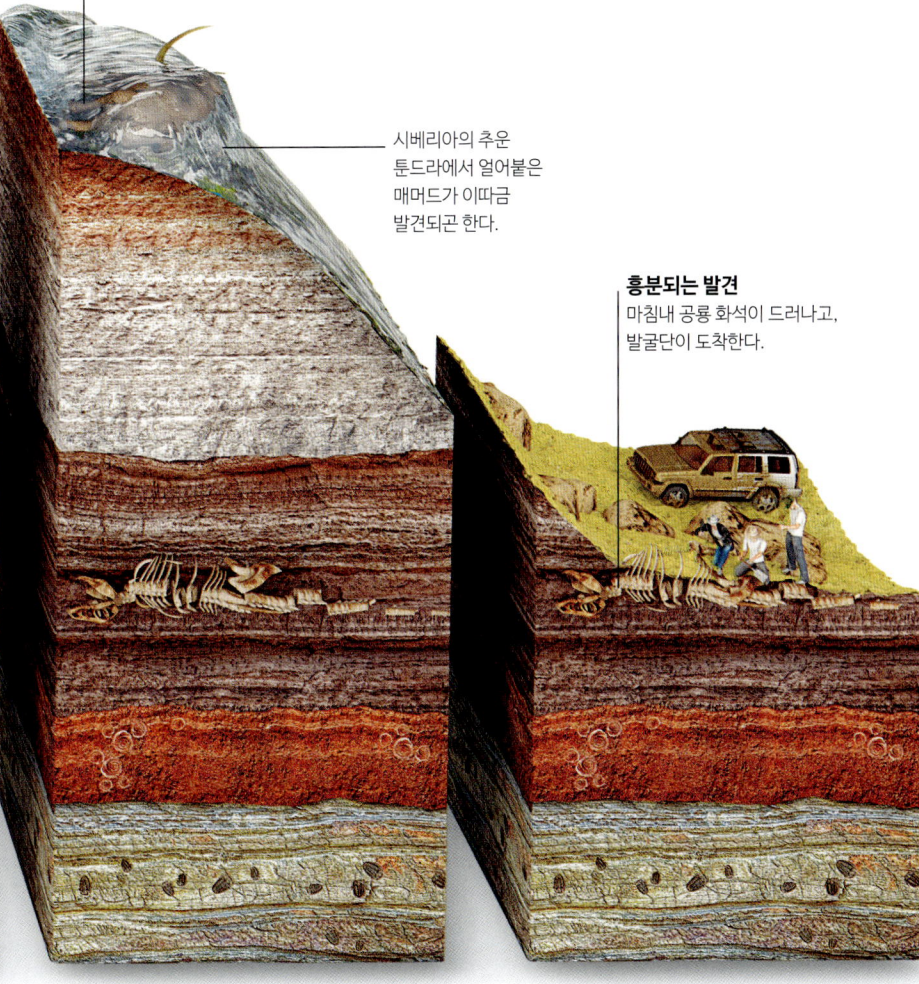

> 알려진 가장 오래된 화석은 거의 **35억 년 된 암석에서 발견된** 것이다.

시베리아의 추운 툰드라에서 얼어붙은 매머드가 이따금 발견되곤 한다.

흥분되는 발견
마침내 공룡 화석이 드러나고, 발굴단이 도착한다.

4 광물이 스며듦
퇴적층은 점점 깊어지고 녹은 광물은 암석으로 굳는다. 광물은 공룡의 뼈에도 스며들어서 서서히 뼈를 돌로 바꾼다.

5 빙하기
우리 시대에 아주 가까워질 무렵, 빙하기로 세계의 민물 중 상당량이 얼음이 되면서 해수면이 낮아진다. 추운 지역을 돌아다니는 매머드는 때로 습지에 빠져 죽어서 그대로 얼어붙곤 한다.

6 얼어붙은 거인
중세 시대에 홍수로 강둑이 무너지면서 얼어붙은 매머드가 모습을 드러낸다. 그러나 티라노사우루스의 뼈대 화석은 아직 깊은 땅속에 숨겨져 있다.

7 화석 뼈
이윽고 강물에 암석이 깎이면서 공룡 뼈대의 일부가 드러난다. 흥분한 화석 사냥꾼이 과학자에게 연락을 하고, 천천히 조심스럽게 발굴이 시작된다.

화석 사냥꾼

고대 그리스 철학자 엠페도클레스는 화석이 무엇인지를 최초로 알아차린 사람이었다. 그러나 당시에는 암석이 어떻게 형성되는지, 세상이 얼마나 오래되었는지를 아무도 이해하지 못했기에, 수백만 년에 걸쳐서 뼈가 화석이 될 수 있다는 것을 상상도 못 했다. 자연사학자들이 화석을 체계적으로 연구하기 시작한 것은 17세기가 되어서였고, 1700년대 말에야 비로소 프랑스 과학자 조르주 퀴비에는 화석이 멸종한 생물의 잔해임을 깨달았다. 그다음 세기에 화석 사냥꾼들은 지구 생명에 대한 이해를 바꿀 증거를 모으기 시작했다.

최초의 고생물학자들

초기의 화석 사냥꾼들은 과거 생물의 증거를 찾기 위해서가 아니라 그저 장식물로 삼기 위해서 화석을 찾았다. 그러나 화석의 진정한 특성이 명확히 드러나면서, '고생물학'이라는 새로운 과학이 등장했다. 이 분야에서 일하는 최초의 과학자들은 자신들이 발견한 화석을 이해하고자 애썼으며, 서서히 고대 생명에 관한 생각을 완전히 바꿀 결론에 이르게 되었다.

조르주 퀴비에(1769~1832)
1796년 퀴비에는 화석 뼈를 멸종한 동물의 뼈라고 최초로 설명한 책을 내놓았다. '고생물학'이라는 과학의 출발점이었다.

화석 속설

화석이 정상적인 암석이 아니라는 사실을 인류는 줄곧 알고 있었다. 어떤 것들은 분명히 뼈나 이빨, 껍데기처럼 보였다. 그런데 왜 돌로 되어 있을까? 사람들은 많은 다양한 설명을 생각해 냈다. 대부분은 터무니없었지만, 놀라울 만치 진실에 가까운 것도 있었다. 예를 들어, 고대 중국인들은 공룡 화석이 용의 뼈라고 생각했다.

악마의 발톱
현생 조개류와 아주 비슷해 보이지만, 사람들은 이 화석을 악마의 못생긴 발톱이라고 생각하곤 했다. 실제로는 '그리파이아 아르쿠아타'라는 쥐라기의 굴이었다.

껍데기 입구 / 뾰족한 끝

천둥 번개
벨렘나이트는 오징어의 친척으로, 이것은 벨렙나이드의 안쪽 껍데기 화석이다. 그러나 총알에 더 가까워 보였기에, 예전에는 하늘에서 쏜 '천둥 번개'라고 여겼다.

뱀돌
이 그림을 보면, 사람들이 똬리 튼 뱀이 돌로 변한 것이라고 생각한 이유를 짐작할 수 있다. 그리고 사실 똬리의 끝에 머리처럼 보이는 것이 조각되어 있다. 실제로는 연체동물의 일종인 암모나이트다.

마법의 돌
북유럽에서는 성게 화석을 '뇌석'이라고 했다. 폭풍우 때 떨어진 것이라고 여겼고, 번개를 막는 마력을 지닌다고 여겨서 갖고 다녔다.

메리 애닝 (1799~1847)

1811년, 겨우 12세 때 메리는 영국 남서부의 집 근처 '쥐라기 해안'에서 이크티오사우루스의 온전한 뼈대를 발견했다. 그 뒤로 36년 동안 메리는 중요한 화석들을 많이 발견했고, 당대에 가장 존경받는 화석 전문가에 속했다. 메리의 연구를 토대로 다른 과학자들이 많은 발견을 했지만, 남성 중심의 세계였기에 메리는 마땅히 받아야 할 인정을 제대로 받은 적이 거의 없었다.

화석 사냥꾼
이 그림에서 메리는 개 트레이와 함께 화석을 발견한 해안 절벽 위를 산책하고 있다.

바다의 용
메리 애닝이 발견한 화석은 곧 유명해졌다. 당대의 화가들에게 영감이 되어, 수면 근처에 있는 이크티오사우루스와 플레시오사우루스를 '바다의 용'이라고 묘사한 이런 그림들도 등장했다. 그러나 이런 묘사는 과학적으로 부정확할 때가 많았다. 한 예로, 두 동물은 물 위로 올라오는 일이 거의 없었다.

윌리엄 스미스(1769~1839)
스미스는 영국에서 측량사로 일하면서, 암석의 화석을 조사하면 지층들의 상대적인 연대를 알 수 있다는 것을 깨달았다. 스미스는 이 방법을 써서 최초의 지질 지도를 작성했다.

윌리엄 버클랜드(1784~1856)
1824년 영국 과학자 윌리엄 버클랜드는 세계 최초로 공룡 화석을 과학적으로 묘사한 글을 썼다. 그 공룡에는 1827년 '메갈로사우루스'라는 이름이 붙었다. 또 버클랜드는 배설물 화석인 분석도 처음으로 알아본 사람이었다.

기디언 맨텔(1790~1852)
19세기 초, 시골 의사 기디언 맨텔은 여가 시간에 화석을 채집했다. 1822년 맨텔은 한 공룡 화석을 발견하여 '이구아노돈'이라는 이름을 붙이고, 최초로 공룡을 집중적으로 연구하기 시작했다.

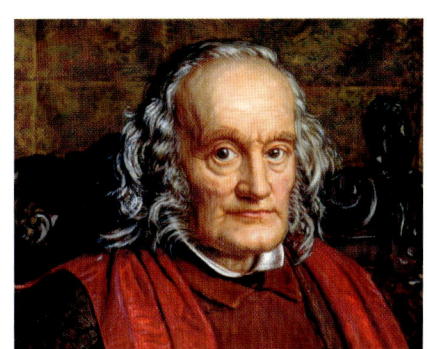

리처드 오언(1804~1892)
공룡의 영어 단어 '다이노소어dinosaur'를 처음 생각해 낸 고생물학자였다. 당대에 유명한 화석 연구자였고, 세계적으로 유명해진 영국 자연사 박물관 설립에도 기여했다.

뼈 전쟁

1860년까지 알려진 공룡은 여섯 종류뿐이었다. 그런데 1870년대에 미국에서 놀라운 공룡 뼈들이 발견되기 시작했다. 미국의 두 고생물학자 에드워드 드링커 코프와 오스니얼 찰스 마시는 새 화석을 찾기 위해 서로 경쟁했다. 이 경쟁을 '뼈 전쟁'이라고 부른다. 1892년까지 코프와 마시는 120종이 넘는 새로운 공룡을 발견했다.

위험한 일
턱수염을 기른 마시(중앙)가 대원들과 함께 찍은 사진. 가장 좋은 화석이 발견되는 미국 중서부 아메리카 원주민 보호 구역에서 자신을 지키기 위해서 중무장을 한 모습이다.

공룡의 이름

과학계에 알려진 모든 공룡에는 학명이 붙어 있다. 호랑이의 학명은 '판테라 티그리스'다. 공룡의 학명도 똑같은 방식으로 붙여진다. 학명은 라틴어와 그리스어 형태로 붙이는데, 그 동물의 특징을 묘사한 단어를 많이 쓴다.

알로(Allo)	이상한
브라키오(Brachio)	팔
브라키(Brachy)	짧은
케라(Cera)	뿔 달린
코엘로(Coelo)	속이 빈
코리토(Corytho)	헬멧
디(Di)	둘
디플로(Diplo)	이중
헤테로(Hetero)	다른
힙시(Hypsi)	높은
메가(Mega)	큰
미크로(Micro)	작은
파키(Pachy)	두꺼운
플라테오(Plateo)	편평한
폴리(Poly)	많은
프테로(Ptero)	날개 달린
콰드리(Quadri)	넷
랍토르(Raptor)	도둑
리노(Rhino)	코
살토(Salto)	뛰어오르는
사우루스(Saurus)	도마뱀, 파충류
스테고(Stego)	지붕 있는
테로(Thero)	짐승
톱스(Tops)	머리, 얼굴
트리(Tri)	셋
티라노(Tyranno)	독재자
벨로키(Veloci)	빠른

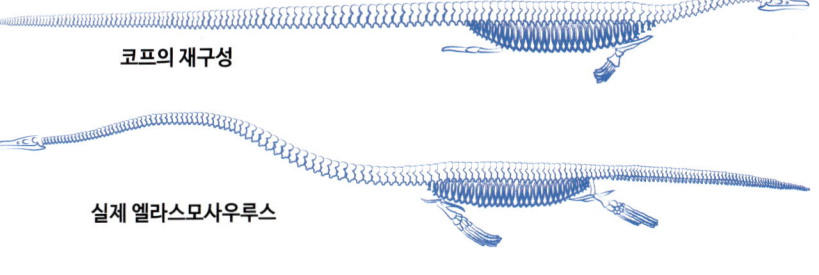

거꾸로
마시와 코프는 많은 중요한 화석을 발견했지만, 어떤 화석인지 반드시 제대로 확인한 것은 아니었다. 코프가 플레시오사우루스류인 엘라스모사우루스의 머리를 몸 반대쪽에 붙여서 재구성한 사례는 유명했다. 코프의 경쟁자는 이 일을 몹시 고소해했다.

코프의 재구성

실제 엘라스모사우루스

공룡의 과학

앨버타 주립 공룡 공원
나라: 캐나다
유명 화석: 에우플로케팔루스

백악기 후기에 캐나다 앨버타 레드디어강 근처의 이 지역에는 습지와 따뜻하고 습한 숲이 흩어져 있었다. 지금은 메마르고 헐벗은 곳이지만, 적어도 40종의 공룡 화석이 발견되었다.

메셀피트
나라: 독일
유명 화석: 다르위니우스

고제3기 중기에 이 화산 지대에서 뿜어나온 유독 가스에 수많은 동물이 죽었다. 너무 유독했기에 부패가 느리게 일어났고, 그 결과 이 구덩이에서 파낸 기름진 암석에 든 화석들은 놀라울 만치 잘 보존되어 있다.

국립 공룡 화석 유적지
나라: 미국
유명 화석: 알로사우루스

북아메리카 중서부의 모리슨층은 쥐라기 후기에 형성된 퇴적암 지층이다. 예전에 범람원이었던 곳에는 쥐라기 공룡 화석이 아주 많기에, 미국의 국립 공룡 유적지로 지정되었다.

졸른호펜
나라: 독일
유명 화석: 시조새

졸른호펜의 입자가 고운 석회암에서는 가장 완벽하게 보존된 쥐라기 화석들이 여러 개 발굴되었다. 공룡이 깃털을 지녔음을 최초로 보여 준 시조새, 아주 잘 보존된 익룡인 람포린쿠스와 프테로닥틸루스의 화석도 있다.

헬크릭
나라: 미국
유명 화석: 트리케라톱스

현재 미국의 대초원 지대는 백악기 후기에 바닷물에 잠겨 있었다. 몬태나의 헬크릭은 많은 공룡이 살던 바닷가 평원이었다. 이 퇴적암에서 많은 공룡 화석이 발굴된다.

고스트랜치
나라: 미국
유명 화석: 코엘로피시스

뉴멕시코의 고스트랜치는 단 한 종류의 공룡만 발견되는 곳으로 유명하다. 트라이아스기 후기의 코엘로피시스다. 1,000마리가 넘는 엄청나게 많은 수의 화석이 발견되었다. 지금까지 발견된 최대 규모의 공룡 뼈층 중 하나다.

달의 계곡
나라: 아르헨티나
유명 화석: 에오랍토르

과학계에 최초로 알려진 몇몇 공룡은 남아메리카의 이 지역의 암석에서 발견되었다. 트라이아스기 후기에 이곳은 사막이었고, 지금도 너무나 황량해서 달 표면처럼 보인다.

아우카 마우에보
나라: 아르헨티나
유명 화석: 살타사우루스

예전에 강의 범람원이었던 이 헐벗은 바위 사막에는 공룡 알의 부서진 껍데기들이 널려 있다. 백악기 후기에 이곳은 용각류인 살타사우루스가 모여 알을 낳는 장소였을 것이다.

화석지

화석은 대부분 입자가 고운 퇴적암에서 발견된다. 퇴적암은 부드러운 진흙 같은 것이 층층이 쌓여서 생긴 암석이다. 이런 암석은 전 세계에 있지만, 공룡 같은 생물들의 화석이 유달리 잘 보존된 곳들도 있다. 그런 곳들이 주요 화석지다. 죽은 동물이 잘 썩지도 잔해가 뿔뿔이 흩어지지도 않으면서, 퇴적물이 세세한 부위까지 잘 보존하는 특성을 지니는 등 운 좋게 여러 조건들이 조합된 곳이다.

바하리야 오아시스
나라: 이집트
유명 화석: 스피노사우루스

이집트는 지금은 대부분 사막이지만, 백악기 후기에는 해안 습지와 숲이었다. 스피노사우루스 같은 거대한 공룡들이 살았다. 20세기 초, 이 서부 사막의 오아시스에서 화석이 발견되었다.

고비사막
나라: 몽골
유명 화석: 벨로키랍토르

아시아의 이 지역은 백악기 후기에도 사막이었다. 그럼에도 많은 공룡이 살았고, 놀라울 만치 잘 보존된 화석들이 발견된다. '불타는 절벽'이라 불리는 바양작의 붉은 사암에서 가장 잘 보존된 화석들이 발견되었다.

랴오닝
나라: 중국
유명 화석: 시노사우롭테릭스

랴오닝은 가장 놀라운 공룡 화석들이 발견된 곳 중 하나다. 백악기 전기에 호수에 화산재가 쌓이면서 공룡들이 묻혔다. 놀라울 정도로 잘 보존된 덕분에 몸이 비늘로 덮여 있었을 것이라고 여겼던 공룡들 중 상당수가 깃털을 지녔다는 사실이 드러났다. 이 덕분에 중생대 공룡을 보는 관점이 근본적으로 바뀌었다.

일러두기
- 트라이아스기 화석지
- 쥐라기 화석지
- 백악기 화석지
- 신생대 화석지

텐다구루
나라: 탄자니아
유명 화석: 켄트로사우루스

동아프리카의 이 화석지에는 커다란 가시를 지닌 스테고사우루스류인 켄트로사우루스와 목이 긴 용각류인 기라파티탄 같은 놀라운 쥐라기 후기 공룡들의 화석이 발견되었다. 발굴된 화석 중 상당수가 독일로 보내졌다가 제2차 세계 대전 때 파괴되었다.

얼어붙은 화석

커크패트릭산
나라: 남극 대륙
유명 화석: 크리올로포사우루스

남극 대륙은 쥐라기에 지금보다 훨씬 따뜻했고, 무성한 숲에 공룡 같은 동물들이 살았다. 현재 그 화석들은 깊은 빙원 아래 숨어 있지만, 과학자들은 이 드러난 바위산에서 화석을 발굴할 수 있다.

화석의 삼각지
나라: 오스트레일리아
유명 화석: 무타부라사우루스

오스트레일리아 북동부의 이 지역은 백악기 전기에 얕은 바다였다. 해양 파충류와 바닷물에 휩쓸려 들어온 공룡의 화석들이 발견된다.

공룡 화석

공룡 화석을 상상할 때 우리는 대개 박물관에 위엄 있게 서 있는 거대한 뼈대를 떠올린다. 그런 거대한 뼈는 공룡이 남긴 가장 경이로운 것이지만, 다른 종류의 공룡 화석도 많다. 대부분의 화석은 훨씬 작지만, 그런 화석들도 공룡이 어떻게 생겼고 어떻게 살았는지 등 많은 것을 알려 줄 수 있다. 피부 질감과 깃털 같은 것을 보여 주는 화석도 있고, 체색의 증거까지 보존된 화석도 있다.

이빨

이빨을 덮고 있는 단단한 법랑질은 아주 오래가며, 몸에서 이빨만 화석으로 남을 때도 많다. 이빨마다 모양이 아주 독특하므로, 과학자들은 이빨 화석이 어떤 종류의 동물이 지녔던 것인지 알아낼 수 있다. 이빨은 동물의 식성뿐 아니라, 어떻게 먹이를 구하고 먹었는지도 알려 줄 수 있다.

티라노사우루스 이 강력한 사냥꾼의 뾰족한 이빨은 뼈를 부수고, 무는 쪽으로 적응했다.

디플로도쿠스 부러진 연필 같은 모양의 이 이빨들은 나무의 잔가지에서 잎을 훑어 내는 데 쓰였다.

알로사우루스 육식 공룡의 전형적인 이빨은 스테이크 칼처럼 톱니가 나 있었다.

이구아노돈 이 초식 공룡의 나뭇잎 모양의 이빨은 잎을 씹어서 즙을 내는 데 쓰였다.

뼈

이빨뿐 아니라, 뼈도 화석이 될 가능성이 가장 높은 부위다. 미국 유타 국립 공룡 화석 유적지에서 발굴되고 있는 이 뼈처럼, 아주 거대한 뼈를 지닌 공룡도 있다. 반면에 놀라울 만치 작고 섬세한 뼈를 지닌 공룡도 있다. 화석 뼈는 대개 부서지고 흩어져 있지만, 뼈대가 온전히 보존된 화석도 있다.

흔적 화석

가장 흥미로운 화석 중에는 공룡의 몸이 아예 없는 것들도 있다. 공룡이 어디에 있었고 무엇을 하고 있었는지를 보여 주는 흔적 화석이 그렇다. 과학자들은 흔적 화석을 연구하여 공룡이 어떻게 움직였고, 무엇을 먹었고, 어떻게 함께 살았는지까지 알아낸다.

분석

이런 똥 화석은 놀라울 만치 흔하다. 소화되지 않은 먹이도 들어 있으므로, 과학자들은 똥 화석을 분석하여 그 공룡이 무엇을 먹었는지 알아낼 수 있다.

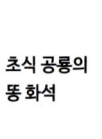

초식 공룡의 똥 화석

발자국

공룡 발자국은 가장 유용한 흔적 화석에 속한다. 공룡이 어떻게 걷거나 달렸는지, 무리를 지어 다녔는지도 알려 준다. 한 공룡이 슬그머니 다른 공룡을 뒤쫓고 있는 모습도 보여 준다.

수각류 발자국 이 발가락 세 개로 된 발자국은 수각류 공룡이 남긴 것이다. 아마 먹이를 찾아다니는 사냥꾼이었을 것이다. 발가락과 발톱이 남긴 흔적을 분석하면, 어떻게 움직였는지 알아낼 수 있다.

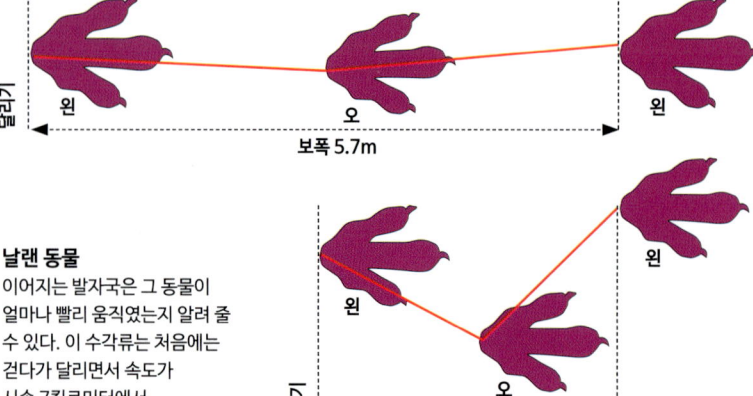

날랜 동물 이어지는 발자국은 그 동물이 얼마나 빨리 움직였는지 알려 줄 수 있다. 이 수각류는 처음에는 걷다가 달리면서 속도가 시속 7킬로미터에서 29킬로미터로 올라갔다.

공룡이 마지막으로 먹은 먹이의 잔해까지 보존된 화석도 있다. 따라서 **죽기 전에 무엇을 먹었는지**도 알 수 있다.

부드러운 조직

대개는 동물의 단단한 부위만 화석으로 남는다. 부드러운 조직은 다른 동물이 먹어 치우거나 썩어서 사라지기 때문이다. 그러나 산소가 없어서 청소동물이나 부패균 같은 생물이 살아갈 수 없는 호수 바닥 등 특수한 조건에서는 부드러운 부위까지 화석이 될 수 있다. 일부 화석지에서는 그런 화석이 발견된다. 피부, 깃털, 심지어 근육의 윤곽까지 놀라울 만치 잘 보존된 화석들이다.

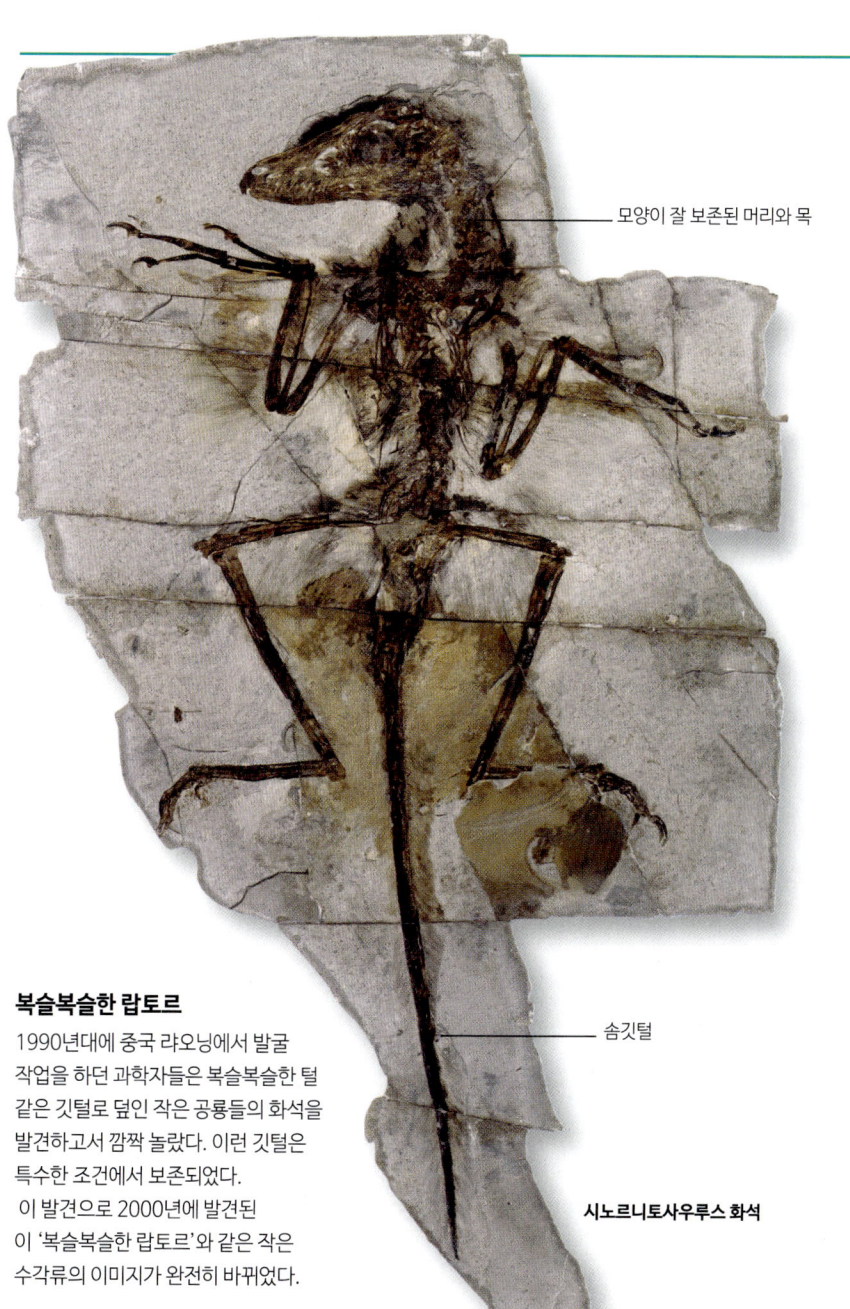

모양이 잘 보존된 머리와 목

솜깃털

시노르니토사우루스 화석

복슬복슬한 랩토르
1990년대에 중국 랴오닝에서 발굴 작업을 하던 과학자들은 복슬복슬한 털 같은 깃털로 덮인 작은 공룡들의 화석을 발견하고서 깜짝 놀랐다. 이런 깃털은 특수한 조건에서 보존되었다. 이 발견으로 2000년에 발견된 이 '복슬복슬한 랩토르'와 같은 작은 수각류의 이미지가 완전히 바뀌었다.

알

많은 공룡의 둥지 자리에서는 알 화석이 발견되곤 한다. 부화하기 직전의 새끼가 든 알도 있다. 알은 새알처럼 단단한 껍데기를 지녔고, 완벽한 공 모양부터 이 오비랍토르의 알처럼 길쭉한 것까지 다양하다. 목이 긴 거대한 용각류의 둥근 알은 놀라울 만치 작았다. 그레이프프루트만 했다.

오비랍토르 알

비늘 피부
일부 화석에는 공룡의 피부가 찍힌 자국이나 심지어 실제 피부 잔해까지 보존되어 있다. 이런 화석들은 오늘날의 파충류를 보면서 예상한 것처럼 많은 공룡이 비늘을 지녔다는 것을 보여 준다. 공룡의 비늘은 어류의 비늘처럼 서로 겹쳐 있기보다는 바닥 타일처럼 배열되어 매끄럽고 단단하면서 보호하는 표면층을 이루었다.

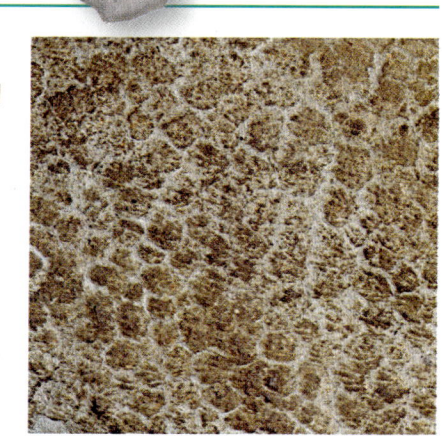

에드몬토사우루스 비늘
이 커다란 하드로사우루스류의 아주 잘 보존된 화석에는 넓적한 면적의 피부도 보존되어 있다.

발굴과 복원

우연히 발견되거나 아마추어 화석 사냥꾼이 찾아내는 화석도 있지만, 발굴은 화석을 온전히 꺼내는 법을 아는 전문가가 맡는다. 이런 전문가는 뼈와 함께 화석이 되었을 수도 있는 깃털, 피부, 먹이의 흔적 같은 덜 뚜렷한 특징들도 알아볼 수 있다. 발굴한 화석은 청소하고, 부서지지 않게 보존 처리를 하고, 과학적으로 묘사하고 식별해야 한다. 가장 좋은 표본은 모형을 떠서 박물관에 전시하기도 한다.

채취

돌로 되어 있긴 하지만, 뼈 화석은 부서지기 쉬워서 조심스럽게 캐내야 한다. 먼저 과학자들은 정확한 위치를 꼼꼼히 기록해야 한다. 캐낼 때 파괴될 수도 있는 부드러운 조직 흔적 같은 것들이 있는지 주변 암석도 꼼꼼히 조사해야 한다. 그런 일들을 다 끝낸 뒤에는 암석을 쪼아서 화석을 드러낸다. 작아서 온전히 캐낼 수 있는 것도 있지만, 커다란 뼈는 석고로 감싸서 보강을 한 뒤에 캐내기도 한다.

1 발굴 시작
화석이 발견되면 발굴단은 주변의 돌과 흙을 조심스럽게 청소하여 화석을 드러낸다. 화석 조각이 있는지, 살아 있을 때의 환경을 보여 주는 증거가 있는지도 꼼꼼히 살핀다.

동정(소속과 명칭 정하기)

그 화석이 알려지지 않은 새로운 것이라면 꼼꼼하게 기록해야 한다. 1800년대 초에 프랑스 고생물학자 조르주 퀴비에가 그린 것 같은 상세한 그림(아래)이나 사진도 곁들여 기록한다. 화석에는 이름도 붙이는데, 대개는 기재하는 과학자가 고른다. 손상되어 있다면, 특수한 접착제 같은 것을 써서 보수하고 보강한다. 조각이 사라지고 없을 때도 있는데, 그러면 새로운 재료를 끼워 넣어서 맞춘다. 화석이 새로운 것이라면, 비슷한 동물의 화석을 토대로 복원을 한다.

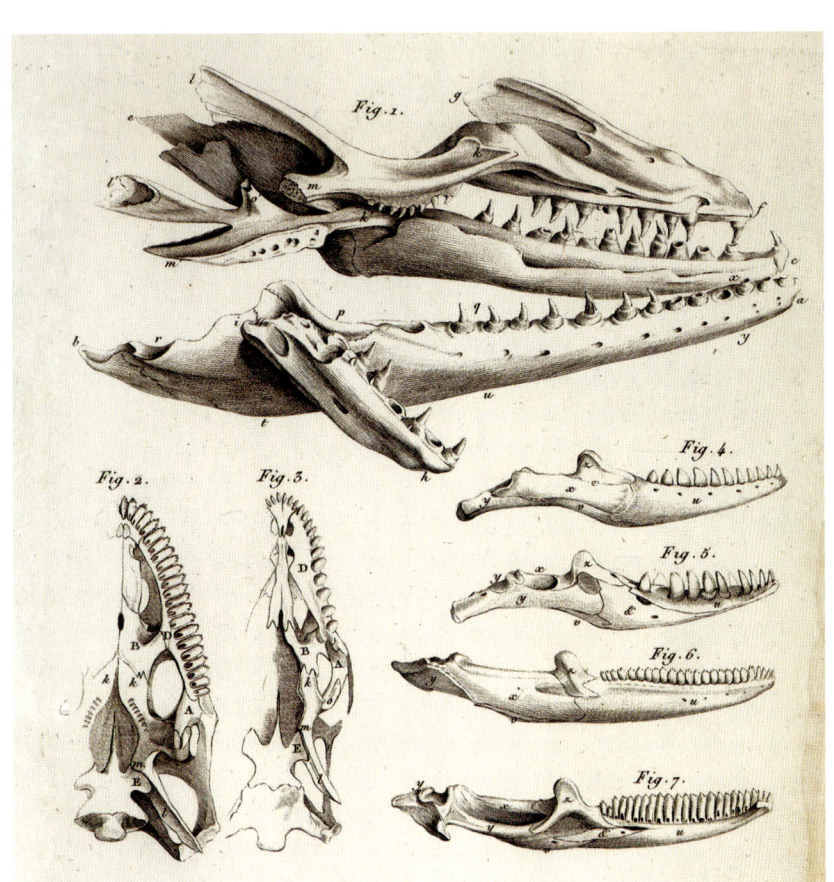

퀴비에가 그린 해양 파충류 모사사우르 호프마니의 화석 그림

뼈대 재구성

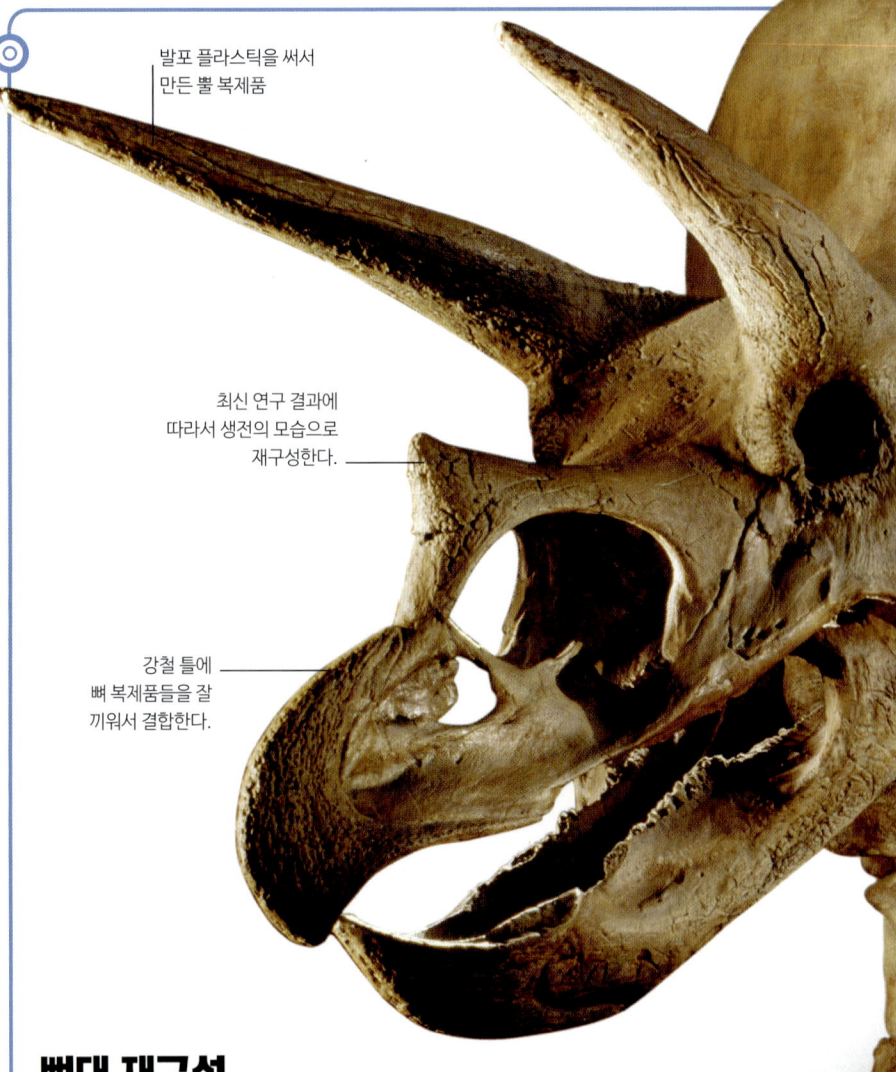

- 발포 플라스틱을 써서 만든 뿔 복제품
- 최신 연구 결과에 따라서 생전의 모습으로 재구성한다.
- 강철 틀에 뼈 복제품들을 잘 끼워서 결합한다.

화석 뼈는 무겁고, 쪼개지기 쉽고, 과학적으로 가치가 있다. 그래서 박물관에 전시된 거대한 뼈대 화석은 대부분 진짜 화석이 아니라 가벼운 재료로 만든 복제품을 강철 틀에 붙인 것이다. 복제품은 상태가 좋은 뼈를 그대로 본뜨고, 부서지거나 사라진 뼈도 모양을 복원해서 끼운 것이다. 뼈에 있는 단서들을 토대로 어떻게 뼈대를 끼워 맞출지 정하는데, 새로운 연구 결과에 따라서 다시 끼워 맞추기도 한다.

2 화석 노출
화석이 드러나면, 발굴단은 어떻게 처리해야 할지 알 수 있다. 크기, 상태, 가까이에 다른 화석이 있는지 등도 알 수 있다. 이때면 대개 어떤 동물인지도 알아낸다.

3 화석 배치도 작성
화석을 캐내기 전에, 현장을 사진으로 찍고 꼼꼼히 배치도를 작성한다. 발굴지 위에 실이나 철사로 격자를 설치한 뒤, 눈에 보이는 각 부위의 정확한 지점을 지도에 표시한다.

4 석고로 감싸기
부서지기 쉬운 커다란 표본은 캐내기 전에 석고로 감싸서 부서지지 않도록 해야 한다. 수지를 발라서 화석을 보호한 뒤, 젖은 석고를 바르고 꽁꽁 싸맨다.

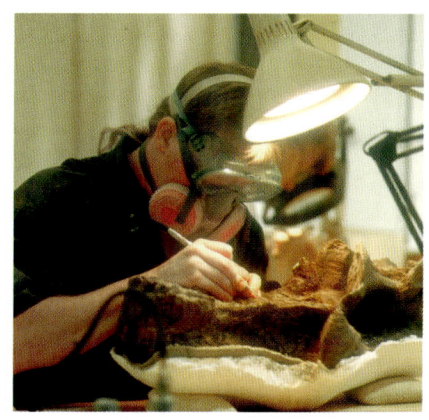

5 연구실에서 석고 제거하기
석고가 굳으면 화석을 캐내어 연구실로 가져갈 수 있다. 석고를 떼어낸 뒤 미세한 도구로 주변 암석을 제거하면서 화석을 조사하기 시작한다.

가벼운 머리뼈 복제품

트리케라톱스 뼈대

살아 있는 공룡

뼈대 화석은 경이로울 수 있지만, 우리는 그 동물이 생전에 어떤 모습이었을지도 알고 싶다. 아마 결코 확실히 알 수는 없겠지만, 뼈를 꼼꼼히 연구한 자료와 해부학 지식을 결합하면, 살아 있는 공룡의 모습을 재현할 수 있다. 어떤 모습이었을지를 알면, 미술가는 컴퓨터 소프트웨어를 써서 동물의 3D 영상을 만들 수 있다. 그러면 다양한 각도에서 볼 수 있고, 다른 자세도 취하게 할 수 있다.

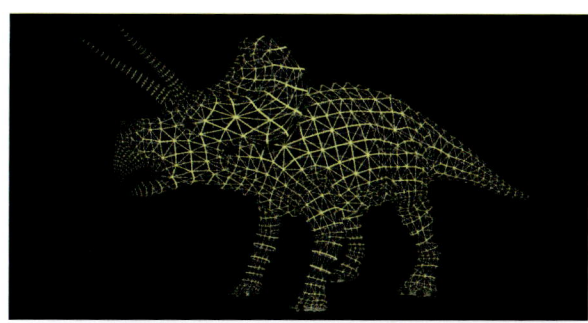

1 틀 짜기
컴퓨터 모형 제작자는 공룡 뼈대의 정확한 그림을 토대로 모형의 토대가 되는 틀을 화면에 짠다. 처음에는 아주 간단한 격자로 시작하여 점점 더 격자를 작게 나누어 가면서 동물의 형태를 빚어낸다.

2 질감과 외부 특징 덧붙이기
모형 제작자는 비늘과 피부 주름 같은 세세한 부분까지 하나하나 덧붙이고, 눈과 입의 정확한 형태까지 잡을 수 있다.
이전에 본 적이 없던 특징들을 보여 주는 화석은 고생물학자들의 가장 최신 연구 결과를 토대로 삼아 만든다.

3 색깔 입히기와 최종 자세 결정하기
디지털 기법을 써서 피부를 바닥에 쫙 펼친 채 체색과 질감을 알맞게 입힐 수 있다. 그런 뒤 피부로 몸을 감싸고, 자세를 조정한다. 여기에 적절한 빛과 그림자를 덧붙이면 실물처럼 보인다.

현대의 공룡 연구

예전의 공룡 연구는 대부분 화석 뼈와 이빨이 어떤 모습이고, 서로 어떻게 끼워지는지에 초점을 맞추었다. 지금은 현미경, 스캐닝 기술, 방사성 연대 측정 등의 기술을 써서 화석의 특징을 더욱 깊이 조사할 수 있다. 또 과학자들은 다른 기술들도 써서 공룡에 관한 자신의 이론을 검증한다. 공룡의 뼈와 근육을 컴퓨터 모형으로 작성하여 어떻게 움직였는지도 알아볼 수 있다.

화석 연대 측정

20세기까지 과학자들도 화석이 얼마나 오래되었는지 전혀 알지 못했다. 이 화석이 저 화석보다 오래되었다는 건 알았지만, 몇 백만 년 된 것인지 연대는 알 수 없었다. 그러나 현대 기술로는 알아낼 수 있으며, 화석 연대 측정법은 점점 더 정밀해지고 있다.

얼마나 오래되었을까?
어떤 화석은 종류를 알아보기는 쉽지만, 정확한 연대를 알기는 어렵다. 이 고사리 화석은 얼마나 오래된 것일까? 과학자들은 층서학과 방사성 연대 측정법, 두 가지 방법을 써서 알아낸다.

동물 연구

과학자들이 멸종한 공룡의 특성을 조사할 수 있는 한 가지 방법은 현재 살고 있는 동물들과 비교하는 것이다. 중생대는 현대와 전혀 달랐지만, 당시 동물들도 먹이를 찾고, 포식자를 피하고, 짝을 얻기 위해 경쟁했을 것이다. 현생 동물의 적응 형질과 행동은 공룡이 어떻게 살았는지 단서를 제공할 수 있다.

층서학
화석은 예전에 진흙과 모래 같은 부드러운 퇴적물이었던 암석에 들어 있다. 그런 퇴적물은 층층이 쌓였다가 지층이 된다. 대개 더 오래된 암석 위에 더 최근의 지층이 놓이므로, 각 층의 화석들은 상대적인 연대를 알려 줄 수 있다. 그러나 절대적인 연대를 알려 주는 것은 아니다.

미국 애리조나 석화림 국립공원에서 한눈에 들어오는 지층

행동
동물은 때로 예측할 수 없는 방식으로 행동한다. 이 경쟁하는 수사슴들의 커다란 뿔은 무기처럼 보이며, 경쟁자끼리 싸울 때 쓰기도 하지만, 누가 우위에 있는지를 과시하는 지위의 상징으로도 쓰인다. 많은 공룡도 볏과 뿔을 과시하는 데 썼을 수도 있다.

방사성 연대 측정법

몇몇 암석에는 시간이 흐르면서 다른 원소로 변하는 방사성 원소가 들어 있다. 새로 형성된 화산암에 든 우라늄은 서서히 납으로 변한다. 이 과정은 일정한 속도로 일어나므로, 암석에 든 우라늄과 납의 비율을 측정하면 그 암석이 얼마나 오래되었는지 알아낼 수 있다. 이를 층서학과 결합하여 화석의 연대를 알아낸다.

우라늄 원자   납 원자

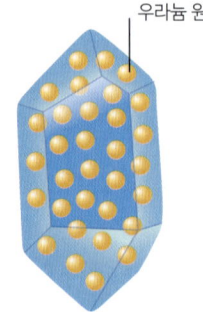 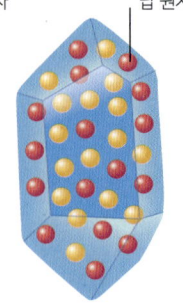 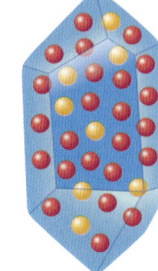 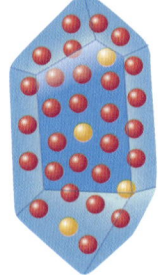

새 암석
화산에서 나온 녹은 암석이 식을 때 방사성 우라늄 원자를 지닌 결정이 형성된다.

7억 년
7억 년째에 우라늄 원자의 절반이 붕괴하여 납 원자가 되어 있다.

14억 년
다시 7억 년이 흐르면, 남은 우라늄 원자 중 절반이 납 원자로 변해 있다.

21억 년
우라늄 원자 1개당 납 원자 7개가 있다.

색깔
우리는 공룡의 색깔이 어떠했는지 믿을 만한 정보를 거의 지니고 있지 않지만, 현생 동물의 색깔을 토대로 추정을 할 수 있다. 이 카멜레온은 스피노사우루스처럼 등에 '돛'이 있는데, 이 돛은 구애 때 색깔이 변한다. 아마 스피노사우루스의 돛도 그랬을 것이다.

현대의 발견들

최근까지 공룡에 관해 우리가 아는 지식은 모두 뼈와 이빨 화석에서 얻은 것이었다. 그러나 피부와 깃털 같은 것들이 보존된 화석이 발견되면서 공룡을 보는 시각이 완전히 바뀌었다. 또 과학자들은 새로운 분석 기술을 써서 놀라운 성과도 이루었다.

일부 과학자들은 티라노사우루스의 힘, 움직임, 심지어 무는 힘을 연구하기 위해 공룡 로봇을 만들려는 시도를 해 왔다.

보존된 깃털
1억 년 된 호박에 보존된 이 솜깃털은 중생대 공룡의 것이다. 과학자들은 강력한 엑스선을 써서 이 깃털을 스캔하여 3D 영상을 만들었다. 그럼으로써 깃털의 모양을 분석할 수 있었다.

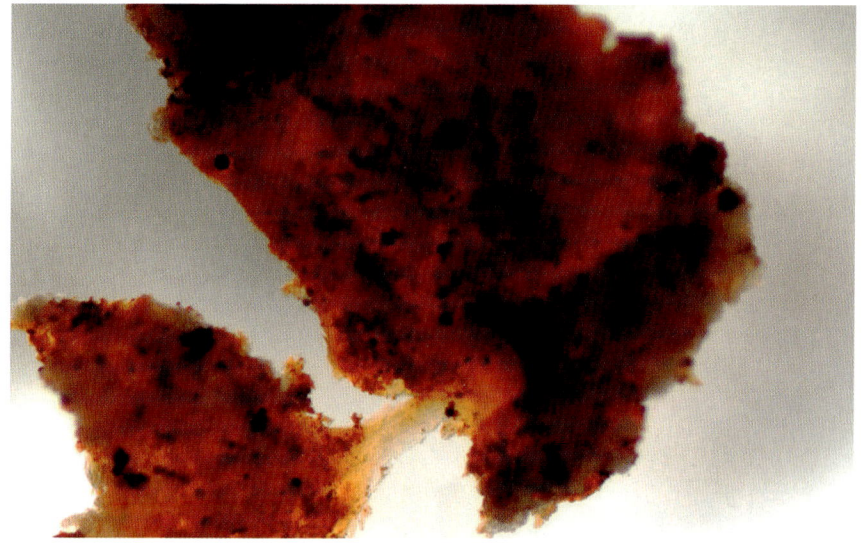

놀라운 부드러운 조직
2004년 한 과학자는 티라노사우루스 렉스의 뼛조각을 산에 담가서 단단한 광물을 녹였다. 그러자 이 늘어나는 갈색 물질이 남았다. 6800만 년 동안 보존된 부드러운 단백질 조직이었다. 덕분에 공룡의 조직을 더 상세히 알 수 있었다.

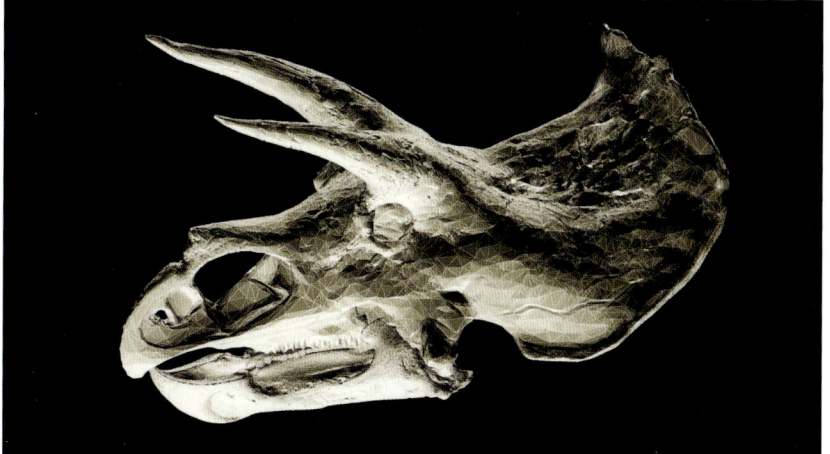

화석 스캐닝
대부분의 화석은 너무 약하고 귀중하기 때문에 늘 가져다 놓고서 연구할 수가 없다. 대신에 과학자는 정교한 의학용 스캐너를 써서 흠집을 내지 않은 채 화석의 모든 부위를 스캔한다. 그런 뒤 뛰어난 컴퓨터 모형을 써서 삼차원으로 재구성한다. 이 트리케라톱스 머리뼈가 한 예다.

미화석
지금은 예전보다 훨씬 더 자세히 화석을 살펴볼 수 있다. 미세한 구조까지 들여다볼 수 있고, 심지어 이 과학자가 관찰하고 있는 것처럼 조직을 이루는 세포 화석까지도 볼 수 있다. 멸종한 단세포 생물의 작은 화석도 연구할 수 있다.

컴퓨터 모델링

과학자들은 화석에서 얻은 자료를 써서 공룡의 뼈와 근육에 관한 컴퓨터 모형을 만들고, 모형을 움직이면서 뼈와 근육이 어떻게 작동했는지를 알아낼 수 있다. 사실적이지 않은 모형도 있지만, 이런 모형은 다른 식으로는 알아낼 수 없는 대형 동물의 움직이는 원리를 파악하는 데 유용하다.

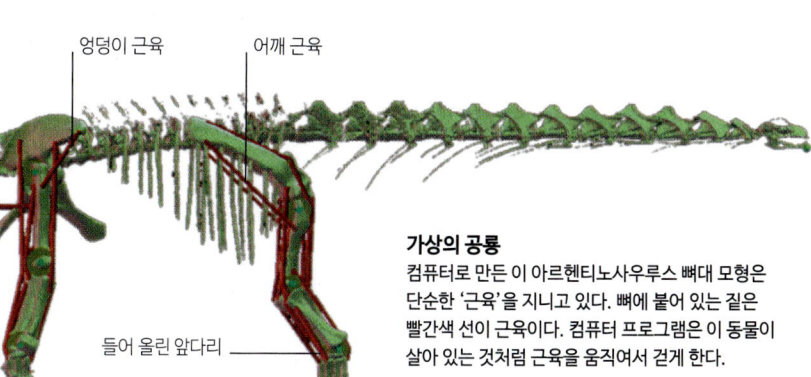

엉덩이 근육 · 어깨 근육 · 꼬리 근육 · 들어 올린 앞다리

가상의 공룡
컴퓨터로 만든 이 아르헨티노사우루스 뼈대 모형은 단순한 '근육'을 지니고 있다. 뼈에 붙어 있는 짙은 빨간색 선이 근육이다. 컴퓨터 프로그램은 이 동물이 살아 있는 것처럼 근육을 움직여서 걷게 한다.

공룡 생물학

중생대 공룡은 악어류와 조류를 포함한 '지배파충류'라는 집단에 속했다. 예전에는 공룡을 악어와 비슷하다고 생각했다. 거의 움직이지 않은 채 많은 시간을 보내야 하는, 비늘로 덮인 변온성 괴물이라고 여겼다. 그러나 시간이 흐르면서 과학자들의 견해는 바뀌었다. 지금은 많은 과학자들이 공룡은 훨씬 더 활동적이고 날래고, 때로 조류의 깃털과 매우 흡사한 깃털을 지닌 존재라고 본다.

크고 장엄한

공룡이 처음 발견되었을 때, 사람들은 공룡이 도마뱀처럼 네 다리를 옆으로 벌리고 어기적거리면서 걸었을 것이라고 추측했다. 뼈를 보면 다리가 몸통을 받치고 서 있다는 사실이 곧 명확히 드러났지만, 그 뒤로도 여전히 꼬리를 땅에 질질 끌면서 걷는 모습으로 화석 뼈대를 재구성했다. 지금은 거대한 공룡도 훨씬 더 날랜 자세를 취하고 있었다는 것을 안다.

기존 개념
티라노사우루스 렉스 같은 대형 사냥꾼의 예전 그림과 모형을 보면 캥거루처럼 꼬리를 땅에 대고 있는 모습이 많다. 지금은 이 '삼각대' 자세가 맞지 않을 가능성이 높다고 본다.

새로운 관점
공룡이 움직이는 방식을 조사하니, 티라노사우루스 렉스 같은 두 발 보행 동물이 역동적이면서 운동선수 같은 자세를 취했을 것임이 드러났다. 머리를 더 낮추고 꼬리를 더 높이 들었을 것이다.

뼈와 근육

대형 공룡은 큰 뼈로 된 뼈대가 필요하며, 이런 뼈 중에는 진정으로 거대한 것도 있다. 그런 뼈는 강도에는 크게 영향을 주지 않으면서 무게를 줄이기 위해 안에 빈 공간이 있었다. 뼈 화석에 근육이 붙었던 흔적들을 볼 때, 힘센 근육이 가하는 힘을 견뎌야 했기에 뼈는 아주 튼튼해야 했다.

팔다리를 모두 이용하여
초식 공룡은 육식 공룡보다 훨씬 더 크고 더 무거운 소화계가 필요했다. 식물은 소화하는 데 더 오래 걸리기 때문이다. 그래서 많은 초식 공룡은 네 다리를 다 써서 몸무게를 지탱했다. 이런 네발 보행 동물은 앞다리와 어깨의 뼈가 굵어지고 근육도 커졌다. 그러나 이구아노돈 같은 커다란 네발 보행 동물은 아주 강했을지라도, 두 발 보행 동물보다 움직임이 둔했다.

높이 서서 걷기
모든 육식성 수각류와 많은 초식 공룡은 두 다리로 걸었다. 굵은 뒷다리와 골반뼈로 엄청난 무게를 지탱했다. 카르노타우루스 같은 큰 사냥꾼의 다리에는 아주 강한 근육이 있었다.

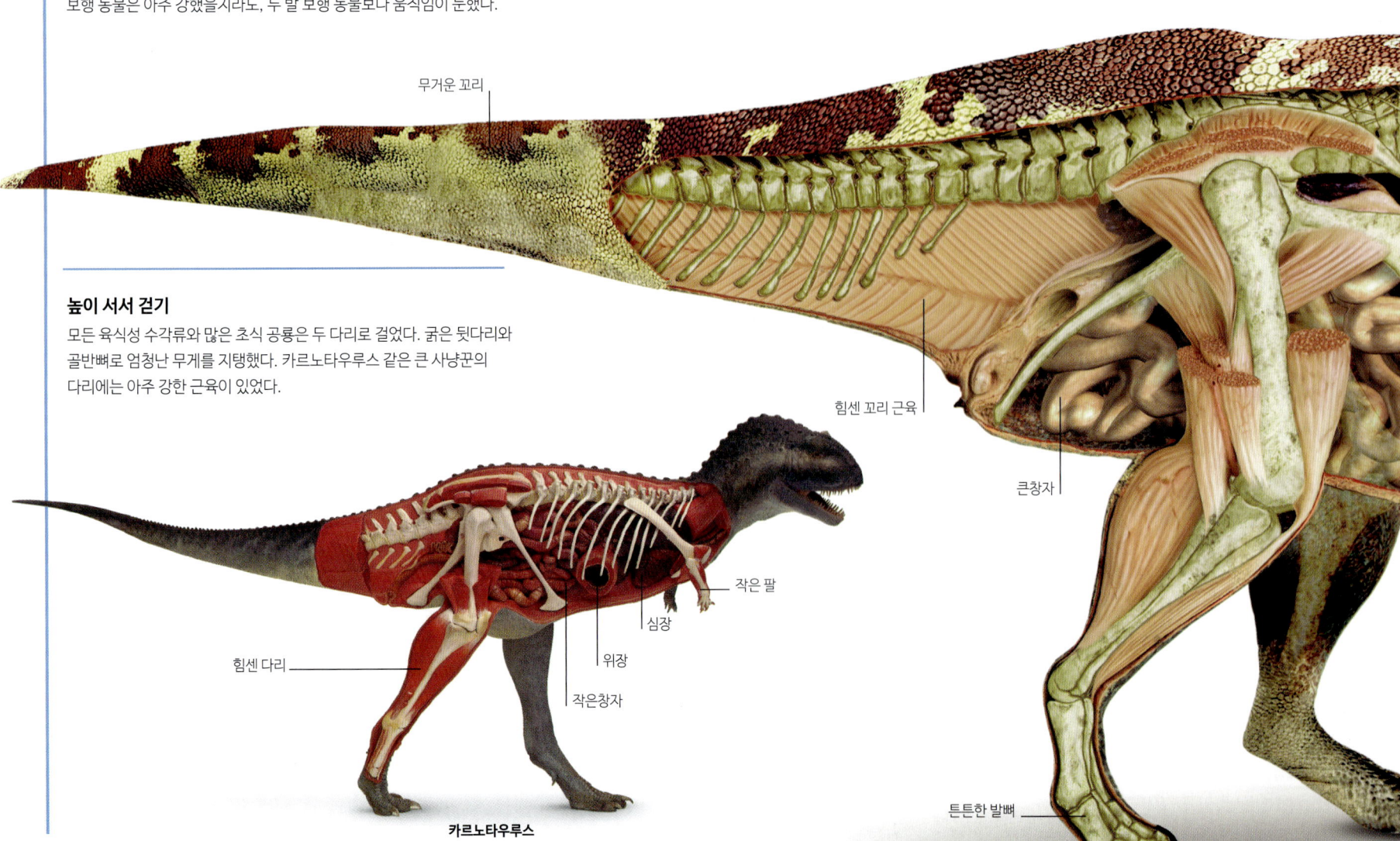

카르노타우루스

덥수룩한 깃털

대형 공룡은 대부분 비늘로 덮인 파충류 피부였다. 피부 인상 화석을 통해 그 사실을 알 수 있다. 그러나 최근에 발견된 작은 수각류 화석들은 많은 공룡이 깃털을 지녔음을 보여 준다. 그런 깃털 중 대부분은 아주 단순한 털 같은 구조였다. 아마 포유류의 털처럼 단열에 도움을 주었을 것이다. 이는 그런 공룡들이 적어도 먹이에서 얻은 에너지를 써서 몸속에서 열을 냈으며, 체열과 에너지를 보존할 단열 모피를 진화시켰음을 나타낸다.

빳빳한 깃가지
현생 조류의 비행깃은 깃가지에 달린 작은 미늘들이 서로 얽혀서 깃털들 전체가 부채처럼 펼쳐진다. 몇몇 멸종한 날지 못하는 공룡들도 이런 깃털을 지녔지만, 이 공룡들은 그 깃털을 주로 단열, 과시, 둥지의 새끼 보호용으로 썼을 것이다.

움직이는 속도

공룡 보행렬 화석은 일부 공룡이 아주 빨리 움직일 수 있었음을 보여 준다. 증명 가능한 사실은 아니지만, 두 다리로 달리는 작은 공룡은 사람 육상 선수에 맞먹는 속도를 낼 수도 있었을 것이다. 더 크고 무거운 공룡은 더 느렸겠지만, 티라노사우루스 렉스 같은 거대한 공룡도 공격할 때는 아주 날쌨을 것이다. 공룡이 정확히 얼마나 빨랐을지는 열띤 논쟁거리다.

달리기 최대 속도
- 스테고사우루스 – 6 km/h
- 에우플로케팔루스 – 8 km/h
- 디플로도쿠스 – 24 km/h
- 트리케라톱스 – 26 km/h
- 스피노사우루스 – 30 km/h
- 티라노사우루스 렉스 – 32 km/h
- 벨로키랍토르 – 39 km/h
- 사람 – 40 km/h

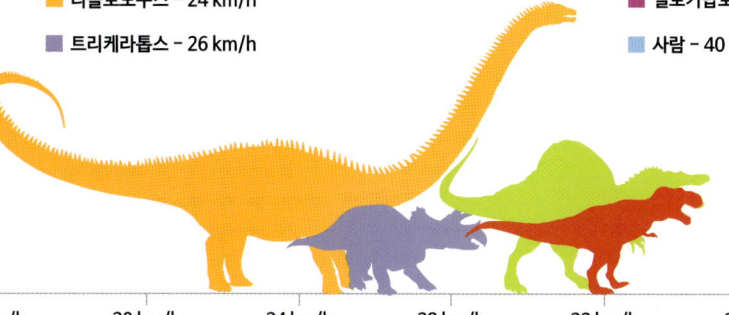

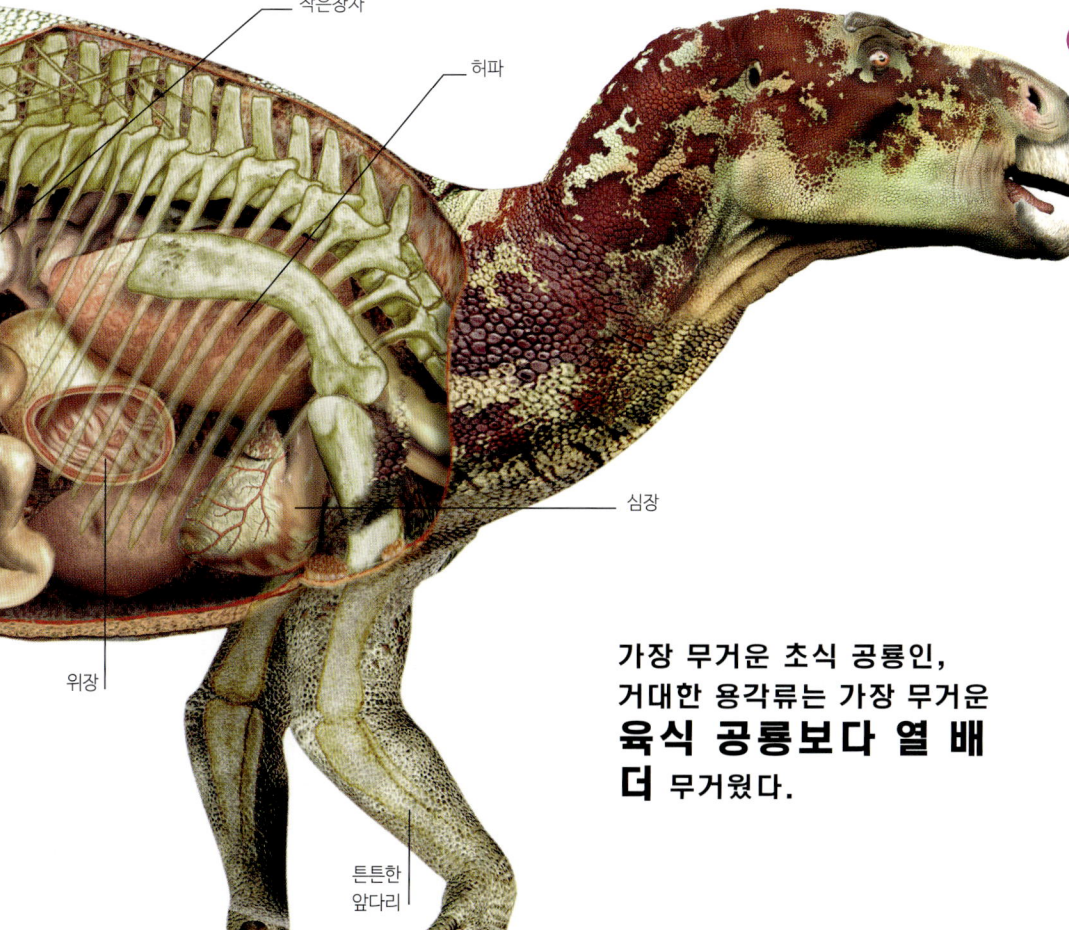

이구아노돈 / 작은창자 / 허파 / 심장 / 위장 / 튼튼한 앞다리

> 가장 무거운 초식 공룡인, 거대한 용각류는 가장 무거운 **육식 공룡보다 열 배 더** 무거웠다.

호흡하는 힘

공룡의 허파는 조류의 허파와 비슷했다. 조류가 공룡 조상에게서 허파를 물려받았으므로 그리 놀랄 일도 아니다. 공룡의 허파는 공기가 한 방향으로 흐르도록 되어 있었다. 공기를 빨아들였다가 내보내는 단순한 방식의 포유류 허파보다 더 효율적이었다. 이런 공기 흐름 덕분에 공룡은 호흡할 때마다 산소를 더 많이 흡수할 수 있었고, 그 산소를 써서 더 많은 에너지를 낼 수 있었다.

- 공기주머니
- 허파 조직
- 날숨

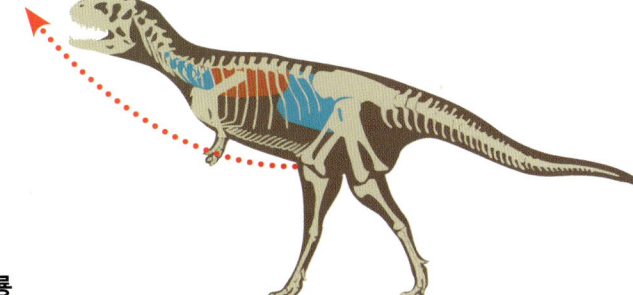

조류
새의 허파에는 공기가 지나가는 가느다란 관들이 있다. 공기는 풍선 같은 많은 공기주머니를 통해서 그 관들로 밀려간다.

공룡
화석 단서들은 중생대 공룡이 현생 조류와 허파 해부 구조가 동일하다는 것을 알려 준다. 공기주머니까지 갖추고 있었다. 따라서 공룡도 조류처럼 공기가 흐르는 작은 관들을 비롯한 호흡기 조직을 갖추었다고 보는 것이 합리적이다.

이빨과 부리

이빨은 공룡을 비롯한 멸종 동물들을 이해하는 데 아주 중요하다. 뼈를 포함한 다른 모든 부위가 사라진 뒤에도 이빨은 화석으로 남을 때가 많기 때문이기도 하다. 중생대의 많은 공룡은 새의 부리와 비슷한 부리도 지녔다. 공룡들의 이빨과 부리는 공룡들이 무엇을 먹었고, 그 먹이를 어떻게 구하고 먹었는지에 관해 많은 것을 알려 줄 수 있다.

공룡 이빨은 닳으면 빠지고 **계속 새로 났다.** 디플로도쿠스의 이빨은 **35일마다 새 이빨로 대체되었다.**

육식 공룡

고기는 소화하기 쉽지만 얻기가 어렵고, 얻으려다가 위험에 빠질 수도 있다. 이는 육식 공룡이 먹이를 그다지 씹을 필요가 없었지만, 먹이를 잡기 위해서 효과적인 무기와 도구가 필요했다는 의미다. 대부분은 이빨과 발톱을 함께 사용하여 먹이를 잡은 뒤, 질긴 가죽을 베고 뼈에서 살을 자르는 쪽으로 적응한 날카로운 칼날 같은 이빨로 먹이를 먹었다.

알맞은 도구

먹이의 종류와 사냥 방식에 따라서 이빨의 종류도 달라진다. 작은 먹이는 집어 올려서 통째로 삼킬 수 있으므로, 놓치지 않게 꽉 무는 쪽에 중점이 두어졌다. 더 큰 먹이는 작게 자를 필요가 있었기에, 사냥꾼은 피부와 힘줄을 자를 수 있는 이빨이 필요했다. 그리고 가장 큰 먹이는 특수한 무기인 이빨로 굴복시켜야 했다.

무는 힘

대부분의 육식 공룡은 먹이를 물어뜯어서 삼킬 만한 크기로 자르는 날카로운 이빨이 필요했다. 그러나 이빨이 언제나 주된 무기였던 것은 아니며, 아주 강한 턱이 필요 없는 종류도 있었다. 가볍고 날쌘 벨로키랍토르는 아마 먹이를 잡는 데 이빨 못지않게 발톱도 썼을 것이다. 좀 더 큰 알로사우루스는 아마 근육이 더 많았겠지만, 진정으로 강한 힘을 지닌 공룡은 티라노사우루스 렉스였다. 꽉 물어서 힘센 먹이도 쓰러뜨렸다.

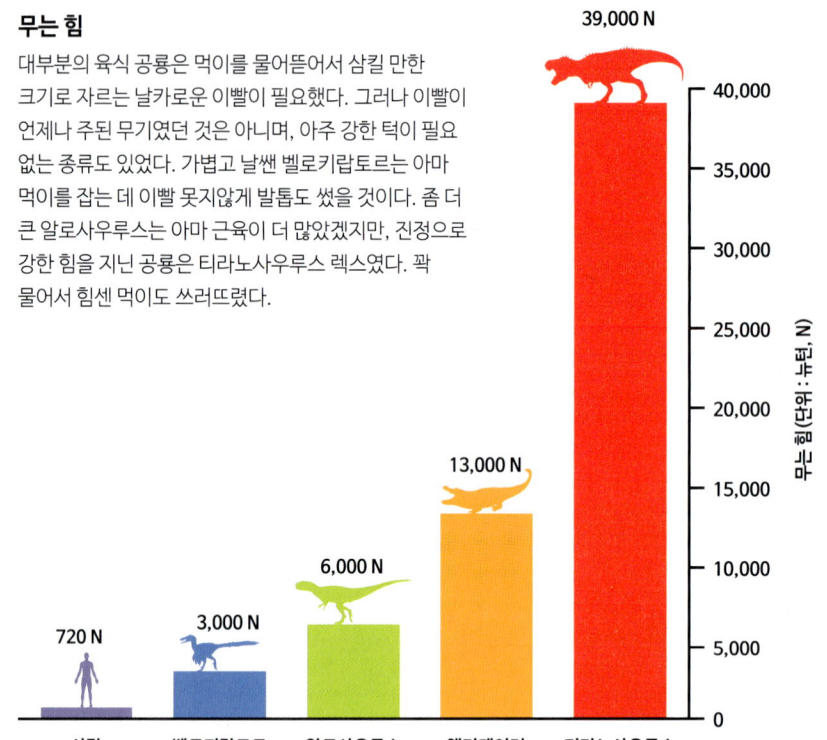

바늘처럼 뾰족한 이빨

스피노사우루스(102~103쪽)의 가까운 친척인 바리오닉스 같은 어류 사냥꾼은 꿈틀거리는 먹이의 미끄러운 피부를 꿰뚫어서 빠져나가지 못하게 하는 데 알맞은 뾰족한 이빨을 지녔다. 물고기를 먹는 많은 익룡들은 더욱 긴 바늘 같은 이빨을 지녔다.

정육점 칼 같은 이빨

알로사우루스 같은 육식성 수각류는 대부분 가장자리에 톱니가 난 날카로운 굽은 칼날 같은 이빨을 지녔다. 끝도 뾰족했지만, 칼처럼 날카로운 가장자리가 가장 중요한 특징이었다. 날카로운 가장자리로 먹이의 살을 베어 냈다.

뼈를 부수는 이빨

티라노사우루스의 크고 굵은 이빨은 수각류의 얇은 칼날 같은 이빨보다 훨씬 더 튼튼했다. 부러지지 않으면서 뼈를 뚫는 데 적응해 있었기에, 티라노사우루스 렉스는 힘차게 물어서 뼈를 부수고 치명적 타격을 입힐 수 있었다.

초식 공룡

먹을 수 있는 식물은 대개 찾기 쉽고, 잡히거나 죽거나 찢길 위험 없이 먹을 수 있다. 그러나 식물은 질기고 딱딱하고 소화하기 어려울 수 있다. 꼭꼭 씹을수록 소화가 잘 되므로, 많은 초식 공룡은 단순히 식물을 뜯어 먹는 데 알맞은 이빨과 부리를 지닌 반면, 소수의 공룡에게서는 지구 역사상 가장 정교하게 분화한 씹는 이빨이 진화했다.

가장자리가 날카로운 부리

많은 초식 공룡은 식물을 따 먹는 부리를 지녔다. 스테고사우루스류, 조각류, 케라톱스류 같은 조반류 공룡은 다 그랬다. 부리는 새의 부리처럼 질긴 케라틴으로 되어 있었고, 식물 줄기를 자르기 좋게 가장자리가 날카로웠을 것이다.

베어 내는 이빨과 물어뜯는 이빨

목이 긴 용각류와 그 친척들은 부리가 없었다. 용각류는 턱 앞쪽의 이빨로 식물을 먹었다. 잔가지에서 잎을 죽 훑거나 잎자루를 물어뜯는 방식이었다. 이런 공룡은 씹는 이빨이 없었지만, 부리를 지닌 많은 공룡은 씹는 데 쓰이는 나뭇잎 모양의 어금니를 지녔다.

이구아노돈 이 커다란 조각류는 땅과 나무에 자라는 다양한 먹이를 뜯어 먹는 데 알맞은 다목적 부리를 지녔다.

스티라코사우루스 다른 케라톱스류처럼, 스티라코사우루스도 가장 영양가 있는 먹이를 골라 먹는 데 쓰이는 앵무새의 부리와 흡사한 좁고 굽은 부리를 지녔다.

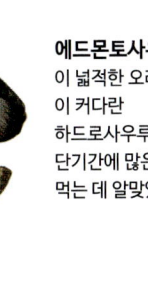

에드몬토사우루스 이 넓적한 오리 부리는 이 커다란 하드로사우루스류가 단기간에 많은 식물을 먹는 데 알맞았다.

코리토사우루스 에드몬토사우루스의 친척이지만, 이 하드로사우루스류는 먹이를 골라 먹는 데 적합한 더 좁은 부리를 지녔다.

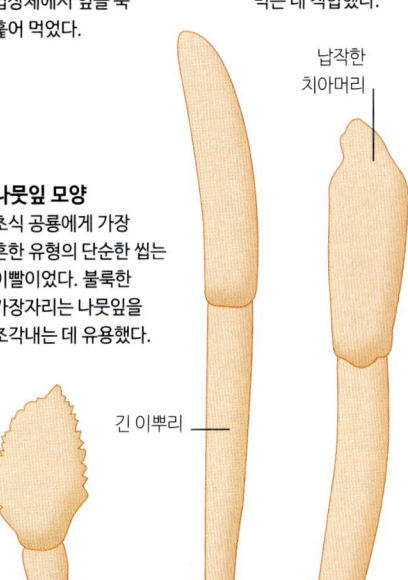

연필 모양 디플로도쿠스와 그 가까운 친척들은 닳은 연필들이 줄줄이 늘어선 듯한 앞니를 지녔다. 이 이빨로 잔가지, 가지, 엽상체에서 잎을 죽 훑어 먹었다.

숟가락 모양 많은 용각류는 약간 숟가락 모양의 이빨을 지녔다. 잎을 한입 가득 삼켜서 뜯어 먹는 데 적합했다.

나뭇잎 모양 초식 공룡에게 가장 흔한 유형의 단순한 씹는 이빨이었다. 볼록한 가장자리는 나뭇잎을 조각내는 데 유용했다.

납작한 치아머리 / 긴 이뿌리

짓이기는 이빨과 베는 이빨

하드로사우루스류와 케라톱스류는 먹이를 소화하기 쉽게 걸쭉한 펄프로 만드는 데 쓰는 매우 효율적인 이빨을 갖추었다. 이빨 수백 개를 한꺼번에 썼고, 닳은 이빨은 계속 새 이빨로 교체되었다. 하드로사우루스류의 이빨은 위가 넓적하여 갈고 짓이기는 데 알맞은 반면, 케라톱스류의 이빨은 곱게 자르는 쪽으로 쓰였다.

하드로사우루스류 이빨

무엇이든 먹을 준비가 된 이빨

많은 공룡이 아주 다양한 먹이를 먹었다. 공룡들은 가장 영양가가 많고 소화하기 쉬운 먹이를 찾아서 골라 먹었다. 즙이 많은 뿌리, 부드러운 싹, 열매도 먹었고, 곤충, 도마뱀, 작은 포유류 같은 동물도 먹었을 것이다. 이런 잡식 공룡 중에는 조류처럼 이빨이 없고 부리만 지닌 종류도 있었지만, 사람처럼 온갖 먹이를 처리할 수 있는 다양한 종류의 이빨을 고루 갖춘 종류도 있었다. 그런 공룡 중에 헤테로돈토사우루스가 가장 유명하지만, 다른 공룡도 많았다.

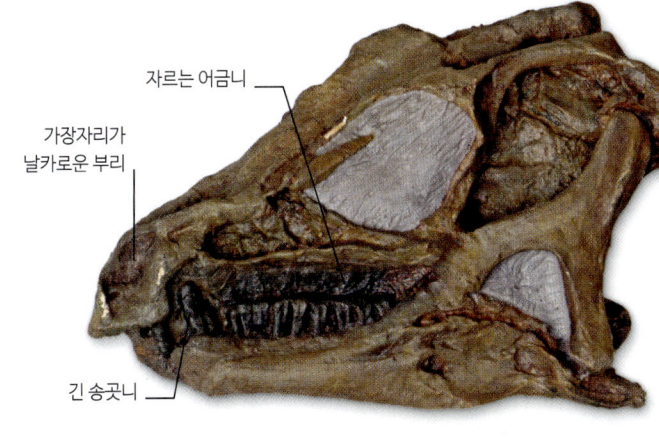

자르는 어금니 / 가장자리가 날카로운 부리 / 긴 송곳니

다양한 종류의 이빨 작은 초기 조반류인 헤테로돈토사우루스는 위턱에 짧은 앞니, 칼날 같은 어금니, 놀라울 만치 길고 뾰족한 송곳니와 부리를 지녔다. 무엇이든 먹을 준비가 되어 있었다.

지능과 감각

공룡은 거대한 몸집에 비해 뇌가 작은 것으로 유명하므로, 우리는 공룡의 지능이 낮다고 가정한다. 그러나 많은 대형 초식 공룡에게는 맞는 말이라고 해도, 일부 사냥꾼은 대다수의 현생 파충류보다 뇌가 더 컸다. 이는 적어도 일부 공룡이 우리가 대개 생각하는 것보다 더 영리했을 수 있다는 의미다. 뇌의 해부 구조로 판단할 때, 많은 공룡은 감각이 아주 예리했다. 사람보다 훨씬 뛰어났다.

공룡의 뇌

우리는 머리뼈 화석에서 뇌 공간의 크기와 모양을 보고서 뇌의 크기를 추정할 수 있다. 이는 현생 조류의 뇌처럼 뇌가 이 공간을 채우고 있다고 가정하는 것이다. 그러나 일부 파충류의 뇌는 이 공간을 채우고 있지 않으며, 우리는 어느 모형을 써야 할지 확신할 수 없다. 한 가지는 확실하다. 일부 공룡의 뇌는 정말로 아주 작았다.

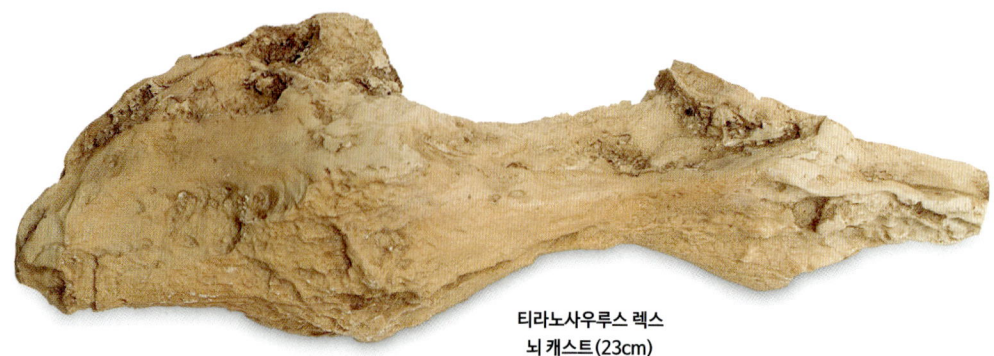

티라노사우루스 렉스
뇌 캐스트(23cm)

뇌 캐스트
공룡 머리뼈의 뇌 공간은 진흙으로 채워졌다가, 진흙이 굳으면 뇌의 모양을 고스란히 본뜬 캐스트가 만들어진다. 티라노사우루스 렉스 뇌의 이 캐스트는 공룡의 뇌가 사람의 뇌와는 전혀 다르지만, 조류의 뇌와는 비슷하다는 것을 보여 준다.

뇌 기능

뇌의 크기가 대체로 지능의 척도이긴 하지만, 뇌의 모양도 중요하다. 뇌의 부위마다 기능이 다르기 때문이다. 생각하는 데 쓰이는 부위도 있고, 몸을 제어하는 부위도 있고, 감각 기관으로 모은 정보를 처리하는 부위도 있다.

사람의 뇌
사람의 뇌는 대뇌가 아주 크다. 생각하는 데 쓰는 부위다. 사람이 지능이 높은 이유가 바로 이 때문이다. 시각을 담당하는 시각엽도 상대적으로 크다. 우리는 눈에 크게 의지하기 때문이다.

개의 뇌
개의 대뇌는 뇌의 나머지 부위에 비해 상대적으로 작다. 그에 비해, 신경 신호를 처리하고 움직임을 제어하는 뇌줄기 및 소뇌는 상대적으로 크다.

키티파티의 뇌
머리에 비해 작지만, 뇌에는 시각엽과 냄새를 처리하는 후각엽이 비교적 크다. 그러나 대뇌는 작으므로 지능이 그리 높지 않았던 듯하다.

■ 시각엽　■ 후각엽　■ 대뇌
■ 소뇌　　■ 뇌줄기

청각

공룡 뇌 공간을 스캐닝하자 속귀뼈도 드러났다. 스캐닝 영상은 공룡의 속귀뼈가 현생 동물의 속귀뼈와 아주 흡사하다는 것을 보여 준다. 즉 공룡이 아마 잘 들을 수 있었을 것이라는 의미다. 사실 일부는 큰 소리를 내는 쪽으로 적응했던 듯하며, 따라서 소리를 듣고 화답할 수 있을 만큼 잘 들을 수 있었을 것이 틀림없다.

소리와 반응
코리토사우루스 같은 일부 하드로사우루스류는 아마 소리에 공명을 더하는 데 쓰이는 속이 빈 볏을 지니고 있었을 것이고, 울창한 숲은 소리를 더 멀리까지 울려 퍼지게 했을 것이다.

공룡 비교

과학자들은 대뇌화 지수를 이용해서 악어 같은 현생 동물에 비해 멸종한 공룡의 지능이 어떠했을지를 연구할 수 있다. 목이 긴 용각류는 악어보다 지능이 훨씬 떨어졌겠지만, 일부 수각류는 훨씬 영리했을 가능성이 높다.

우리가 짐작하는 것보다 **영리한 공룡도** 있긴 했지만, 가장 **영리한 공룡도 지능이 닭 수준이었다는** 것은 분명하다.

지능 최소 → 지능 최대

- **용각류** 이 동물은 뇌가 몸에 비해 작았기에, 그다지 지능이 높지 않았다.
- **스테고사우루스류** 스테고사우루스류인 켄트로사우루스는 뇌가 자두만 한 것으로 유명하다.
- **케라톱스류** 트리케라톱스 같은 케라톱스류는 지능이 악어와 비슷했을 것이다.
- **악어류** 우리가 짐작하는 것보다 영리할 수 있는 이 사냥꾼은 감각이 예리하고 기억력이 아주 좋다.
- **카르노사우루스류** 티라노사우루스 같은 대형 사냥꾼은 먹이를 이기려면 아주 영리해야 했을 것이다.
- **트로돈과** 트로돈과 벨로키랍토르 같은 작은 수각류는 가장 지적인 공룡이었다.

시각

많은 공룡의 커다란 눈구멍은 눈이 크고 잘 발달했음을 보여 준다. 그리고 뇌에서 시각엽도 함께 발달했을 때가 많았다. 티라노사우루스 같은 몇몇 공룡은 시력이 아주 좋다. 아마 독수리만큼 좋았을 것이다. 이런 사냥꾼은 먹이를 찾고 공격하기 위해 시력이 좋아야 했으며, 먹이도 위험을 알아차리기 위해 시력이 좋아야 했다.

후각

티라노사우루스의 뇌는 후각엽이 컸다. 냄새를 분석하는 영역이다. 이는 후각이 아주 뛰어났음을 나타낸다. 다른 청소동물과 사냥꾼도 후각이 뛰어났을 것이다. 먹이의 냄새를 맡고, 쉬운 먹잇감임을 알려 주는 피 냄새도 잘 맡았을 것이다. 초식 공룡은 그 정도까지 후각이 뛰어날 필요가 없었겠지만, 위험을 검출하는 데 유용했을 것이다.

레아엘리나사우라

커다란 눈 커다란 눈에서 오는 정보를 커다란 시각엽이 처리했다.

어둠 속에서

가장 흥미로운 공룡 중 하나는 '레아엘리나사우라'라는 백악기 전기의 작은 초식 공룡이었다. 이 동물은 오스트레일리아에서 겨울에 석 달 동안 햇빛이 들지 않는 남극점 가까운 지역에 살았다. 이 공룡은 눈이 유달리 컸다. 겨울의 흐릿한 빛에 적응하기 위한 형질인 듯하다. 먹이를 찾고 적을 경계하는 데 유용했을 것이다.

시야

초식 공룡은 거의 다 눈이 머리 양쪽에 높이 달려 있었다. 시야가 넓어서 위험이 닥치는 걸 빨리 알 수 있어서다. 사냥꾼은 대개 눈이 더 앞쪽을 향해 있어서 두 눈의 시야가 겹쳤다. 이 양안시 덕분에 거리를 잘 파악할 수 있었다. 공격할 때 거리를 판단하는 데 유용했다.

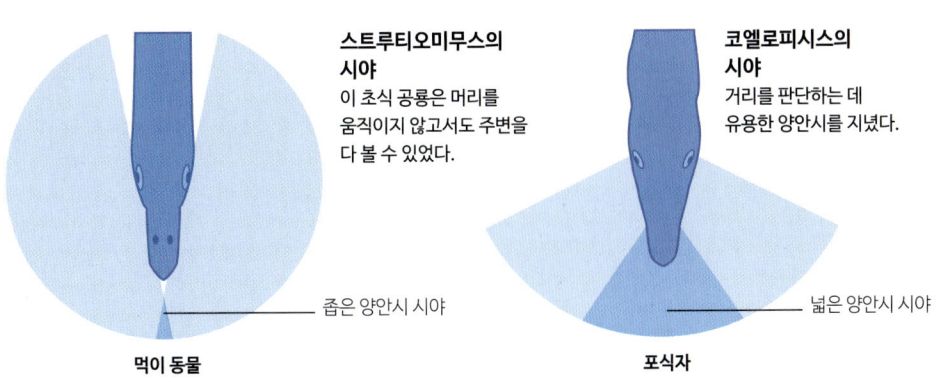

스트루티오미무스의 시야 이 초식 공룡은 머리를 움직이지 않고서도 주변을 다 볼 수 있었다.

코엘로피시스의 시야 거리를 판단하는 데 유용한 양안시를 지녔다.

좁은 양안시 시야 — 먹이 동물

넓은 양안시 시야 — 포식자

티라노사우루스

무리 짓기

발자국 화석을 볼 때 몇몇 공룡은 무리를 지어서 돌아다녔다. 화석 사냥꾼들은 어떤 재해를 통해서 한꺼번에 몰살당한 것이 분명한 같은 종의 개체들의 뼈가 많이 쌓여 있는 드넓은 '뼈층'을 발견하곤 했다. 이런 화석 증거는 그 공룡들이 무리 지어 살았다는 의미일 수 있다. 우리는 적어도 일부 공룡이 번식기에 대규모 무리를 지었다는 것을 알기에, 많은 공룡이 일 년 내내 때로 큰 무리를 지어서 함께 살았을 가능성이 있다.

협력

일부 포식자 공룡은 무리를 지어 사냥했을 수도 있다. 그렇다고 해도 그 공룡들이 늑대 무리처럼 영리한 사냥 전술을 썼다는 의미는 아니다. 그 정도까지 영리하지는 않았다. 그러나 무리를 지음으로써 혼자서는 잡을 수 없는 먹이도 쓰러뜨렸을 것이다.

함께 사냥하기
한 곳에서는 커다란 초식 공룡인 테논토사우루스의 뼈와 가벼운 사냥꾼인 데이노니쿠스 몇 마리의 뼈가 함께 발굴되었다. 가족 집단이 몰려다니면서 공격을 한 것일 수도 있다.

몇몇 현생 조류는 **번식기에 한곳에** 대규모로 모였다가, 그 시기가 끝나면 뿔뿔이 흩어진다. **공룡도 같은 행동을 했을 수 있다.**

굶주린 무리

많은 대형 초식 동물은 무리를 지어 먹을 것을 찾아서 여기저기 돌아다닌다. 몇몇 대형 초식 공룡도 그랬을 가능성이 높다. 무리를 지으면, 위험을 지켜보는 눈이 더 많으므로 더 안전했다. 그리고 나뭇잎 같은 먹이는 구하기가 쉬우므로, 먹이를 놓고 서로 경쟁할 필요가 없었다.

사우로펠타 무리

화석 증거

일부 공룡이 크거나 작은 무리를 지어서 살고 돌아다녔다는 증거는 꽤 많다. 몇몇 화석지에서는 많은 동물의 뼈가 함께 발견되었고, 한꺼번에 죽은 것이 거의 확실하다. 많은 공룡들이 동시에 같은 방향으로 이동한 발자국 화석이 있는 곳들도 있다. 동물 떼가 새로운 먹이나 물을 찾아서 이동할 때 생겼을 가능성이 높다.

공룡 묘지
캐나다 앨버타 주립 공원의 이 뼈층에서는 켄트로사우루스 수천 마리의 뼈가 발견되었다. 이 엄청난 케라톱스 무리는 강을 건너다가 갑자기 발생한 홍수에 휩쓸려 익사한 듯하다.

보행렬 발자국
미국 콜로라도에는 고대 호숫가를 따라 거대한 용각류들이 나란히 떼를 지어 이동하면서 남긴 발자국 화석이 있다. 발자국들이 동시에 생겼으며, 같은 방향으로 이동했다는 사실은 용각류가 무리를 지어 살았다는 강력한 증거다.

무리와 쌍

땅에 서로 가까이에 놓여 있는 공룡 둥지 수백 개가 발견되었다는 것은 많은 공룡이 번식기에 안전을 위해 모였다는 것을 입증한다. 많은 현생 바닷새의 집단 번식지와 비슷했을 것이다. 그러나 다른 몇몇 공룡의 둥지는 하나씩 떨어져 있으며, 아마 암수 쌍이 자신들의 영역 한가운데에 지었을 것이다

몬태나에 있는 마이아사우라 집단 번식지에서는 적어도 성체 200마리와 새끼들의 화석이 발견되었다. 함께 모여 살았던 듯하다.

집단 번식지
몇몇 공룡 집단 번식지도 발견되어 왔다. 아주 큰 곳도 있으며, 많은 바닷새의 집단 번식지처럼 해마다 계속 썼던 곳일 것이다. 가장 유명한 곳은 1970년대 중반 미국 몬태나에서 발견된 하드로사우루스류인 마이아사우라의 번식지이다. 둥지 수백 개의 잔해가 널려 있으며, 둥지 사이의 거리는 약 7미터다. 공룡 성체의 몸길이보다 좀 짧다. 마이아사우라가 잘 짜인 사회 체제를 이루고 있었음을 명확히 보여 준다.

영역을 지키는 쌍
사회성 초식 공룡인 마이아사우라와는 정반대로, 카르노타우루스 같은 많은 육식성 수각류는 적은 먹이를 두고 경쟁할 수도 있기에 자기 영역을 지켰다. 수각류 부부는 현생 산림 지대에 사는 매 한 쌍처럼 함께 영역을 지키면서 같은 종의 다른 개체들로부터 멀리 떨어진 곳에 있는 둥지에서 새끼를 키운다. 몇몇 초식 공룡도 먹이를 지킬 가치가 있다면 그랬을 수 있다.

먹이의 방어

야생에서의 생활은 생존 경쟁이다. 육식성 포식자와 그 먹이 사이에는 더욱 그렇다. 시간이 흐르면서 포식자는 더 효율적인 사냥 방식을 갖추며, 그에 반응하여 먹이도 더 효율적인 방어 수단을 갖춘다. 중생대에 이 과정을 통해 티라노사우루스 같은 강력한 무기로 중무장을 한 무거운 사냥꾼이 출현했다. 그러자 에우오플로케팔루스 같은 먹이 동물들도 두꺼운 갑옷과 다양한 방어 무기를 갖추는 쪽으로 진화했다. 다른 많은 공룡들도 달아나거나 숨거나, 거대한 몸집으로 맞서는 쪽으로 진화했다.

갑옷

날카로운 이빨을 지닌 포식자에 대처하는 한 가지 해법은 두꺼운 피부다. 쥐라기 초기에 몇몇 공룡은 피부에 작은 뼈판을 갖추었고, 이들은 백악기에 훨씬 두꺼운 갑옷을 입은 '탱크 공룡'으로 진화했다. 여기에는 에우오플로케팔루스도 포함된다. 거대한 꼬리 곤봉으로 무장한 공룡이었다.

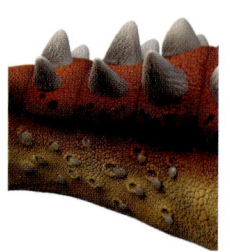

목
동물의 목은 몸에서 가장 취약한 부위에 속하며, 때로 포식자의 표적이 되곤 한다. 에우오플로케팔루스 같은 동물은 포식자를 포기하게 만들 만큼 튼튼한 목 갑옷을 갖추었다.

에우오플로케팔루스
목은 단단한 뿔 같은 물질로 덮인 타원형 뼈판으로 보호되어 있었다.

사우로펠타
목에 적을 물리치는 놀라울 만치 긴 가시가 나 있었다.

뼈판

짧고 곧은 목

두껍고 굽은 갈비뼈

굵은 앞다리

머리
머리에 심한 상처를 입으면 거의 살아남지 못하므로, 갑옷 공룡은 자연히 머리에 단단한 방어 수단을 갖추는 쪽으로 진화했다. 일부 공룡은 뿔도 갖추었고, 뿔로 스스로를 방어했을 수도 있다.

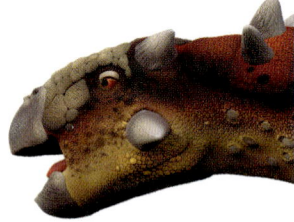

에우오플로케팔루스
이 공룡의 머리를 덮은 뼈판들은 서로 융합되어서 공격자의 이빨을 부러뜨릴 만큼 튼튼한 방패를 이루었다.

사우로펠타
이 가시로 덮인 노도사우루스류의 두꺼운 머리뼈는 추가 보호층인 뼈판으로 된 헬멧으로 덮여 있었다.

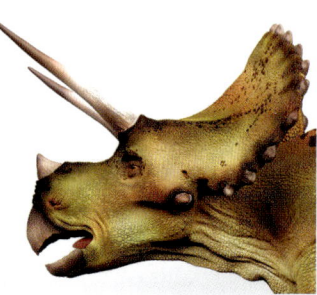

트리케라톱스
이 대형 초식 동물은 티라노사우루스를 물리쳐야 했다. 이마에서 아주 길고 날카로운 뿔이 난 이유가 그 때문일 수 있다.

문제 회피

맞서 싸우는 것은 대다수의 먹이 동물이 취할 마지막 수단이다. 그냥 피하는 것이 훨씬 더 안전하기 때문이다. 공룡도 다르지 않았을 것이다. 숨을 수 있다면 숨었을 것이고, 몇몇 작은 초식 공룡은 굴에 숨었을 것이다. 뛰어난 위장술을 발휘한 공룡도 있었을 것이다. 많은 작고 날쌘 공룡은 속도에 의지하여 포식자를 피해 달아났다. 정반대로 아주 큰 공룡들은 어떤 포식자도 혼자서는 달려들지 못할 만큼 아주 커졌다.

크기가 중요
목이 긴 거대한 용각류는 가장 큰 사냥꾼보다 훨씬 컸기 때문에, 크고 강한 사냥꾼조차 쉽게 덤벼들 수 없었다. 마푸사우루스(그림의 왼쪽과 중앙) 같은 굶주린 포식자는 용각류인 새끼 카타르테사우라를 공격하려는 마음이 들 수도 있지만, 거대한 부모 카타르테사우라의 발에 짓밟힐 위험을 감수해야 했다.

등

일부 중생대 포식자는 먹이의 등으로 뛰어올라서 공격하는 쪽을 좋아한 것이 분명했다. 시간이 흐르면서 많은 먹이 동물은 등과 엉덩이에 튼튼한 갑옷을 갖추게 되었다. 대개 갑옷은 피부에 박힌 뼈로 된 징으로 이루어졌지만, 일부 공룡은 가시나 가장자리가 날카로운 판을 지녔다.

에우오플로케팔루스
이 무거운 동물의 등은 커다란 갑옷 판과 짧고 굵은 가시가 점점이 박힌 작은 뼈혹들로 이루어진 유연한 방패로 덮여 있었다.

켄트로사우루스
이 스테고사우루스류의 등 뒤쪽에 난 길고 날카로운 가시는 어느 정도는 과시용이었지만, 포식자가 달려들지 못하게 막는 효과도 있었을 것이다.

꼬리

초식 공룡의 꼬리는 포식자를 물리치는 매우 효과적인 무기였다. 긴 꼬리를 좌우로 휘두르는 것만으로도 충분할 수 있었지만, 일부 꼬리는 방어를 위해 아주 잘 적응해 있었다. 끝에 가시나 날, 뼈로 된 무거운 곤봉이 달린 것도 있었다.

에우오플로케팔루스
뼈판 네 개가 융합되어 무거운 덩어리를 이룬, 이 안킬로사우루스의 꼬리 곤봉은 사냥꾼의 다리를 부러뜨릴 수 있었다.

스테고사우루스
스테고사우루스류는 꼬리 끝에 날카로운 가시가 달려 있었다. 적의 몸에 박히면 치명적인 부상을 입힐 수 있었다.

디플로도쿠스
이 용각류는 엄청나게 긴 꼬리를 거의 채찍처럼 휘둘러서 공격자의 발을 강타했을 수도 있다.

꼬리 곤봉

유연한 꼬리 부위

강한 뒷다리

에우오플로케팔루스는 거의 모든 부위에 어떤 식으로든 갑옷을 덮고 있었다. 눈꺼풀에도 갑옷이 덮여 있었다.

달아나기

드리오사우루스처럼 두 다리로 선 작고 가벼운 공룡은 위험이 닥치면 달아났을 것이다. 많은 종은 적보다 더 날쌨을 것이고, 아주 빠른 종도 있었을 것이다. 더 작은 깃털 달린 공룡들은 나무 위로 달아났을 수도 있고, 이는 비행의 진화를 촉진시켰을 수도 있다.

튼튼한 허벅지 근육

길고 가는 다리

드리오사우루스

위장

많은 작은 공룡은 위장색을 띠고 있었을 가능성이 높다. 포식자, 그중에서도 특히 주로 눈을 써서 사냥을 하는 포식자의 눈에 덜 띄기 위해서다. 힙실로포돈은 피부의 옅고 짙은 무늬를 이용해 숲 서식지의 얼룩덜룩한 그늘에 숨어 지냈을 수도 있다.

힙실로포돈

과시

많은 현생 동물은 방어 무기처럼 보이지만, 사실은 다른 기능을 하는 정교한 뿔 같은 특징들을 지니고 있다. 수컷들이 지위, 영역, 짝을 놓고 경쟁할 때 쓰는 것들이다. 그저 과시용인 것들도 많으며, 가장 뛰어난 인상을 주는 수컷이 이길 수도 있다. 하지만 싸움이 함께 일어날 때는 지기도 한다. 일부 공룡의 화려한 볏, 가시, 주름 장식도 같은 기능을 했을 가능성이 높다. 어느 정도는 방어 수단으로도 쓰였을 수도 있다.

더 높아 보이게

몇몇 공룡은 등에 뼈판과 가시가 나 있었다. 등판과 가시를 지닌 스테고사우루스류, 등에 높은 '돛'이 달린 오우라노사우루스 같은 동물이 그렇다. 이 돛의 기능은 아직 불분명하지만, 어느 정도는 과시용이었을 수 있다.

오우라노사우루스
이 초식 공룡의 등에 높이 난 구조물은 등뼈가 늘어난 뼈가 지지했다.

화려한 볏
이 익룡의 화려한 볏은 가볍고 부드러운 조직으로 이루어져 있었다.

익룡인 닉토사우루스는 길이가 90센티미터에 달하는 가지뿔 같은 거대한 뼈볏을 지녔다. **몸길이의 두 배까지** 길었다. 현생 동물은 그런 볏을 지니고 있지 않다.

투판닥틸루스

화려한 볏

많은 공룡의 머리에 난 인상적인 볏은 방어 기능이 전혀 없었던 것이 분명하다. 같은 성의 경쟁자나 짝 후보에게 과시하는 용도였을 것이 거의 확실하다. 투판닥틸루스 같은 익룡의 볏이 시각적 인상을 심어 주기 위해서 화려한 색깔을 띠었다는 증거가 있다.

볏 공룡

지금까지 발견된 볏을 지닌 공룡은 대부분 오리 부리를 지닌 하드로사우루스류이거나 육식성 수각류였다. 익룡의 볏과 마찬가지로, 이 공룡들의 볏도 아마 눈에 잘 띄는 화려한 색깔을 띠고 있었을 것이다. 암수 다 지녔거나, 수컷만 지녔을 수도 있다.

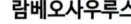

람베오사우루스
이 하드로사우루스류의 뼈볏은 속이 비어 있었고, 아마 소리를 증폭시켰을 것이다.

코리토사우루스
이 하드로사우루스류는 람베오사우루스보다 볏이 작았지만, 아마 그에 못지않게 화려했을 것이다.

크리올로포사우루스
크리올로포사우루스 같은 몇몇 육식성 수각류도 볏을 지녔지만, 대개 아주 작았다.

깃털 장식

현재 우리는 벨로키랍토르(108~109쪽) 같은 많은 작은 수각류가 꼬리와 팔에 긴 깃털이 나 있었다는 것을 안다. 깃털은 처음 진화했을 때에는 보호와 단열에 적합했을지 모르지만, 일부 깃털이 왜 그렇게 길었는지는 설명이 안 된다. 그러나 깃털은 과시용으로 딱 맞게 적응했다. 공작과 극락조 같은 많은 현생 조류들에서처럼, 아주 길면서 화려한 색깔을 띨 수도 있기 때문이다.

꽁지깃
쥐라기의 작은 수각류 에피덱십테릭스의 잘 보존된 화석은 꼬리에서 긴 띠 모양의 장식 깃털이 뻗어 있었음을 명확히 보여 준다. 실용성은 전혀 없었다. 공작 수컷의 꼬리처럼 구애할 때 썼거나, 영역 싸움을 할 때 경쟁자들끼리 과시하는 용도였을 가능성이 높다.

멋진 깃털
이 현생 북방긴꼬리딱새의 화려한 장식깃은 오로지 과시용이다. 수컷은 이 깃털을 뽐내면서 경쟁하며, 가장 멋진 깃털을 지닌 수컷이 언제나 이긴다. 경쟁의 승리자는 암컷과 짝을 짓는다. 우리는 중생대 공룡이 이런 식으로 행동했는지 추측만 할 수 있을 뿐이다. 그리고 암컷도 멋진 깃털을 지녔을 수도 있다.

가시와 주름 장식

일부 공룡은 놀라울 만치 긴 가시를 지녔고, 많은 케라톱스류는 머리뼈 뒤쪽에서 뼈로 된 거대한 주름 장식이 뻗어 있었다. 방어용이라기에는 지나치게 정교했다. 적어도 어느 정도는 짝과 경쟁자에게 인상을 심어 주기 위해서였을 가능성이 있지만, 적을 물리치는 역할도 했을지 모른다.

부풀릴 수 있는 과시 형질

일부 공룡은 대체로 부드러운 살집 있는 조직으로 이루어진 볏을 지닌 듯하다. 무타부라사우루스의 머리뼈에는 부풀릴 수 있는 화려한 색깔의 코주머니가 달린 뼈 구조가 있었을지도 모른다. 개구리의 부풀릴 수 있는 목주머니나 뺨주머니처럼, 소리를 공명시켰을 수도 있다.

사우로펠타의 가시
노도사우루스과의 가시는 원래 방어 갑옷으로 진화했지만, 사우로펠타의 유달리 큰 목 가시는 다른 기능을 지녔을 것이 확실하다. 더 깊은 인상을 심어 주기 위해서였을 것이다.

스티라코사우루스 머리뼈
이 케라톱스류는 긴 가시가 달린 커다란 목주름 장식을 지녔다. 그러나 이 뼈로 된 주름 장식은 군데군데 비어서 강도가 약했다. 이는 주름 장식이 주로 과시용이었을 가능성을 시사한다.

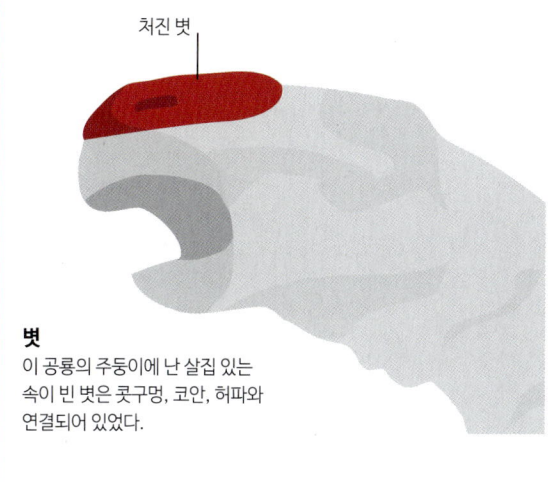

처진 볏

볏
이 공룡의 주둥이에 난 살집 있는 속이 빈 볏은 콧구멍, 코안, 허파와 연결되어 있었다.

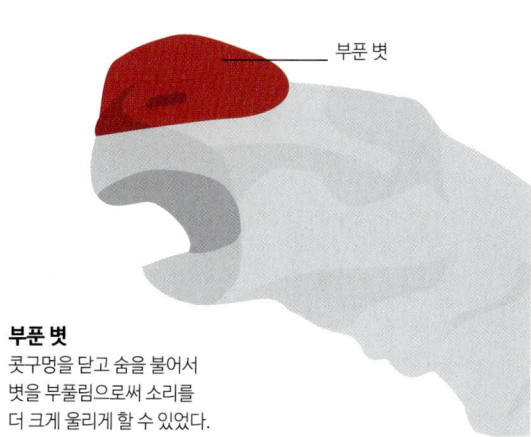

부푼 볏

부푼 볏
콧구멍을 닫고 숨을 불어서 볏을 부풀림으로써 소리를 더 크게 울리게 할 수 있었다.

알 속

몇몇 알 화석에는 부화하기 직전에 재앙으로 죽은 새끼 공룡이 들어 있다. 이런 불운한 새끼들은 뒤엉킨 작은 뼈 더미로 변했지만, 과학자들은 그들이 알 속에서 어떤 모습이었을지 밝혀내 왔다. 막 부화하려던 이 새끼 용각류처럼 말이다. 현생 파충류와 조류의 알과 비교하면서, 알에 다른 어떤 구조가 들어 있는지 단서를 얻는다.

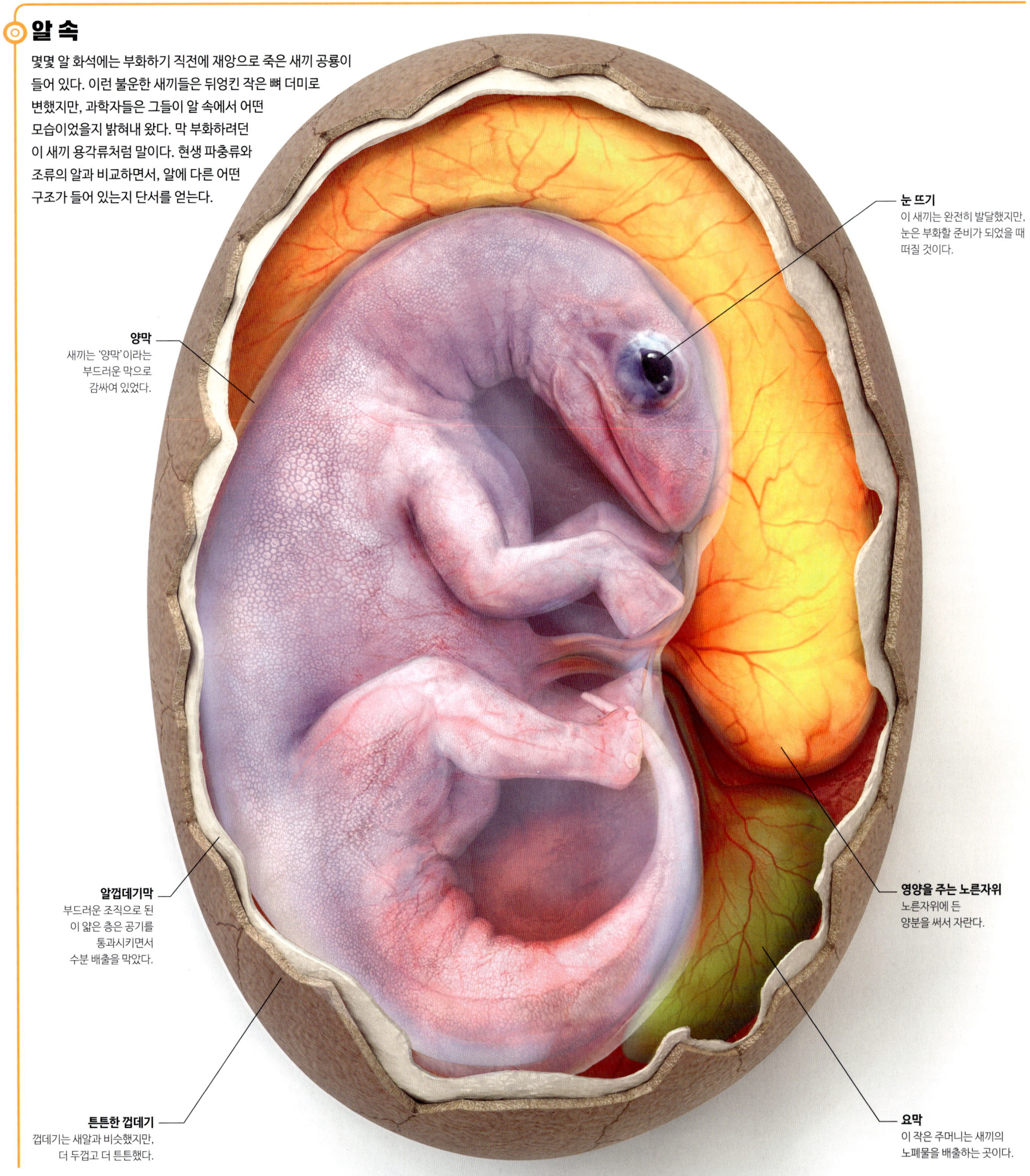

눈 뜨기
이 새끼는 완전히 발달했지만, 눈은 부화할 준비가 되었을 때 떠질 것이다.

양막
새끼는 '양막'이라는 부드러운 막으로 감싸여 있었다.

영양을 주는 노른자위
노른자위에 든 양분을 써서 자란다.

알껍데기막
부드러운 조직으로 된 이 얇은 층은 공기를 통과시키면서 수분 배출을 막았다.

튼튼한 껍데기
껍데기는 새알과 비슷했지만, 더 두껍고 더 튼튼했다.

요막
이 작은 주머니는 새끼의 노폐물을 배출하는 곳이다.

번식

모든 공룡은 알을 낳았다. 알을 여러 개 낳아서 묻거나, 조류처럼 땅에 지은 둥지에서 품었다. 일부 공룡은 알을 낳은 뒤 알아서 부화하도록 놔두고 떠났겠지만, 부화할 때까지 알을 품고 새끼에게 먹이를 먹여서 키우는 공룡도 있었다. 어느 쪽이든 간에 공룡이 낳는 알의 수가 많았다는 것은 공룡이 현생 대형 포유류보다 훨씬 빨리 번식할 수 있었다는 의미다.

마이아사우라 같은 공룡의 성체는 새끼를 몇 주 또는 몇 달 동안 돌본 듯하다.

공룡 알

공룡이 낳은 알은 현생 조류의 알처럼 단단한 석회질 알껍데기로 싸여 있다. 껍데기가 좀 울퉁불퉁한 알도 있고, 매끄러운 알도 있었고, 아마 색깔과 무늬가 있는 알도 많았을 것이다. 알은 공룡의 종류에 따라서 모양과 무늬가 아주 다양했다. 아주 긴 달걀 모양의 알도 있었고, 거의 완전히 공 모양인 알도 있었다.

오비랍토르 알
18cm

아파토사우루스 알
30cm

프로토케라톱스 알
16cm

달걀
5.7cm

놀랍도록 작은 알

공룡 알의 가장 놀라운 점은 아주 작다는 것이다. 아파토사우루스의 알처럼 가장 큰 것도 농구공만 하다. 수각류 성체에 비해 아주 작다. 새끼도 아주 작았으므로, 공룡은 성장 속도가 아주 빨랐다는 뜻이다.

공룡 둥지

가장 큰 공룡은 구멍을 파고 알을 낳은 뒤, 잎과 흙으로 덮었다. 잎이 썩으면서 내는 열로 새끼가 발달했다. 더 작은 공룡 중 상당수는 속이 빈 둔덕 같은 둥지에 알을 낳은 뒤, 닭처럼 체온으로 알을 품었다.

알 무더기

알은 한 배에 20개 이상 낳기도 했다. 키티파티(114~115쪽) 같은 더 작은 깃털 달린 공룡은 팔에 난 긴 깃털로 알을 덮어서 알을 따뜻하게 유지했다.

악어 둥지

현생 악어는 대형 공룡과 부화 방식이 같다. 썩어가는 잎이 내는 열로 알을 부화시킨다. 또 둥지를 지키는데, 중생대 악어도 그랬을 수 있다.

성장

종에 따라서는 새끼가 부화하자마자 둥지를 떠난 종류도 있고, 부모가 먹이를 먹여서 키운 새끼도 있을 것이다. 새끼는 빨리 자랐고, 자라면서 크기와 모양이 좀 변했다. 프로토케라톱스 같은 몇몇 공룡은 성장 단계를 보여 주는 화석들이 있다.

갓 부화한 새끼 — 작은 목 주름 장식

새끼 — 머리뼈 성장

미성숙 — 발달 중인 목주름 장식

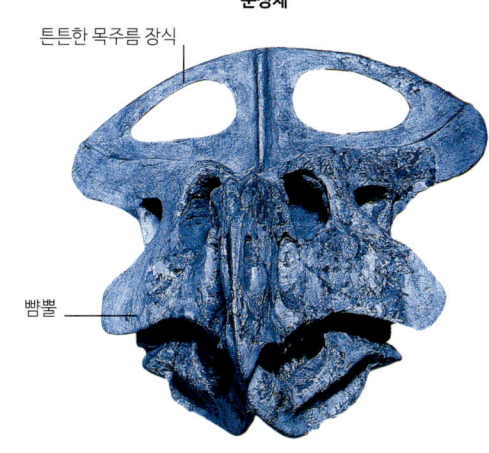

준성체 — 좁은 부리

성체 — 튼튼한 목주름 장식, 뺨뿔

대멸종

중생대는 6600만 년 전에 대량 멸종으로 끝났다. 모든 대형 공룡과 익룡, 대다수의 해양 파충류, 그밖에 많은 동물들이 사라지면서 화석에서만 찾아볼 수 있게 되었다. 그러나 도마뱀, 악어, 조류, 포유류는 살아남았다. 멸종은 아마 우주에서 거대한 소행성이 지구에 충돌하면서 일어났을 것이다. 그러나 당시 인도에서 대규모 화산 분화가 일어났고, 그 분출이 세계 기후를 혼란에 빠뜨리는 데 기여했을 수도 있다.

충돌

우리는 지금의 멕시코 유카탄반도에 거대한 소행성이 충돌함으로써 대량 멸종이 일어났다는 것을 안다. 지름이 적어도 10킬로미터인 이 소행성은 지금까지 터진 가장 강력한 핵폭탄보다 200만 배 더 강한 폭발을 일으키면서 즉시 사라져 버렸다.

혼란에 빠진 세계

6600만 년 전에 재앙을 일으킨 사건은 모든 생명체에게 극적인 영향을 미쳤다. 집단 전체가 전멸하는 심각한 타격을 입은 동물도 있었다. 소수의 생존자들만 남아서 난장판이 된 혼란스러운 세계에서 간신히 삶을 이어가야 했다.

대격변

과학자들은 멸종이 소행성 충돌로 일어났는지, 아니면 거대한 초화산에서 분출한 용암과 유독 가스로 일어났는지 아직 확실히 알지 못한다. 어느 한쪽이든 둘 모두 다 때문이든 간에, 지구 기후에 엄청난 변화가 일어났다. 그리고 급격한 기후 변화로 결국 지구 생물이 엄청난 비율로 전멸했다.

초화산
엄청난 양의 기체와 녹은 용암이 인도의 절반 이상을 뒤덮은 뒤 식어서 두께 2킬로미터의 현무암이 층층이 쌓였다. 이 암석층을 '데칸 트랩'이라고 한다.

소행성 충돌
소행성 충돌로 생긴 폭발은 지름 180킬로미터가 넘는 크레이터를 생성했다. 이 크레이터는 지금 땅속 깊이 묻혀 있다. 충돌의 잔해는 대기를 가득 채웠을 것이다.

폭발 잔해
화학 물질의 안개와 섞인 먼지는 생명이 살아가는 데 꼭 필요한 햇빛을 적어도 1년 동안 차단했을 것이다.

세계적인 삼림 화재
충돌로 뜨거운 녹은 암석이 분출하면서 전 세계에 엄청난 화재를 촉발했을 것이다.

> 멕시코에 소행성 충돌이 남긴 **크레이터는** 지구에서 가장 큰 편에 속한다. 그러나 지상에서는 **거의 보이지 않는다.**

희생자

멸종의 희생자 중 가장 유명 동물은 바로 거대한 공룡이었다. 당시에 살던 티라노사우루스와 트리케라톱스 등 가장 크고 가장 유명한 공룡들이 그랬다. 또 모든 익룡, 대다수의 해양 파충류, 많은 해양 동물도 사라졌다. 지구에 사는 동식물 종의 적어도 75퍼센트가 사라졌다.

생존자

사라진 동물들도 있었지만, 처음의 격변과 그 뒤에 이어진 식물과 먹이가 매우 부족한 험난한 세월을 어떻게든 견딘 동물도 있었다. 생존자에는 다양한 어류, 파충류, 포유류, 무척추동물뿐 아니라, 조류도 포함되었다.

상어
다른 어류들과 함께 대양에서 살아남았다. 지금의 날렵한 사냥꾼으로 진화하고 있었다.

악어류
지배파충류에 속하고, 공룡과 익룡의 가까운 친척인 크로커다일과 앨리게이터는 살아남았다.

뱀
많은 도마뱀과 뱀은 위기를 극복했고, 지금의 다양한 도마뱀과 뱀의 조상이 되었다.

곤충과 거미
작은 육상 무척추동물은 심한 피해를 입었지만, 많은 집단은 멸종에서 살아남아서 이윽고 다시 번성하기 시작했다.

개구리
민물 동물은 물 덕분에 최악의 결과를 피한 듯하며, 그래서 많은 개구리는 살아남아서 새로운 시대로 진입할 수 있었다.

거북
놀랍게도 백악기에 살던 거북 종의 80퍼센트 이상은 멸종 사건 이후에도 존재했다.

포유류
당시 생존한 모든 주요 포유류 집단은 이윽고 신생대에 번성했다.

조개류
성게 같은 많은 해양 무척추동물은 살아남았다. 그러나 암모나이트를 비롯하여 사라진 종류도 많았다.

화산 구름
가스와 먼지로 이루어진 엄청난 화산재 구름이 세계를 뒤덮었다.

산성비
화산재에 든 화학 물질은 수증기와 섞여서 치명적인 산성비를 이루었다.

폭발과 충격파
격변의 충격으로 충돌 지점 인근의 모든 생명체는 사라졌을 것이 틀림없다.

거대한 지진 해일
카리브해와 대서양 연안 전체가 거대한 지진 해일에 휩쓸렸다는 증거가 있다.

기후 위기
대규모 화산 분출이든 거대한 소행성의 충돌이든 두 사건의 조합이든 간에, 지구 기온을 떨어뜨리고 세계 생태계를 파괴하는 결과가 빚어졌다. 세계가 회복되는 데에는 수백만 년이 걸렸다.

조류-공룡 생존자

지금은 조류의 조상이 벨로키랍토르(108~109쪽) 같은 가볍고 깃털이 난 포식자들의 조상과 아주 가까웠던 수각류 공룡이라는 사실이 명확해졌다. 조류는 분명히 나름의 많은 특징을 지니고 있지만, 그런 특징들의 대부분은 아주 오래전에 진화했다. 중생대 말의 하늘에는 이미 오늘날 보는 것과 매우 흡사한 모습의 하늘을 나는 새들의 노래가 울려 퍼지고 있었다. 조류의 수수께끼는 다른 모든 공룡은 멸종했는데, 어떻게 새들은 살아남았는가이다.

진화

시조새처럼 최초의 비행 공룡은 조상이 같은 날지 못하는 수각류와 매우 흡사했다. 백악기 전기에 '에난티오르니스류'라는 집단이 진화해 있었다. 현생 조류와 비슷하지만, 몇 가지 별난 특징을 지닌 집단이었다. 최초의 진정한 조류는 9000여만 년 전, 백악기 후기에 나타났다.

벨로키랍토르
깃털을 지녔지만 날지 못하는 이 사냥꾼의 조상은 최초의 비행 공룡의 친척이었다. 그래서 모습이 비슷했다.

공룡

비행 공룡

최초의 조류의 뼈대는 날개를 지탱하는 더 긴 팔뼈를 제외하면, 날지 못하는 많은 공룡들의 뼈대와 아주 흡사했다. 양쪽 다 깃털과 매우 효율적인 허파를 지녔다. 조류는 진화할 때, 무게를 늘리지 않으면서 날개의 힘을 높이는 데 도움을 주는 변형된 형질들을 갖추었다. 이런 적응 형질들은 중생대에 나타났으며, 비둘기 같은 현생 조류도 물려받았다.

최초의 진정한 조류는 티라노사우루스 렉스 같은 많은 유명한 대형 공룡보다 훨씬 전에 진화했다.

벨로키랍토르
팔이 긴 이 마니랍토르 수각류는 최초의 비행 공룡 중 하나인 시조새와 계통이 같다. 뼈대가 동일한 기본 특징들을 지니고 있다.

- 뼈로 된 아주 긴 꼬리
- 차골
- 긴 팔
- 치켜든 엄지발톱

시조새
꼬리가 더 짧고 팔과 손이 더 길다는 것을 빼면, 이 원시적인 '시조새'의 뼈대는 벨로키랍토르의 것과 똑같았다. 엄지발톱을 치켜든 것까지 똑같다.

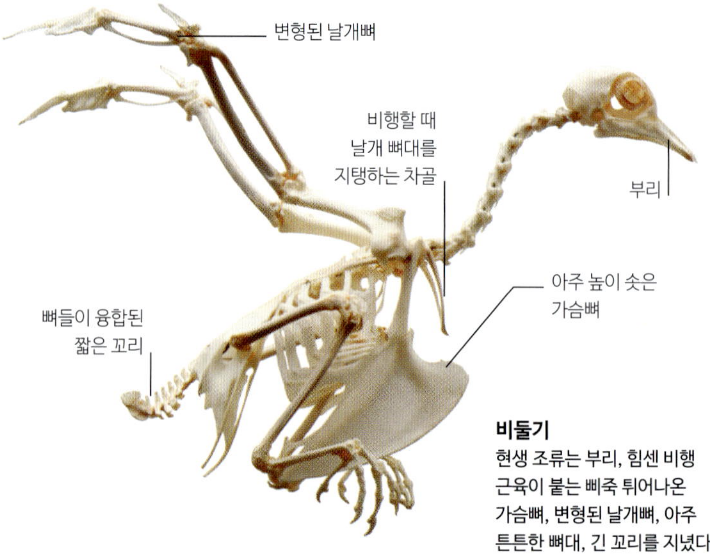

- 길고 뼈로 된 꼬리
- 이빨이 난 턱
- 차골
- 손톱 달린 날개
- 치켜든 엄지발톱

비둘기
현생 조류는 부리, 힘센 비행 근육이 붙는 삐죽 튀어나온 가슴뼈, 변형된 날개뼈, 아주 튼튼한 뼈대, 긴 꼬리를 지녔다.

- 변형된 날개뼈
- 비행할 때 날개 뼈대를 지탱하는 차골
- 부리
- 아주 높이 솟은 가슴뼈
- 뼈들이 융합된 짧은 꼬리

시조새
진정한 조류가 아니라, 원시 조류였다. 하늘을 난 최초의 공룡에 속하는 이 동물은 뼈로 된 긴 꼬리를 지녔고, 비행에 고도로 적응해 있지는 않았다.

콘푸키우소르니스
더 뒤의 원시 조류는 꼬리뼈가 더 짧고 융합되어 있었지만, 여전히 날개 손톱이 있었고, 가슴뼈가 얕아서 굵은 비행 근육이 붙어 있지 않았다.

이베로메소르니스
에난티오르니스류는 커다란 가슴뼈와 튼튼한 비행 근육을 지녔다. 그러나 일부는 아직 이빨이 있었고, 날개 발톱을 지닌 종류도 있었다.

현생 조류
조류, 즉 진정한 새는 부리에 이빨이 없는 등 고도로 진화한 특징들을 지녔다. 그러나 이런 특징들은 대부분 중생대에 생겨났다.

살아가는 방식

현생 조류가 살아 있는 공룡임이 알려져 있기에, 새의 생활을 연구하면 중생대 공룡이 어떻게 살았는지도 꽤 많이 알 수 있다. 조류는 분명히 멸종한 조상과 다르며, 사는 세계도 다르다. 그러나 몇몇 생물학적 특징은 동일하며, 행동의 몇몇 측면도 비슷하다고 드러낼 수 있다.

굶주린 사냥꾼
흰꼬리수리는 갈고리발톱을 써서 먹이를 잡고, 꽉 누른 채 부리로 찢는다. 작고 날카로운 발톱을 지닌 중생대 사냥꾼도 같은 식으로 발톱을 썼을지 모른다.

집단 번식
중생대의 많은 공룡이 큰 무리를 지어서 둥지를 틀었음을 보여 주는 화석 증거가 있다. 이 퍼핀 같은 바닷새도 마찬가지이며, 사회성도 비슷할지 모른다.

육아 활동
알에서 깨어나자마자 스스로 먹이를 찾아 먹는 공룡도 있었을 것이다. 그러나 지켜보는 어미 암탉처럼 새끼들을 지키는 공룡도 있었을 것이다.

자연적인 부활

타조 같은 몇몇 날지 못하는 현생 조류는 스트루티오미무스 같은 몇몇 공룡을 닮았지만, 해부 구조는 하늘을 나는 조상에게서 물려받은 특징들을 지닌다. 이는 진화가 완전히 한 바퀴 돌아서 중생대 후기의 빠르고 가벼운 수각류에 해당하는 현생 종이 다시 생겨났음을 의미한다.

빨리 달리는 동물
이 레아는 중생대 생존자처럼 보이지만, 사실은 성공한 동물 유형을 '재창안'하는 쪽으로 진화한 사례다.

놀라운 다양성

현재 살고 있는 새는 1만 종이 넘는다. 따라서 공룡은 멸종한 것이 아니라, 지구 곳곳에서 번성하고 있다. 앨버트로스, 독수리, 부엉이, 벌새, 펭귄 등 놀라울 만치 다양한 동물로 다양해졌다. 몇몇 가장 빠르고, 가장 아름답고, 지적이고, 음악적인 동물도 속해 있다. 이 새들은 모두 공룡이다.

화려한 깃털
공작 수컷의 현란한 깃털은 조류에게서 진화한 놀라운 적응 형질의 한 사례다. 공룡의 이야기는 끝난 것이 아니다. 지구에서 몇몇 가장 놀라운 동물들을 통해 이어지고 있다.

낱말 풀이

가뭄
오랫동안 비가 내리지 않는 시기.

가슴뼈
가슴 한가운데에 있는 뼈. 새는 가슴뼈가 아주 크다.

가시
피부나 털이 날카롭게 변한 것.

거대 초식 동물
식물을 먹는 아주 큰 포유류.

건조 지대
기후가 아주 메마른 사막 같은 곳.

계통수
생물의 진화 과정을 나무의 줄기와 가지와 같은 형태로 나타낸 것.

고생대
공룡의 시대인 중생대보다 먼저 있었던 시대. 5억 4100만 년 전에서 2억 5200만 년 전까지 이어졌다.

고생물학자
화석을 연구하는 과학자.

고제3기
신생대의 첫 번째 시기. 6600만 년 전에 시작되어 2300만 년 전까지 이어졌다. 팔레오기라고도 부른다.

골반
윗다리의 뼈가 붙어 있는 몸통 아래쪽 뼈.

골편
피부에 박혀 있는 단단한 보호판 역할을 하는 비늘로서, 아래쪽은 뼈로 되어 있고 위쪽은 케라틴 비늘로 덮여 있다.

공막고리뼈
눈구멍에서 눈알을 받치는 고리 모양의 뼈.

공명
소리의 크기와 풍부함을 증가시키는 특성.

과시
동물이 경쟁자를 위협하거나 짝에게 좋은 인상을 주기 위해서, 자신의 힘이나 건강을 자랑하는 것.

관목지
중간 크기 이하의 나무인 관목이 많이 자라는 지역.

광물
암석과 흙에 들어 있는 천연 화학 물질.

구애
짝을 꾀기 위해서 하는 행동. 멋진 깃털을 자랑하면서 춤을 추고 노래를 하면서 구애하는 동물도 있다.

기
지질 시대를 나누는 단위 중 하나. 예를 들어 쥐라기는 중생대에 속해 있다.

깃가지
깃대에서 양쪽으로 갈라져서 촘촘하게 뻗어서 깃털 모양을 만드는 부위.

꽃가루받이(수분)
한 식물의 꽃가루가 다른 식물로 옮겨지는 것. 꿀벌이 주로 하는 일이다.

꽃꿀
꽃이 곤충을 비롯한 동물을 꾀기 위해서 만드는 달콤한 액체.

노도사우루스
안킬로사우루스과에 속하며, 꼬리 끝에 무거운 곤봉이 달리지 않은 집단.

노토사우루스
트라이아스기에 산 해양 파충류.

단공류
알을 낳는 포유류. 오리너구리가 속한다.

단궁류
포유류와 그 조상들로 이루어진 척추동물 집단.

단백질
생물의 다양한 구조와 기능에 쓰이는 복잡한 물질. 아미노산이 결합되어 만들어진다.

단열
동물이 지방, 털, 깃털 등을 써서 몸에서 열이 빠져나가지 않게 막는 것.

대
지질 시대를 나눈 기간. 생명의 역사가 어떻게 펼쳐졌는지를 알려 준다. 고생대, 중생대 등이 있다.

대량 멸종
많은 생물이 자손을 남기지 못하고 한꺼번에 사라지는 것.

대륙
해저의 암석과 다른 암석으로 이루어진 커다란 땅덩어리.

대비류
머리뼈에 아주 큰 콧구멍이 나 있는 용각류 집단.

데본기
고생대에서 4억 1900만 년 전부터 3억 5800만 년 전까지 이어진 시기.

데이노니코사우루스
데이노니쿠스와 벨로키랍토르의 가까운 친척인 깃털 달린 수각류. 백악기에 살았고, 몸집은 작거나 중간 정도였다.

돌발 홍수
폭우가 내린 뒤에 갑자기 빠르게 물이 불어나는 것. 세차게 휩쓸면서 흐를 수도 있다.

동정
이미 밝혀진 생물 분류와 비교하여 어떤 위치에 있는지 결정하는 일.

동족 포식
자기 종의 개체를 잡아먹는 동물.

두 발 동물
두 발로 서서 돌아다니는 동물.

두 발 보행
두 발로 걷는 것.

드로마이오사우루스과
먹이를 잡아 죽이는 '살해 발톱'이 나 있는 발과 굽은 손톱이 난 긴 팔을 지닌 수각류. 벨로키랍토르가 여기에 속한다.

디키노돈트
엄니 같은 이빨이 두 개 난 멸종한 척추동물 집단으로서, 포유류의 조상과 가까운 친척.

라우이수쿠스
악어류의 친척인 지배파충류 집단. 트라이아스기 말에 멸종했다.

마니랍토라
이름은 '손으로 움켜쥐는 자'라는 뜻이다. 발톱 달린 튼튼한 팔을 지닌 수각류로서, 조류의 조상이다.

마주 보는 엄지
사람의 엄지처럼 다른 손가락들과 맞대어서 무언가를 움켜쥐는 데 쓸 수 있는 엄지.

막
피부처럼 얇고 유연하며, 때로 탄성도 지니고 있는 얇은 조직.

머리뼈(두개골)
머리의 위쪽을 덮은 뼈.

먹이
다른 동물에게 먹히는 동물.

멸종
완전히 죽어 사라짐. 멸종한 종은 영원히 사라져서 더 이상 살고 있지 않다.

무척추동물
척추(등뼈)가 없는 동물.

미성숙
아직 성체가 안 되어서 번식을 할 수 없는 상태.

미화석
현미경을 써야 보이는 아주 작은 화석. 미생물의 화석이거나 큰 동물의 작은 조각일 수 있다.

발굴
과학적 방법을 써서 화석처럼 지층에 묻힌 것을 파내는 작업.

백악기
공룡의 시대인 중생대의 세 번째 시기로서, 1억 4500만 년 전에 시작되어 6600만 년 전까지 이어졌다.

번식
암수가 짝짓기를 하여 알이나 새끼를 낳는 일.

범람원
계절에 따라 강물이 불어나 물에 잠길 때 부드러운 퇴적물이 쌓이곤 하는 강어귀의 넓은 지역.

벨렘나이트
주로 총알 모양을 한 멸종한 연체동물 화석. 안쪽에 튼튼하게 받치는 구조가 있다.

복혼제
짝을 두 마리 이상 지니는 것.

분석
동물의 배설물이 화석이 된 것. 동물이 어떤 먹이를 먹었는지 알려 주기도 한다.

뼈층
뼈 화석이 많이 쌓여 있는 지층.

뼈판
피부 안에 들어 있는 뼈로 된 작은 판으로서, 방어용 갑옷을 만들곤 한다.

사기질(법랑질)
이빨이 닳지 않게 하는 단단한 물질.

사암
모래알이 엉겨 굳어서 된 암석.

사지류
네발로 걷는 동물.

사지류
팔다리가 네 개이거나, 네 개인 조상으로부터 진화한 모든 척추동물. 어류를 제외한 모든 척추동물은 사지류다.

생태계
한 지역에서 서로 관련을 맺으면서 살아가는 생물들과 그 생물들이 살아가는 공간을 함께 가리키는 말.

석송
비늘 같은 잎이 나고 씨 대신에 홀씨로 번식하는 원시적인 식물.

석탄기
고생대에서 3억 5900만 년 전부터 2억 9800만 년 전까지 이어진 시기.

석호
입구가 막혀서 바다와 분리된 호수.

석회암
탄산칼슘으로 이루어져 있는 암석으로서, 해양 미생물들의 뼈대가 쌓여서 생기곤 한다.

선캄브리아대
고생대 이전의 아주 긴 지질 시대.

섭식
동물이 영양을 얻기 위해 먹이를 먹는 과정.

성숙
번식할 만큼 자란 상태.

세
지질 시대에서 기를 더 나눈 기간. 쥐라기는 몇 개의 세로 이루어진다.

세포
생물의 가장 작은 단위. 동물과 식물은 많은 세포로 이루어져 있지만, 세균 같은 미생물은 하나의 세포로 이루어져 있다.

센털
굵고 탄력이 있는 털.

소철
커다란 구과 안에 씨를 맺으며, 나무고사리나 야자나무처럼 잎이 왕관처럼 자라는 열대 식물.

소행성
태양 궤도를 도는 커다란 암석 덩어리. 별똥별보다는 크지만 행성보다는 작다.

소화
동물의 몸이 흡수할 수 있도록 먹이를 더 단순한 물질로 분해하는 과정.

소화계
동물의 위장과 창자.

송곳니
개 같은 포유동물이 고기를 먹는 데 쓰는 길고 뾰족한 이빨. 일부 공룡도 지니고 있었다.

쇠뜨기
씨 대신에 홀씨로 번식을 하고 줄기에서 원형이나 나선형으로 실 같은 잎들이 나는 원시적인 식물.

수각류
용반류의 일종으로서, 거의 다 육식성이다.

수생
물에 사는 것.

스노클
물 위로 내민 관으로 공기를 빨아들여서 호흡하는 장비.

스테고사우루스
등에 커다란 판과 가시가 나 있는 갑옷 공룡 집단.

시각엽
뇌에서 시각 자료를 처리하는 영역.

식생
어느 장소에 모여 자라는 식물들 전체.

신생대
새로운 동물이 출현한 시대라는 뜻으로, 6600만 년 전 공룡이 사라진 뒤부터 지금까지 이어지는 시기.

신제3기
신생대의 두 번째 시대로서, 2300년 전부터 200만 년 전까지 이어졌다. 네오기라고도 부른다.

실루리아기
4억 4300만 년 전부터 4억 1900만 년 전까지 이어진 고생대의 한 시기.

아즈다르코과
후기 백악기의 거대한 익룡류.

악어류
크로커다일과 앨리게이터 등 지금의 악어들과 그 조상들.

안킬로사우루스
조반류 공룡의 주요 집단 중 하나로서, 온몸이 뼈 갑옷으로 덮여 있었다.

안킬로사우루스과
방어하기 위해 꼬리에 뼈로 된 곤봉이 달린 안킬로사우루스류.

암모나이트
둘둘 말린 껍데기와 문어의 팔 같은 촉수를 지닌 해양 연체동물. 중생대에 흔했다.

앞니
입 앞쪽에 나 있으며, 먹이를 잡아 뜯거나 무는 데 쓰이는 끌 모양의 이빨.

양서류
대개 유생 단계에서는 올챙이 형태로 물속에서 살다가 성체가 되면 개구리처럼 공기 호흡을 하면서 어느 정도는 육상에서 생활을 하는 척추동물.

양안시
두 눈으로 사물을 입체적으로 보는 것.

양치류
축축한 곳에 자라는 긴 줄기를 지닌 잎이 달리며, 씨 대신에 홀씨로 번식하는 식물.

어금니
턱 뒤쪽에 난 이빨로서 씹는 일을 한다.

열대
적도와 그 주변의 일 년 내내 기후가 더운 곳.

영양가
먹이에 영양소가 얼마나 들어 있는지 가리키는 값.

영양소
생물이 조직을 만드는 데 필요한 물질.

영토
동물의 서식지 중 일부로서, 대개 자기 종에 속한 경쟁자들을 들어오지 못하게 막는 공간.

오르니토미모사우루스
타조를 닮은 수각류 공룡.

오르도비스기
고생대에서 4억 8500만 년 전부터 4억 4300만 년 전까지 이어진 시기.

202 낱말 풀이

오비랍토르과
부리와 깃털 달린 팔을 지닌 수각류 집단. 오비랍토르가 속해 있다.

용각류
원시용각류에서 진화한 목이 긴 초식 공룡 집단 중 하나.

용각형류
목이 긴 초식성 용반류 공룡 집단.

용반류
공룡의 두 주요 집단 중 하나.

용암
화산이 분출할 때 나오는 액체 상태로 녹아서 흐르는 암석.

우점종
특정한 지역에 형성된 생물 집단에서 다른 종들보다 더 많은 비율을 차지하는 종.

원시용각류
용각류보다 앞서 트라이아스기에 살았던 목이 긴 초기 초식 공룡 집단.

위석(위돌)
타조 같은 동물이 삼켜서 위장에 들어가 있는 돌. 음식물을 잘게 부수는 일을 돕는다.

위장
눈에 잘 띄지 않는 색깔과 무늬로 몸을 숨기는 것.

유대류
아주 어린 새끼를 낳아서 배에 달린 주머니 안에서 기르는 캥거루 같은 포유류 집단.

육식
동물 고기를 먹는 동물.

은행나무
삼각형 모양의 잎이 달리는 겉씨식물.

이끼
축축한 곳에 방석처럼 모여 자라며 꽃이 피지 않는 식물.

이크티오사우루스
중생대 전기에 아주 흔했던 돌고래처럼 생긴 해양 파충류 집단.

이형치
무는 이빨과 씹는 이빨 등 서로 기능이 다른 몇 종류의 이빨이 함께 나 있는 치아 형태.

인대
뼈들을 서로 연결하는 밧줄 같은 튼튼하면서 조금 탄력이 있는 조직.

자연사학자
자연 세계를 연구하는 사람.

작은어금니
포유류의 어금니 앞쪽에 있는 씹는 이빨.

잡식 동물
다양한 동식물을 다 먹는 동물. 하지만 대개 몇몇 종류만 골라 먹는다.

장(창자)
동물 소화계의 중심을 이루는 구불구불한 긴 관 모양으로 연결된 기관.

장순류
스테고사우루스와 갑옷을 입은 안킬로사우루스를 포함한 공룡 집단.

적도
지구의 남극과 북극에서 똑같은 거리만큼 떨어져 있는 가상의 선.

제4기
신생대의 세 번째 시기. 200만 년 전부터 현재까지 이어지고 있다.

조각류
주로 뒷다리로 걸었고 갑옷을 입지 않은 초식 공룡 집단.

조반류
공룡의 두 주요 집단 중 하나.

종
서로 번식을 할 수 있는 비슷한 생물들로 이루어진 집단.

주둥이
코 부위가 길게 튀어나온 것.

주식두류
뿔 달린 케라톱스와 뼈 머리를 지닌 파키케팔로사우루스를 포함한 공룡 집단.

준화석
정상적인 분화 과정을 겪지 않아서 보존되었지만, 아직 완전히 화석이 되지 않은 생물의 잔해.

중생대
공룡의 시대라고도 하며, 2억 5200만 년 전에서 6600만 년 전까지 이어졌다.

쥐라기
중생대를 이루는 세 시기 중 두 번째 시기. 2억 100만 년 전부터 1억 4500만 년 전까지 이어졌다.

지각
감각 기관을 써서 사물과 사건을 감지하는 것.

지느러미발
헤엄치는 데 알맞게 넓적한 노처럼 변한 팔다리.

지배파충류
공룡, 조류, 익룡, 악어를 포함하는 동물 집단.

지진 해일
해저 화산 분출, 화산섬 분화, 소행성 충돌 같은 대규모 사건이 일어날 때 생기는 엄청난 규모의 파도.

지질학
암석을 연구하는 과학.

지질학자
암석을 연구하는 과학자.

진화
생물이 시간이 흐르면서 변하는 과정.

차골
새의 날개를 움직이는 근육이 붙는 Y자 모양의 가슴뼈. 하늘을 나는 새는 날개를 움직이는 근육이 커야 하므로 이 뼈가 튀어나와 있다. 닭가슴살이 붙는 뼈다.

척삭
몇몇 척추동물의 등뼈의 일부 또는 전부를 이루는 빳빳하면서 유연한 막대.

척추
공룡, 새, 포유류 같은 동물의 등뼈를 이루는 뼈.

척추동물
몸속에 등뼈를 비롯한 뼈대가 들어 있는 동물.

청소동물
죽은 동물이나 그 잔해를 먹고 사는 동물.

체색
몸 표면에 나타나는 빛깔.

초대륙
여러 대륙이 합쳐져서 생긴 거대한 땅덩어리.

초식 동물
나뭇잎이나 풀을 먹는 동물.

초원
풀로 뒤덮여 있는 넓은 지역. 군데군데 나무와 덤불이 자라기도 한다.

초화산
용암, 화산재, 가스를 엄청나게 많이 뿜어내는 거대한 화산. 지구 기후에 큰 충격을 미침으로써 재앙을 일으키곤 한다.

총기어류
가느다란 뼈가 부챗살처럼 펴져 얇은 지느러미가 아니라, 살집 있는 통통한 지느러미를 지닌 어류.

층서학
암석층들의 순서를 토대로 암석이나 화석의 연대를 밝혀내는 과학.

침엽수
소나무와 전나무처럼 비늘 조각으로 덮인 솔방울에 씨가 들어 있는 식물.

카르노사우루스
쥐라기에 출현한 크고 힘센 육식성 수각류의 한 종류.

캄브리아기
고생대에서 5억 4100만 년 전부터 4억 8500만 년 전까지 이어진 시기.

케라톱스
뿔공룡의 한 종류. 대개 얼굴에 뿔이 나 있고, 뼈로 된 주름이 펼쳐져서 목을 덮고 있다.

케라틴
털, 깃털, 비늘, 발톱, 뿔을 만드는 단단한 구조 단백질.

키노돈트
포유류의 직계 조상인 멸종한 척추동물.

태반류
자궁에서 긴 시간 동안 새끼를 키운 뒤에 낳는 포유류 집단.

퇴적물
층층이 쌓이는 모래, 진흙 같은 알갱이들.

퇴적암
퇴적물이 굳어서 생긴 암석.

트라이아스기
중생대의 첫 지질 시대로서, 2억 5200만 년 전부터 2억 100만 년 전까지 이어졌다.

트로오돈과
트로오돈과 그 친척들로 이루어진 작고 날랜 수각류 집단.

티라노사우루스류
티라노사우루스와 그 친척들로 이루어진 집단.

티타노사우루스류
백악기에 진화한 용각류 집단 중 하나.

파충류
거북, 도마뱀, 악어, 뱀, 익룡, 공룡으로 이루어진 동물 집단.

파키케팔로사우루스
머리뼈가 아주 두꺼운 조반류 공룡.

페름기
고생대에서 2억 9800만 년 전부터 2억 5200만 년 전까지 이어진 시기.

포식자
다른 동물을 잡아먹는 동물.

포유류
어미가 새끼에게 젖을 먹이는 정온 동물로서, 대개 몸이 털로 덮여 있다.

프테로사우루스
중생대에 살았던 비행하는 파충류 중 하나. 날개는 하나의 긴 손가락에 피부가 덧씌워진 것이다.

플라이스토세
260만 년 전부터 1만 2000년 전까지 이어진 신생대의 한 시기. 빙하기가 되풀이되곤 했다.

플레시오사우루스
네 개의 긴 지느러미발을 지닌 해양 파충류. 목이 아주 긴 종이 많았다.

플리오사우루스
플레시오사우루스의 한 종류로서, 목이 더 짧고 머리와 턱이 더 큰 포식자였다.

피토사우루스
악어류를 닮은 멸종한 파충류 집단. 트라이아스기 말까지 살았다.

하드로사우루스
오리와 비슷한 부리에 씹는 이빨이 가득 나 있는 조반류의 한 종류.

해부 구조
동물의 신체 구조.

해양 파충류
바다에 사는 파충류. 플레시오사우루스, 이크티오사우루스 등 백악기 말에 멸종한 집단들을 가리키기도 한다.

현생
현재 살아 있는 것.

호박
나무에서 스며 나온 끈적거리는 나무진이 수백만 년에 걸쳐서 굳은 것.

혹
동물의 피부에 둥글게 솟아오른 부위. 피부가 변한 것도 있고 뼈로 된 것도 있다.

화석
정상적인 분해 과정을 겪지 않고 남아 있다가 돌로 변한 생물의 잔해나 흔적.

화석지
지질 시대에 살았던 동식물의 유해나 활동 흔적이 남아 있는 곳.

화석화
죽은 생물이 화석으로 변하는 과정.

환경
생물이 살아가는 주변 공간.

활공
상승 기류를 타고서 맴돌거나 멀리 날아가는 것.

힘줄
근육을 뼈에 붙이는 일을 하는 튼튼하면서 약간 탄성이 있는 밧줄 같은 조직.

찾아보기

굵은 글씨로 표시된 페이지는
그 동물이 중요 종으로 설명된
페이지를 나타냅니다.

ㄱ

가스토니아 15
가스토르니스 145, **148~149**
가시 15, 61, 64, 66, 71, 99, 124, 135, 138, 191, 192, 193
가족 집단 39, 52
각룡류 14~15, 92~93, 138~139, 185, 187, 189, 193
갈리미무스 187
감각 44, 45, 57, 107, 123, 125, 131, 146, 160, 186~187
갑옷 공룡 29, 48~49, 70, 98~99, 124~125, 129, 190~191
강 63, 118, 119, 174, 189
개구리 197
거대 초식 동물 9, 152, 201
거미 9, 16, 21, 43, 44, 81, 170, 197
거북 10, 21, 131, 161, 197
견과 섭식자 149
고생대 9, 200
고생물학자 27, 83, **172~173**, 179
고스트랜치 38, 39, 174
고제3기 8~9, 174
곤드와나 42, 80
곤충 9, 16, 21, 38, 43, 44, 58, 77, 81, 84, 86, 123, 134, 145, 150, 151, 197
곤충 섭식자 10, 16, 31, 38, 44, 47, 58, 77, 84, 86, 123, 150, 151
골반 12, 14
골편 29, 49, 129, 203
공기주머니 54, 74, 153, 182
공룡 연표 16
공룡 공원 (캐나다) 174, 189
공막고리뼈 52, 89, 200
과시(행동) 50, 70, 91, 93, 94, 95, 98, 99, 102, 106, 109, 138, 193, 200
관목지 47, 80, 109, 120~121, 123

관절 11, 12, 104, 122
구안롱 55
국립 공룡 화석 유적지 (미국) 174
굴 38, 45, 47, 93, 123, 190
굴파기 88, 93, 123
귀 186
근육 12, 28, 34, 51, 57, 63, 69, 77, 85, 93, 97, 107, 126, 137, 140, 146, 147, 149, 157, 158, 160, 164, 181, 182, 199
기라파티탄 15, **74~75**, 175
기후 16, 20, 42, 50, 51, 80, 144, 196~197
깃털 8, 12, 39, 58, 59, 76, 77, 84, 85, 90, 91, 96, 108, 109, 112, 115, 116, 121, 141, 148, 175, 177, 181, 183, 193
꼬리 9, 12, 15, 27, 29, 33, 35, 36, 39, 47, 49, 50, 53, 61, 62, 64, 65, 66, 69, 71, 73, 83, 85, 89, 93, 95, 98, 109, 115, 116, 119, 124, 126, 129, 132, 141, 150, 152, 155, 162, 165, 166, 182, 191, 198
꽃식물 8, 81, 95, 145

ㄴ

나무 9, 17, 36, 43, 67, 70, 74, 77, 80, 145, 162
나무늘보 157, 162~163
나비 43, 81, 145
날개 34, 35, 58, 59, 62, 63, 68, 76, 77, 90, 91, 96, 97, 106, 107, 109, 137, 150, 151, 198~199
날개 발톱 68, 77, 90, 107, 137, 199
남극 대륙 50, 174
남아메리카 20, 26, 27, 42, 80, 97, 104, 105, 129, 144, 146, 162, 163, 174
남아프리카 47
네덜란드 131
네메그토사우루스 128

네멕트바타르 10, 81, **122~123**
노도사우루스과 49, 98, 190, 193, 200
노토사우루스 21, **22~23**, 200
뇌 13, 45, 64, 66, 70, 106, 125, 134~135, 153, 186~187, 190
뇌석 172
눈 13, 26, 32, 46, 49, 51, 72, 82, 89, 113, 114, 117, 128, 187, 194
눈꺼풀 125, 191
닉토사우루스 107

ㄷ

다구치류 122, 123
다르위니우스 **154~155**, 174
다리 12, 23, 27, 70, 71, 73, 74, 83, 85, 86, 93, 95, 98, 113, 115, 116, 119, 125, 129, 135, 140, 148, 158, 164, 165, 182
다윈, 찰스 155, 163
다코사우루스 43
단궁류 25, 203
단열 84, 183, 193, 201
달의 계곡 27, 174
대륙 16, 20~21, 42, 43, 80~81, 144~145, 200
대양 9, 20, 21, 23, 35, 42, 43, 53, 57, 69, 80, 81, 107, 131, 107, 131, 144, 160~161, 172, 174
데본기 8
데이노니쿠스 77, 188
데이노수쿠스 **118~119**
데이노테리움 152
도마뱀 10, 16, 21, 26, 38, 146, 196
독일 32, 33, 62, 65, 68, 76, 155, 175
동족 포식 39, 73, 200
돛 103, 180, 192
돼지 158
둥지 23, 93, 109, 115, 121, 128, 174, 177, 183, 189, 195, 199
드로마이오사우루스 108~109, 200

드로잉 178, 179
드리오사우루스 191
등뼈 10~11, 56~57, 76, 87, 103, 104, 126, 147, 182, 192
디메트로돈 9
디키노돈트 24, 25, 28, 200
디플로도쿠스 11, 15, **66~67**, 72, 176, 183, 184, 185, 191
디피돈토사우루스 21
딜로포사우루스 51, 55
딱정벌레 145

ㄹ

라브리아 타르 구덩이 165
라우이수쿠스류 28, 29, 202
람포린쿠스 13, **62~63**, 174
랴오닝 175, 177
레에엘리나사우라 187
레페노마무스 **86~87**
로라시아 42, 43, 80
로렌치니 기관 160
로봇 57, 147
롤포스테우스 10
리벨룰리움 16, 43
리오플레우로돈 13, **56~57**, 111

ㅁ

마니랍토라 114, 198, 201
마시, 오스니얼 70, 173
마이아사우라 189, 195
마푸사우루스 190
맨틀, 기디언 82, 83, 173
머리 박치기 135
머리뼈 15, 28, 38, 39, 50, 54, 56, 57, 64, 66, 70, 74, 82, 93, 105, 112, 119, 125, 127, 128, 130, 134, 135, 137, 139, 145, 149, 153, 154, 159, 165, 184, 186, 193
메가네우라 9
메가조스트로돈 31, **44~45**

메가테리움 157, **162~163**
메갈로사우루스 부클란디이 173
메뚜기 145
메셀피트 174
멕시코 196
멜라닌 소체 59
며느리발톱 148
멸종 8, 16, 17, 20, 200
모놀로포사우루스 **54~55**
모사사우루스 **130~131**
모사사우루스류 13, 131, 178
목 14, 32, 38, 50, 57, 64, 67, 74, 75, 94, 97, 102, 106, 110, 112, 116, 149, 164, 190
몽골 109, 115, 123, 158, 175
무리 25, 33, 37, 95, 99, 166, 188, 189
무척추동물 9, 10, 16, 21, 43, 81, 145, 197, 200
무타부라사우루스 **94~95**, 175, 193
물에 사는 공룡 11, 12, 25, 29, 54, 67, 83, 93, 94, 100~103, 105, 125, 132, 135, 139, 160, 161, 183
미국 25, 29, 38, 39, 70, 72, 73, 138, 148, 149, 151, 165, 171, 173, 174, 176, 180, 189
미생물 181

ㅂ

바라파사우루스 43
바리오닉스 184
박물관 59, 65, 91, 158, 173, 176, 178
박쥐 150~151
반향정위 150, 151
발 13, 75, 76, 105, 129, 182
발가락 13, 24, 26, 32, 36, 39, 45, 49, 59, 69, 71, 73, 85, 88, 90, 93, 95, 102, 109, 123, 124, 133, 141, 146, 198
발굴 171, 178~179, 200

발굽 133, 158
발바닥 패드 13, 71, 166
발자국 37, 69, 176, 149, 171, 188, 189
발톱 13, 22, 26, 32, 33, 39, 45, 47, 49, 55, 58, 59, 67, 68, 72, 76, 77, 82, 85, 88, 90, 95, 102, 107, 108, 109, 112, 113, 114, 116, 117, 123, 124, 137, 139, 141, 148, 162, 184, 198, 199
방사성 연대 측정 180
방어 15, 33, 37, 49, 61, 99, 113, 116, **190~191**, 192
방어피음 93
방패비늘 160
배아 177, 194
백악기 8, 16~17, 78~141, 144, 170, 171, 174, 175, 187, **196~197**, 198, 200
뱀 10, 146~147, 197
뱀돌 172
버클랜드, 윌리엄 173
번식 188~189, 192~193, **194~195**, 200
벌 43, 81
벨기에 82
벨렘나이트 43, 172, 200
벨로키랍토르 8, 77, **108~109**, 123, 175, 183, 184, 187, 193, 198
볏 8, 37, 50, 51, 54, 55, 58, 66, 68, 94, 95, 102, 106, 107, 115, 126, 127, 137, 180, 186, 192, 193
보행렬 37, 171, 183, 188, 189
복원 64, 178~179
복제물 178, 179
부리 13, 14, 24, 46, 48, 64, 68, 70, 82, 89, 90, 92, 99, 106, 112, 114~115, 117, 125, 126, 133, 135, 137, 139, 148~149, 178, 185, 198~199
북아메리카 17, 20, 25, 29, 38, 39, 42, 70, 72, 73, 80, 99, 112, 118, 124, 132, 133, 136, 138, 141, 144, 148, 149, 151, 153, 165, 166, 171, 173, 174, 176, 180, 189
분석 141, 173, 176, 200
불 196
브라키오사우루스 74
비늘 10, 12, 23, 39, 55, 66, 93, 110, 126, 134, 138, 148, 177
빙하기 9, 144, 166, 171
뼈 10~11, 12, 26, 35, 36, 38, 47, 54, 56~57, 65, 67, 71, 73, 74, 76, 85, 87, 103, 104, 125, 126, 132, 147, 151, 153, 167, 170, 173, 176, 181, 182, 186, 192, 198
뼈 전쟁 173
뼈대 11, 12, 25, 32, 38, 39, 47, 65, 66, 76, 82, 106, 112, 151, 155, 170, 171, 179, 182, 198
뼈머리 공룡
뼈못 98, 125, 129, 191
뼈층 38, 188, 189, 200
뼈판 64, 201
뿔 72, 92, 138, 139, 153, 178, 180, 190, 192, 195

ㅅ

사냥 38, 39, 44, 46, 52, 61, 108, 118, 151, 160, 166, 188
사막 20, 27, 39, 42, 80, 109, 115, 120~121, 123, 174, 175
사우로펠타 **98~99**, 188, 190, 193
사우로포세이돈 74
사지류 10, 11, 201
사헬란트로푸스 145
산림 지대 29, 45, 60~61, 73, 77, 87, 89, 93, 137, 163, 165
산성비 197
살타사우루스 **128~129**, 174
삼엽충 9
상어 10, 16, 81, 160~161, 170, 171, 197
생태계 16
서식지 9, 11, 16, 17, 20, 21, 23, 25, 27, 29, 30~31, 33, 35, 39, 42, 43, 45, 47, 50, 51, 55, 57, 60~61, 63, 65, 69, 71, 73, 80, 81, 83, 84, 85, 87, 89, 91, 93, 95, 96, 99, 100~101, 103, 105, 107, 109, 115, 117, 118, 119, 120~121, 123, 125, 127, 129, 131, 133, 135, 137, 141, 144, 145, 146, 149, 153, 155, 156~157, 159, 160~161, 163, 165, 166, 171, 174, 175, 180, 186, 189, 191, 196
석고 178, 179
석송류 17, 201
석기 9
선캄브리아대 8, 201
섬 42, 43, 77, 107
세레노, 폴 27
소철류 43, 82, 95, 201
소행성 17, 196, 201
소화 13, 33, 37, 64, 67, 93, 111, 116, 124, 126, 133, 147, 152, 182, 201
속도 12, 56, 88, 112, 136, 140, 141, 158, 176, 183, 190
손 33, 35, 38, 47, 51, 72, 77, 82, 94, 102, 108, 114, 116, 132, 155
손가락 26, 33, 35, 38, 45, 47, 51, 55, 58, 82, 89, 94, 102, 112, 140
쇠뜨기 17, 21, 82, 201
수각류 8, 14, 15, 26, 27, 37, 38~39, 43, 50~51, 54~55, 58~59, 72, 73, 76~77, 84~85, 90, 102~103, 112~117, 128, 140~141, 176, 177, 182, 184, 187, 189, 192, 198, 201
수렴 진화 29
수염 87
숲 9, 16, 17, 21, 30~31, 33, 35, 42, 43, 50, 51, 55, 65, 71, 80, 81, 83, 84, 85, 91, 95, 99, 100~101, 105, 117, 125, 127, 129, 135, 141, 144, 145, 146, 149, 153, 155, 156~157, 174, 175, 180, 186, 191, 196
스미스, 윌리엄 173
스밀로돈 157, **164~165**
스캐닝 181, 186
스켈리도사우루스 **48~49**
스쿠텔로사우루스 49
스테고사우루스 61, 64, 65, **70~71**, 72, 73, 175, 191
스테고사우루스과 14, 15, 43, 49, 175, 185, 203
스테놉테리기우스 **52~53**
스트루티오미무스 **112~113**, 199
스티라코사우루스 185, 193
스피노사우루스 **102~103**, 175, 180, 183
스피노아이쿠알리스 10
습지 11, 33, 103, 119, 133, 141, 146, 171, 174
시노르니토사우루스 177
시노사우롭테릭스 **84~85**, 175
시베리아 166
시조새 61, **76~77**, 174, 198~199
식물 8, 9, 17, 20, 21, 36, 42, 43, 67, 70, 74, 77, 81, 82, 95, 145, 162, 170, 180, 185, 197
신생대 8~9, 16~17, 143~167, 170~171, 201
신제3기 9
신체 기관 12~13
실루리아기 9, 201
심장 182, 183
씨 섭식자 92~93, 122~123

ㅇ

아가미 160
아르젠티노사우루스 11, **104~105**, 181
아르헨티나 26, 27, 174
아벨리사우루스 128
아시아 22, 37, 51, 54~55, 58, 77, 80, 84, 90, 109, 123, 144~145, 152~153, 158, 166, 177
아실리사우루스 14
아우카 마우에보 174
아즈다르코과 136, 201
아칸토스테가 11
아크로칸토사우루스 98
아파토사우루스 195
아프리카 9, 21, 47, 64, 74, 80~81, 145, 166, 174~175
악마의 발톱 172
악어류 10, 12, 16, 21, 28, 43, 118~119, 195, 196, 201
안드레우사르쿠스 **158~159**
안키오르니스 **58~59**
안킬로사우루스 14~15, 49, 64, 98, 124, 98~99, 124~125, 191, 201
안킬로사우루스과 49, 201
알 23, 45, 85, 106, 109, 114, 115, 121, 123, 128, 129, 149, 174, 177, 194~195
알로사우루스 17, 61, 71, 72~73, 174, 176, 184, 187
알베르토넥테스 56, **110~111**
알베르토사우루스 124
알사사우루스 81
암모나이트 43, 81, 130, 172, 197, 201
암석층 180
압력 감지기 102
애닝, 메리 172
앤드루스, 로이 채프먼 158
야행성 동물 44, 46, 89, 108, 121, 123, 151
양서류 8~9, 10, 16, 197, 201
양치류 21, 43, 70, 81, 95, 145, 180, 201
어류 8, 9, 10, 11, 23, 34, 53, 62, 90
어류 섭식자 22~23, 35, 52~53, 63, 90, 102~103, 106, 130~131, 146
엄니 24, 153, 167

엄지 가시 83
엉덩이 12, 14, 106, 126, 129, 181, 191
에난티오르니테스 198, 199
에드몬토사우루스 **132~133**, 141, 177, 185
에오랍토르 14, **26~27**
에오시미아스 150
에우디모르포돈 9, 16, **34~35**
에우스테놉테론 11
에우오플로케팔루스 **124~125**, 141, 174, 182~183, 190, 191
엑스선 181
엘라스모사우루스 11, 111, 173
여과 섭식자 96~97
열 조절 115, 183, 195
영국 83, 88, 172
영장류 150, 155
오르니토미모사우루스류 113, 201
오르도비스기 9, 201
오비랍토르 115, 177, 195
오비랍토르과 114, 115, 202
오스트레일리아 81, 94, 144, 175, 187
오우라노사우루스 192
오웬, 리처드 173
오토두스 메갈로돈 **160~161**, 170
용 172
용각류 15, 17, 26, 36~37, 43, 67, 72, 74, 104~105, 128~129, 175, 177, 183, 185, 187, 190, 194, 195, 202
용각형류 14, 15, 202
용반류 14, 26, 84
우인타테리움 9, **152~153**
위석(위돌) 93, 111, 202
위장 13, 39, 62, 86, 90, 93, 95, 116, 124, 163, 166
유대류 123, 145, 202
유럽 21, 22, 32, 33, 35, 43, 65, 68, 76, 82, 131, 145, 148, 151, 155,
166, 172, 174, 175
유카탄반도 196
육식 동물 8, 12~13, 15, 17, 26, 28, 38, 43, 45, 50~51, 54~55, 58~59, 61, 72~73, 76~77, 90~91, 108~109, 140~141, 157, 159, 164~165, 170, 171, 187, 189, 190
은행나무류 21, 43, 81, 202
의사소통 54, 94, 101, 126, 127, 186, 193
이구아노돈 **82~83**, 89, 173, 176, 185
이끼류 21
이동 12, 13, 22, 25, 27, 33, 36, 38, 45, 46, 52, 53, 55, 56, 59, 63, 69, 73, 82, 85, 88, 89, 93, 112, 113, 107, 126, 132, 137, 151, 166, 176, 140, 176, 181, 182, 183, 191
이름 173, 178
이베로메소르니스 199
이빨 9, 13, 15, 22, 24, 26, 28, 32, 34, 37, 38, 44, 45, 46, 47, 48, 50, 53, 54, 63, 64, 66, 68, 69, 72, 73, 74, 77, 82, 83, 87, 89, 92, 94, 98, 102, 105, 108, 111, 119, 122, 125, 128, 132, 133, 135, 138, 141, 151, 153, 154, 155, 157, 158, 159, 162, 167, 171, 176, 184, 185
이사노사우루스 **36~37**
이스키오두스 16
이카로닉테리스 1**50~151**
이크티오사우루스 172
이크티오사우루스류 43, 52, 53, 57, 172
이크티오스테가 10
이탈리아 35
익룡 9, 10, 13, 17, 34~35, 43, 62~63, 68~69, 96~97, 102,
106~107, 136~137, 174, 192
인류(사람) 9, 144, 145, 166, 183, 184, 186
인도 196
인류 진화 9

ㅈ
잠자리 9, 16
잡식 동물 44~45, 46~47, 112~117, 134~135
장순류 15, 48, 49, 64, 202
전갈 21
제4기 9, 202
조각류 14, 15, 82~83, 88~89, 94~95, 126~127, 132~133, 185, 202
조개류 6, 8, 9, 16, 130, 170, 197
조류 8, 9, 10, 14, 15, 17, 43, 77, 90, 145, 148~149, 183, 188, **198~199**, 196
조반류 14, 15, 185, 202
조직 74, 94, 112, 151, 152, 166, 170, 177, 178, 181, 183, 192, 193, 194
졸른호펜 62, 76, 174
주름 장식 15, 138, 193, 195
주식두류 15
중국 22, 54, 55, 58, 59, 84, 85, 87, 90, 91, 93, 152, 175
중동 22
중생대 7, 8~9, 16~17, 144, **196~197**
중앙아메리카 17
쥐라기 9, 16, 17, 40~77, 80, 132~133, 174, 175
지느러미 52, 110, 160, 161
지느러미발 11, 52, 53, 56, 57, 110, 131, 202
지능 186~187
지방 57, 166
지배파충류 10, 12~13, 28, 182, 202
지진 16
지진 해일 197, 202
지질 연대표 8~9, 173
진화 80, 81, 89, 94, 97, 112, 123, 126, 128, 129, 130, 133, 134, 141, 144, 145, 146, 149, 152, 160, 183, 185, 190, 191, 192, 197, 198~199, 202

ㅊ
차골 38, 198
창자 13, 95, 182
척삭 10, 202
척추 10, 11, 56, 67, 102, 147, 202
척추동물 10~11, 12, 25, 86, 150, 202
청각 44, 123, 150, 186
체색 23, 45, 51, 56, 58, 59, 70, 88, 91, 97, 137, 166, 179, 180, 190, 191, 192
초식 동물 12, 14, 15, 17, 24~25, 32~33, 36, 37, 42, 48, 61, 65, 67, 88~89, 92~95, 98~99, 104~105, 116, 122, 124~129, 132~133, 138~139, 152~155, 162~163, 170, 171, 185, 187, 188, 189, 192
초원 80, 144, 203
층서학 180, 203
칠레 97
침엽수 43, 81, 82, 95, 170, 203

ㅋ
카르노사우루스 187, 203
카르노타우루스 182, 189
카르카로돈토사우루스 10, 15
카르타테사우라 190
칼이빨호랑이 157, 164~165
캄브리아기 9
캐나다 112, 147, 174, 189
커크패트릭산 174
컴퓨터 모델링 179, 180, 181,
컴퓨터 모형 179
케라톱스류 138, 189
케라틴 70, 82, 112, 115, 137, 185, 203
케찰코아틀루스 **136~137**
켄트로사우루스 **64~65**, 175, 187, 189, 191
코 125, 127, 129, 193
코끼리 152, 166
코끼리코 167
코리토사우루스 15, 185, 186, 192
코뿔소 152
코엘로피시스 31, **38~39**
코프, 에드워드 드링커 173
콘푸키우소르니스 **90~91**, 100~101, 199
콜롬비아 146
콧구멍 128, 193
퀴비에, 조르주 162, 172, 178
크기 12, 13, 105, 106
크레이터 196
크리올로포사우루스 8, **50~51**, 55
키노돈트 25, 44, 203
키티파티 114~115, 120~121, 186, 195
킬린드로테우티스 43

ㅌ
탄자니아 175
태국 37
턱 13, 14, 24, 28, 38, 46, 48, 57, 58, 67, 73, 77, 87, 97, 102, 111, 114, 161, 118, 122, 128, 130, 147, 149, 153, 158, 159, 165, 184
털 45, 47, 87, 154, 155

털매머드 **166~167**, 171
테논토사우루스 188
테라토르니스 145
테리지노사우루스 **116~117**
테코돈토사우루스 21
테티스해 21, 42, 43, 81
토로사우루스 138
투판닥틸루스 192
트라이아스기 9, 14, 16, 18~39, 42, 43, 174
트로오돈과 187, 203
트리케라톱스 15, **138~139**, 170, 174, 179, 181, 183, 187, 190, 196
트리코노돈트 87
티라노사우루스 렉스 12~13, 125, 133, 138, **140~141**, 170, 171, 176, 182, 183, 184, 186, 187, 190, 197
티라노사우루스과 124, 138, 140, 184, 203
티타노보아 **146~147**
티타노사우루스류 104~105, 128~129, 203
틱타알릭 11
틸라코스밀루스 145

ㅍ

파라사우롤로푸스 **126~127**
파라케라테리움 152
파충류 9, 10, 11, 13, 16, 21, 22~23, 39, 43, 52~53, 56~57, 81, 110~111, 130~131, 144, 172
파키케팔로사우루스 15, **134~135**
파키케팔로사우루스류 14, 15, 134~135, 203
파타고니아 97
판 15, 52, 64, 65, 66, 70, 73, 89, 98, 119, 124, 125, 129, 190, 191, 192

판게아 20, 21, 42
팔 13, 24, 38, 58, 84, 102, 108, 109, 112, 115, 126, 140, 182
페름기 9, 20, 202
평원 25, 39, 51, 99, 115, 129, 133, 137, 139, 159, 165, 166, 174
포스토수쿠스 16, 24, **28~29**
포유류 8, 9, 10, 17, 25, 38, 44~45, 81, 86~87, 122~123, 144, 145, 150~159, 162~167, 171, 197
풀 145
프로토케라톱스 15, 109, 195
프시타코사우루스 86, 87, **92~93**, 100~101
프테라노돈 **106~107**
프테로다우스트로 96~97
프테로닥틸루스 **68~69**, 174
프테로닥틸루스과 68
플라이스토세 203
플라케리아스 **24~25**
플라테오사우루스 **32~33**
플레시오사우루스 172
플레시오사우루스과 43, 110, 111, 172, 173, 203
플레이밍 절벽, 고비사막 175
플리오사우루스류 56, 57, 110, 111, 130, 203
피부 10, 12, 23, 27, 39, 47, 52, 55, 66, 68, 69, 83, 93, 132, 134, 138, 146, 153, 160, 177, 190
피토사우루스류 16, 203

ㅎ

하드로사우루스 126~127, 132~133, 177, 185, 186, 189, 192, 203
해부 구조 12~13, 182~183, 186, 203
해안 35, 63, 69, 96, 174
해양 동물 8, 9
해양 파충류 10, 11, 13, 21, 22~23, 43, 52~53, 56~57, 81, 110~111, 130~131, 144, 172, 203
해양 파충류 43, 52~53, 56~57
허파 13, 183, 193
헤레라사우루스 27
헤테로돈토사우루스 14, **46~47**, 185
헬크릭 174
혈액 34. 73, 165, 187
호박 81, 170, 181, 203
호흡 183
홍수 38, 42, 80, 144, 170, 171, 189
화산 8, 9, 12, 14, 16, 22, 34, 36, 43, 49, 52, 62, 77, 90, 93, 155, 174, 175, 196, 197
화석 95, 103, 170~181, 203
화석지 27, 39, 174~175, 177, 203
화석화 **170~171**, 203
후각 57, 106, 125, 131, 146, 186, 187
후아양고사우루스 15
히보두스 81
힘줄 36, 50, 132, 203
힙실로포돈 **88~89**, 191

도판 목록

The publisher would like to thank the following people for their assistance in the preparation of this book: Carron Brown for the index; Victoria Pyke for proofreading; Simon Mumford for help with maps; Esha Banerjee and Ciara Heneghan for editorial assistance; Daniela Boraschi, Jim Green, and Tanvi Sahu for design assistance; John Searcy for Americanization; Jagtar Singh for color work; A. Badham for texturing assistance; Adam Benton for rendering assistance; Steve Crozier at Butterfly Creative Services for photoshop retouching.

Reviewer for the Smithsonian:
Second edition: Matthew T. Miller, Museum Specialist (Collections Volunteer Manager), Department of Paleobiology, National Museum of Natural History
First edition: Dr. Michael Brett-Surman, Museum Specialist for Fossil Dinosaurs, Reptiles, Amphibians, and Fish (retired), Department of Paleobiology, National Museum of Natural History

The publisher would like to thank the following for their kind permission to reproduce their photographs:

(Key: a-above; b-below/bottom; c-centre; f-far; l-left; r-right; t-top)

2 Dorling Kindersley: Andrew Kerr (cla). **3 Dorling Kindersley:** Andrew Kerr (bl). **4 Dorling Kindersley:** Peter Minister and Andrew Kerr (cla). **6 Dreamstime.com:** Csaba Vanyi (cr). **Getty Images:** Arthur Dorety / Stocktrek Images (cl). **8 Dorling Kindersley:** Jon Hughes (cl); Andrew Kerr (tc, cra, cr). **8-9 Dorling Kindersley:** Andrew Kerr (b). **9 Dorling Kindersley:** Jon Hughes (tc, ca/ Lepidodendron aculeatum); Andrew Kerr (tr, cr); Jon Hughes / Bedrock Studios (ca). **10 Dorling Kindersley:** Andrew Kerr (tr, ca/Rolfosteus, cra, cra/Carcharodontosaurus); Trustees of the National Museums Of Scotland (ca). **11 Dorling Kindersley:** Frank Denota (bl); Andrew Kerr (cb/ Argentinosaurus). **12-13 Dorling Kindersley:** Peter Minister and Andrew Kerr. **15 Dorling Kindersley:** Graham High (cr); Peter Minister (ca); Andrew Kerr (crb, br, cb). **16 Dorling Kindersley:** Masato Hattori (br); Jon Hughes (crb, crb/Ischyodus). **Dreamstime.com:** Csaba Vanyi (c). **17 Dorling Kindersley:** Jon Hughes (tc, tr, ftr). **Getty Images:** Arthur Dorety / Stocktrek Images (c); Ed Reschke / Stockbyte (tl). **Science Photo Library:** Mark Garlick (crb). **19-191 Dorling Kindersley:** Senckenberg Gesellshaft Fuer Naturforschugn Museum (c). **20-21 Plate Tectonic and Paleogeographic Maps by C. R. Scotese, © 2014, PALEOMAP Project (www.scotese.com). 20 123RF.com:** Kmitu (bc). **Dorling Kindersley:** Jon Hughes (b). **21 Dorling Kindersley:** Jon Hughes and Russell Gooday (cr); Natural History Museum, London (bc); Andrew Kerr (crb); Peter Minister (br). **22-23 Dorling Kindersley:** Peter Minister. **23 Dreamstime.com:** Ekays (br). **E. Ray Garton, Curator, Prehistoric Planet:** (bc). **24 Alamy Images:** AlphaAndOmega (tc). **26 Corbis:** Louie Psihoyos (tl). **27 Corbis:** Louie Psihoyos (cr). **Dorling Kindersley:** Instituto Fundacion Miguel Lillo, Argentina (bc). **Getty Images:** João Carlos Ebone / www.ebone.com.br (crb). **28 Dreamstime.com:** Hotshotsworldwide (bl). **SuperStock:** Fred Hirschmann / Science Faction (cla). **30-31 Getty Images:** Keiichi Hiki / E+ (Background). **32 Dorling Kindersley:** Natural History Museum, London (cb). **34 Corbis:** Jonathan Blair (cla). **Dorling Kindersley:** Natural History Museum, London (br). **36 Getty Images:** Patrick Aventurier / Gamma-Rapho (c). **37 Corbis:** Jon Sparks (br/Background). **38 Corbis:** Jim Brandenburg / Minden Pictures (crb). **Courtesy of WitmerLab at Ohio University / Lawrence M. Witmer, PhD:** (ca). **39 Corbis:** Louie Psihoyos (cla). **Dorling Kindersley:** State Museum of Nature, Stuttgart (bl). **42-43 Plate Tectonic and Paleogeographic Maps by C. R. Scotese, © 2014, PALEOMAP Project (www.scotese.com). 42 Dorling Kindersley:** Rough Guides (br). **Dreamstime.com:** Robyn Mackenzie (bc). **43 Dorling Kindersley:** Jon Hughes and Russell Gooday (br); Andrew Kerr (cra, crb). **45 Corbis:** David Watts / Visuals Unlimited (cr). **46 Dorling Kindersley:** Royal Tyrrell Museum of Palaeontology, Alberta, Canada (bc). **47 Dorling Kindersley:** Royal Tyrrell Museum of Palaeontology, Alberta, Canada (cra). **Getty Images:** Stanley Kaisa Breeden / Oxford Scientific (crb). **48 Dorling Kindersley:** Peter Minister (l). **49 Dorling Kindersley:** Peter Minister (cl); Natural History Museum, London (cr). **50-51 Dorling Kindersley:** Andrew Kerr. **50 Dorling Kindersley:** Andrew Kerr. **51 Alamy Images:** Photoshot Holdings Ltd (tl). **Dorling Kindersley:** Robert L. Braun (cr). **Getty Images:** Veronique Durruty / Gamma-Rapho (br). **52 Science Photo Library:** Natural History Museum, London (bc); Sinclair Stammers (cb). **53 Alamy Images:** Corbin17 (cb). **54-55 Dorling Kindersley:** Andrew Kerr (c). **54 Alamy Images:** Shaun Cunningham (crb). **55 Dorling Kindersley:** Andrew Kerr (c, tc). **56 Science Photo Library:** Natural History Museum, London (tr). **57 Dorling Kindersley:** Natural History Museum, London (bl). **58 Corbis:** Imaginechina (cl). **Dreamstime.com:** Konstanttin (bl). **59 Corbis:** Joe McDonald (crb). **Maria McNamara / Mike Benton, University of Bristol:** (br). **62 Corbis:** Jonathan Blair (cra); Tom Vezo / Minden Pictures (cl). **Prof. Dr. Eberhard "Dino" Frey:** Volker Griener, State Museum of Natural History Karlsruhe (bc). **64-65 Dorling Kindersley:** Andrew Kerr. **65 Museum für Naturkunde Berlin:** (bc). **66 Dorling Kindersley:** Senckenberg Gesellshaft Fuer Naturforschugn Museum (bl). **67 Dorling Kindersley:** Senckenberg Gesellshaft Fuer Naturforschugn Museum (cr). **68 Corbis:** Naturfoto Honal (tl). **69 Corbis:** Naturfoto Honal (bc). **Dreamstime.com:** Rck953 (crb). **70 Dorling Kindersley:** Senckenberg Gesellshaft Fuer Naturforschugn Museum (tl). **72 123RF.com:** Dave Willman (br). **Dorling Kindersley:** Natural History Museum, London (cl). **74 Corbis:** Sandy Felsenthal (cl). **Dreamstime.com:** Amy Harris (br). **Reuters:** Reinhard Krause (cra). **76 Science Photo Library:** Herve Conge, ISM (bc). **78 Dorling Kindersley:** Rough Guides (c/Background). **Getty Images:** P. Jaccod / De Agostini (cl/Background). **80-81 Plate Tectonic and Paleogeographic Maps by C. R. Scotese, © 2014, PALEOMAP Project (www.scotese.com). 80 Corbis:** Darrell Gulin (bc). **Getty Images:** Christian Ricci / De Agostini (br). **81 Dorling Kindersley:** Jon Hughes and Russell Gooday (br); Andrew Kerr (cr, crb). **Getty Images:** Prehistoric / The Bridgeman Art Library (cra). **82 Dorling Kindersley:** Natural History Museum, London (bl, tl). **83 Science Photo Library:** Paul D Stewart (c). **84 National Geographic Stock:** (br). **85 Dreamstime.com:** Veronika Druk (br). **TopFoto.co.uk:** National Pictures (cr). **87 Dreamstime.com:** Callan Chesser (bl). **John P Adamek / Fossilmall.com. TopFoto.co.uk:** (br). **88 Dorling Kindersley:** Natural History Museum, London (br). **89 Corbis:** Gerry Ellis / Minden Pictures (cr). **Science Photo Library:** Natural History Museum, London (ca). **90 Alamy Images:** Dallas and John Heaton / Travel Pictures (bl). **91 Dreamstime.com:** Dule964 (cr). **Getty Images:** Mcb Bank Bhalwal / Flickr Open (tl); O. Louis Mazzatenta / National Geographic (br). **93 Dorling Kindersley:** Senckenberg Gesellshaft Fuer Naturforschugn Museum (bc, br). **94-95 Dorling Kindersley:** Andrew Kerr. **94 Getty Images:** Morales / Age Fotostock (tc). **95 Dorling Kindersley:** Swedish Museum of Natural History, Stockholm (cra). **Science Photo Library:** Peter Menzel (bc). **97 Jürgen Christian Harf/http://www.pterosaurier.de/:** (ca). **Corbis:** Danny Ellinger / Foto Natura / Minden Pictures (crb). **Dreamstime.com:** Jocrebbin (cr). **98 Dorling Kindersley:** Natural History Museum, London (tr). **Getty Images:** Arthur Dorety / Stocktrek Images (tl). **99 Corbis:** Mitsuaki Iwago / Minden Pictures (tc). **100-101 Getty Images:** P. Jaccod / De Agostini (Background). **102 Corbis:** Franck Robichon / Epa (bl). **Dorling Kindersley:** Andrew Kerr (bc). **104-105 Dorling Kindersley:** Andrew Kerr. **104 Dorling Kindersley:** Museo Paleontologico Egidio Feruglio (bc). **105 Corbis:** Oliver Berg / Epa (bl). **Photoshot:** Picture Alliance (cra). **107 Corbis:** Ken Lucas / Visuals Unlimited (tc, cla). **108 Photoshot:** (tl). **109 Corbis:** Walter Geiersperger (bl); Louie Psihoyos (cr). **111 Dorling Kindersley:** Natural History Museum, London (bl). **Image courtesy of Biodiversity Heritage Library. http://www.biodiversitylibrary.org:** The life of a fossil hunter, by Charles H. Sternberg; with an introduction by Henry Fairfield Osborn (tc). **112 Dreamstime.com:** Igor Stramyk (bc). **David Hone:** (c). **www.taylormadefossils.com:** (tr). **113 Dorling Kindersley:** Royal Tyrrell Museum of Palaeontology, Alberta, Canada (bl). **115 Corbis:** Louie Psihoyos (br). **Dreamstime.com:** Boaz Yunior Wibowo (tc). **116 Dr. Octávio Mateus. 117 Dreamstime.com:** Liumangtiger (br). **Getty Images:** O. Louis Mazzatenta / National Geographic (cr). **118 Photoshot:** NHPA (tl). **118-119 Dorling Kindersley:** Andrew Kerr. **119 Dorling Kindersley:** Andrew Kerr (b). **The Natural History Museum, London:** (tl). **120-103 Dorling Kindersley:** Andrew Kerr. **122-123 Dorling Kindersley:** Andrew Kerr. **124 Dorling Kindersley:** Senckenberg Gesellshaft Fuer Naturforschugn Museum (tc). **125 Dorling Kindersley:** Senckenberg Gesellshaft Fuer Naturforschugn Museum (cr). **127 Alamy Images:** Corbin17 (ca). **128 Corbis:** Louie Psihoyos (cr). **E. Ray Garton, Curator, Prehistoric Planet:** (bl). **Getty Images:** Tim Boyle / Getty Images News (br). **130 Photoshot:** (bl). **131 Alamy Images:** Kevin Schafer (tr). **The Bridgeman Art Library:** French School, (18th century) / Bibliotheque Nationale, Paris, France / Archives Charmet (bl). **132 Dorling Kindersley:** Oxford Museum of Natural History (tr, bl). **Mary Evans Picture Library:** Natural History Museum (cla). **135 Corbis:** Darrell Gulin (bc); Layne Kennedy (br). **Dorling Kindersley:** Oxford Museum of Natural History (tl, cb). **138 Dreamstime.com:** Corey A. Ford (br). **139 Dorling Kindersley:** Natural History Museum, London (bc). **140 Dorling Kindersley:** Senckenberg Gesellshaft Fuer Naturforschugn Museum. **141 Dorling Kindersley:** Senckenberg Gesellshaft Fuer Naturforschugn Museum (tl). **US Geological Survey:** (tr). **144-145 Plate Tectonic and Paleogeographic Maps by C. R. Scotese, © 2014, PALEOMAP Project (www.scotese.com). 144 Dreamstime.com:** Michal Bednarek (bc). **Getty Images:** Kim G. Skytte / Flickr (br). **145 Dorling Kindersley:** Jon Hughes and Russell Gooday (cr); Oxford Museum of Natural History (br); Andrew Kerr (cra). **147 Getty Images:** Danita Delimont / Gallo Images (tl). **148 Dreamstime.com:** Isselee (tl). **149 Dreamstime.com:** Mikelane45 (br). **Richtr Jan:** (crb). **152-153 Dorling Kindersley:** Andrew Kerr. **152 Dorling Kindersley:** Jon Hughes (clb); Andrew Kerr (bl). **153 Alamy Images:** Paul John Fearn (cra). **156-157 Alamy Images:** Jack Goldfarb / Vibe Images (Background). **158 Corbis:** Bettmann (bc). **Getty Images:** Life On White / Photodisc (bc/Wild boar). **159 The Natural History Museum, London:** (cra). **161 Corbis:** DLILLC (bc). **162 Alamy Images:** Natural History Museum, London (bl). **Dorling Kindersley:** Natural History Museum, London (c). **165 Corbis:** Ted Soqui (br). **Dorling Kindersley:** Natural History Museum, London (clb). **166-167 Dorling Kindersley:** Andrew Kerr. **166 Corbis:** Aristide Economopoulos / Star Ledger (clb). **Dorling Kindersley:** Natural History Museum, London (tc). **168 Getty Images:** Roderick Chen / All Canada Photos (cl). **Science Photo Library:** Mark Garlick (cr). **171 Corbis:** James L. Amos (tr); Tom Bean (ftr). **Dorling Kindersley:** Natural History Museum, London (tl). **172 Corbis:** Bettmann (br). **Dorling Kindersley:** Natural History Museum, London (cl, bl, bc). **Dreamstime.com:** Georgios Kollidas (tr). **Getty Images:** English School / The Bridgeman Art Library (cr). **173 Alamy Images:** World History Archive / Image Asset Management Ltd. (tl); The Natural History Museum, London (tr). **Corbis:** Louie Psihoyos (c). **Science Photo Library:** Paul D Stewart (tc/William Buckland, Gideon Mantell). **176-177 Corbis:** Louie Psihoyos. **176 Alamy Images:** Rosanne Tackaberry (bl). **Dorling Kindersley:** Rough Guides (bc). **177 Dorling Kindersley:** Natural History Museum, London (bl). **Getty Images:** Ken Lucas / Visuals Unlimited (br). **Science Photo Library:** Natural History Museum, London (cr). **178 Getty Images:** Roderick Chen / All Canada Photos (tr). **Science Photo Library:** Paul D Stewart (bl). **178-179 Corbis:** Louie Psihoyos (b). **179 Getty Images:** STR / AFP (tl); Patrick Aventurier / Gamma-Rapho (tc/Wrapping in plaster); Jean-Marc Giboux / Hulton Archive (tr). **iStockphoto.com:** drduey (tc). **180 Alamy Images:** Chris Mattison (bc). **Dorling Kindersley:** Natural History Museum, London (cra). **Dreamstime.com:** Gazzah1 (clb). **Getty Images:** Ralph Lee Hopkins / National Geographic (cr). **181 BigDino:** (b). **Corbis:** Brian Cahn / ZUMA Press (cr). **Press Association Images:** AP (cra). **Science Photo Library:** Pascal Goetgheluck (cla); Smithsonian Institute (cl). **182-183 Getty Images:** Leonello Calvetti / Stocktrek Images. **182 Dorling Kindersley:** Robert L. Braun (bl). **183 Getty Images:** Visuals Unlimited, Inc. / Dr. Wolf Fahrenbach (tr). **184 Dorling Kindersley:** Natural History Museum, London (cl); Staatliches Museum fur Naturkunde Stuttgart (bl); Senckenberg Gesellshaft Fuer Naturforschugn Museum (br). **185 Alamy Images:** Natural History Museum, London (cb). **Dorling Kindersley:** Roby Braun- modelmaker (cra); Royal Tyrrell Museum of Palaeontology, Alberta, Canada (bc). **186 Dorling Kindersley:** Andrew Kerr (br). **187 Dorling Kindersley:** Jon Hughes and Russell Gooday (cl). **188 Alamy Images:** Eric Nathan (b/Background). **Corbis:** Nick Rains (cra). **Dorling Kindersley:** Andrew Kerr (br); Peter Minister (b). **189 Corbis:** Louie Psihoyos (tr). **Getty Images:** Stephen J Krasemann / All Canada Photos (ca). **Photoshot:** Andrea Ferrari / NHPA (bl). **190-191 Dorling Kindersley:** Senckenberg Gesellshaft Fuer Naturforschugn Museum (c). **190 Corbis:** Sergey Krasovskiy / Stocktrek Images (br). **Dorling Kindersley:** Andrew Kerr (tc). **191 Corbis:** Radius Images (br/Background); Kevin Schafer (br). **Dorling Kindersley:** Jon Hughes and Russell Gooday (bl). **192 Corbis:** Nobumichi Tamura / Stocktrek Images (ca). **Sergey Krasovskiy:** (tc). **193 Dorling Kindersley:** American Museum of Natural History (bc); Peter Minister (cl). **Getty Images:** Mcb Bank Bhalwal / Flickr Open (tr). **195 Corbis:** Louie Psihoyos (cra). **Dorling Kindersley:** Courtesy of The American Museum of Natural History / Lynton Gardiner (br); Natural History Museum, London (cb). **Getty Images:** Bob Elsdale / The Image Bank (cra/Crocodile nest). **196-197 Corbis:** Mark Garlick / Science Photo Library. **196 Alamy Images:** Ss Images (cb). **Science Photo Library:** Mark Garlick (cl); D. Van Ravenswaay (bc). **197 Getty Images:** G Brad Lewis / Science Faction (br). **198 Dorling Kindersley:** Francisco Gasco (tr). **Turbo Squid:** leo3Dmodels (bl). **199 Dorling Kindersley:** National Birds of Prey Centre, Gloucestershire (cla). **Dreamstime.com:** Elena Elisseeva (ca); Omidiii (cra). **Fotolia:** Anekoho (br).

All other images © Dorling Kindersley

For further information see:
www.dkimages.com